Eike Besuden • Emigrante

Kellner VERLAG

Eike Besuden

Emigrante

Erben des Holocaust in den USA
Heirs to the Holocaust in the U.S.

Dieses Buch ist bei der Deutschen Nationalbibliothek registriert. Die bibliografischen Daten können online angesehen werden: **http://dnb.d-nb.de**

Herausgegeben und recherchiert mit freundlicher Unterstützung der Karin und Uwe Hollweg Stiftung in Bremen.

Inh.: Manuel Dotzauer e.K.
St.-Pauli-Deich 3 · 28199 Bremen
info@kellnerverlag.de

Umschlaggestaltung: Michael Huick
Umschlagfoto: Eike Besuden
Layout: Michael Huick
Lektorat englisch: Ellen Atwood
Lektorat deutsch: Sebastian Heise
Druck: Der DruckKellner, Bremen
Printed in Germany
ISBN 978-95651-370-1

Inhalt

Gedanken von Helmut Hafner

Die alte Hansestadt Bremen, die sich immer wieder stolz auf ihre Freiheit beruft, war nie besonders judenfreundlich. Der angesehene frühere Bürgermeister Johann Smidt hatte es sogar geschafft, auf dem Wiener Kongress 1814/15, als Gesandter der norddeutschen Staaten, den Juden in Europa die Rechte zu nehmen, die ihnen Napoleon zugebilligt hatte.
Auch die Zahl der Juden, die seit Beginn des 19. Jahrhunderts in Bremen lebten, war überschaubar; es waren nie mehr als 1400. Und erst 1896 trat der erste Rabbiner in Bremen sein Amt an, Dr. Leopold Rosenak, der hoch angesehen war.

Noch bekannter wurde später wegen seines Engagements der jüdische Kaufmann Julius Bamberger. 1880 in Schmallenberg im Sauerland geboren, sammelte er in unterschiedlichen Warenhäusern in ganz Deutschland Erfahrungen und gründete dann 1907 in Bremen ein eigenes Kaufhaus. Zunächst handelte er mit sogenannten Kurzwaren, und später in den 1920er Jahren expandierte er immer mehr und stellte im Dezember 1929 sein vielfach vergrößertes und sehr modernes Kaufhaus den Bremern vor. Es hatte neun Stockwerke und die ersten automatischen Rolltreppen in der Stadt.
Das Kaufhaus grenzte an das Zentrum der Innenstadt und öffnete sich auf der anderen Seite in den Westen, wo durch die Werften und den Hafen viele Arbeiterfamilien lebten. Für sie war das Kaufhaus Julius Bamberger mit seiner großen Palette preiswerter Angebote eine wunderbare Einrichtung. Hier konnte man einfache Haushaltsgeräte, Lebensmittel und Kleidung zu Preisen bekommen, die in der ganzen Stadt einmalig waren.
Das Kaufhaus bot seinen Kunden darüber hinaus viele attraktive Besonderheiten, die in der Stadt völlig neu waren. Oben auf dem Dach gab es ein Café mit wunderbarer Aussicht über die ganze Stadt. Wer die Treppen hoch und nieder ging, sah sich immer wieder in unterschiedlichen Spiegeln, die die Figur verzerrten, vergrößerten und verkleinerten und vor allem Kindern viel Freude bereiteten.

Der Autor Eike Besuden konnte schon vor Jahren ehemalige Besucherinnen und Besucher befragen. Sie alle berichteten, wie gern sie dort einkauften. Wenn bei manchen das Geld nicht reichte, konnten Lebensmittel und Leibwäsche zu äußerst niedrigen Preisen erworben werden. Julius Bamberger war ein außergewöhnlich sozialer und hilfsbereiter Mensch. Bei größeren Anschaffungen hat er Ratenzahlungen zugelassen – damals völlig ungewöhnlich. Und er war fast immer präsent. Er zeigte sich im Geschäft und redete mit den Kunden.

Schon früh lernte Julius Bamberger, wie er in seinen autobiografischen Notizen vermerkt, was es hieß, ein jüdischer Mensch zu sein. Schon als kleines Kind hat er den Gottesdienst seiner überschaubaren jüdischen Gemeinde besucht. Er bewunderte seinen Großvater Mendel Bamberger, wenn dieser die Tora entrollte und laut betete.

Auf dem Gymnasium war er der einzige Jude unter 69 christlichen Mitschülern. Schon früh erlebte er antisemitische Anfeindungen. Später führten die Aufrufe der Nationalsozialisten dazu, dass die Umsätze in seinem Kaufhaus bereits Anfang der 30er Jahre stark zurückgingen.
Aber schon in den 20er Jahren hat er die aufkommende Judenfeindlichkeit in ihrer Gefahr gesehen und bekämpft. Er engagierte sich im „Centralverein Deutscher Staatsbürger jüdischen Glaubens“ und trat in Schriften und Vorträgen der antisemitischen Hetze entgegen. Anfang 1933 ist er noch überzeugt, dass die Juden diese „Zeitströmung“ überstehen werden.
Im April 1933 wird er zum ersten Mal für mehrere Wochen verhaftet. Mit der Einführung der Nürnberger Gesetze 1935 ist ihm klar, dass es für ihn und seine Familie keine Zukunft mehr in Deutschland gibt. Die Eltern bringen die beiden Kinder in ein Internat in der Schweiz. 1937 wird die Firma aufgelöst und später zwangsversteigert.

Thoughts by Helmut Hafner

The old Hanseatic city of Bremen, which always proudly invokes its freedom, has never been particularly friendly to Jews. At the Congress of Vienna in 1814, the respected former mayor, Johann Smidt, as envoy of the North German states, even managed to deprive the Jews in Europe of the rights Napoleon had granted them.
The number of Jews living in Bremen since the beginning of the 19th century was also manageable; there were never more than 1,400. It was not until 1896 that the first rabbi in Bremen, Dr. Leopold Rosenak, who was highly respected, took office.

Later, even more famous due to his dedication, was the Jewish merchant, Julius Bamberger. Born in Schmallenberg in the Sauerland region in 1880, he gained experience in various department stores throughout Germany and then founded his own department store in Bremen in 1907. At first he traded in haberdashery, and later, in the 1920s, he expanded more and more. In December 1929, he presented his much expanded and very modern department store to the people of Bremen. It had nine floors and the first automatic escalators in the city.

The department store adjoined the city center and opened on the other side to the west, where many working families lived due to the shipyards and the harbor. For them, the Julius Bamberger department store, with its wide range of inexpensive offers, was a wonderful institution. Here, one could get simple household appliances, food, and clothing at prices that were unique to the whole city.

The department store also offered its customers many attractive features that were completely new in the city. On the rooftop was a café with a wonderful view over the whole city. Customers who walked up and down the stairs could see themselves again and again in different mirrors, which distorted, enlarged, and reduced their figures and were especially fun for children.

The author, Eike Besuden, was able to interview former visitors of the department store years ago, and all of them reported how much they enjoyed shopping there. Customers for whom money was scarce could purchase food and underwear at extremely low prices. Julius Bamberger was an exceptionally social and helpful person. For larger purchases he allowed installment payments - completely unusual at that time, and he was almost always present. He showed up at the store and talked to customers.

Early on, Julius Bamberger learned, as he reports in his autobiographical notes, what it meant to be a Jewish person. Even as a young child, he attended services in his small Jewish community. He admired his grandfather, Mendel Bamberger, when he unrolled the Torah and prayed aloud.
In high school, he was the only Jew among 69 Christian classmates, and he experienced anti-Semitic hostility from early on. Later, the calls of the National Socialists led to a sharp drop in sales in his department store as early as the early 1930s.

In the 1920s, he had already seen the danger of the emerging hostility towards Jews and fought against it. He became involved in the "Centralverein Deutscher Staatsbürger jüdischen Glaubens" (Central Association of German Citizens of the Jewish Faith) and fought the anti-Semitic agitation through writings and lectures. At the beginning of 1933, he was still convinced that the Jews would survive this „current of the times". In April 1933, he was arrested for the first time for several weeks, and with the introduction of the Nuremberg Laws in 1935, it was clear to him that there was no future for him and his family in Germany. The parents took the two children to a boarding school in Switzerland. In 1937, the company was dissolved and later foreclosed.

Julius Bamberger selbst flieht nach Paris, wo er und seine Kinder als geduldete Flüchtlinge leben können. Mit Hilfe seines Bruders Curt gründet er dort ein neues Geschäft. Doch nach Kriegsbeginn 1939 verliert Bamberger ein zweites Mal seine Existenz. Seine Ehefrau Friedel hat sich 1940 in Bremen das Leben genommen. 1941 kann Julius mit seinen Kindern Anneliese und Egon aus Europa fliehen und sie gelangen im September nach New York. Von dort geht es weiter nach San Francisco, wo er wieder eine neue Existenz gründet, diesmal ein Juweliergeschäft. Das muss er aber aus Gesundheitsgründen 1950 aufgeben und ein Jahr später stirbt der 71-Jährige an Krebs.

Eike Besuden ist in die USA gereist und hat noch mit der Bamberger Tochter Anneliese - Egon war schon in den 1980er Jahren gestorben - sprechen können, vor allem aber auch mit Enkelinnen und Enkeln. In vielen Gesprächen hat er erlebt, wie stark die Erinnerungen an die Großeltern und an die Eltern noch sind. Und er hat erfahren, wie sich die Traumata der Judenverfolgung von Generation zu Generation fortwirken.

Der in den 1950er Jahren geprägte Begriff der „Wiedergutmachung" ist eine der Lebenslügen der deutschen Nachkriegsgeschichte. Denn es konnte nichts wieder gut gemacht werden. Passiert ist lediglich, dass ein kleiner Teil des Wertes der Gebäude erstattet worden ist.
Was aber wurde aus dem Leben und der Lebensleistung von Julius Bamberger? Die Kinder sind mit 15 Jahren aus ihrem Freundeskreis, aus ihrer Heimat, aus ihrer Zukunft gerissen worden, sie werden ihrer Jugend beraubt. Anneliese hat ihr Leben immer wieder in psychiatrischer Behandlung verbracht und auch in ihrem Fall gehörten derzeit Elektroschocks dazu. Der Holocaust sitzt fest in der DNA der ganzen Familie – bis heute.

Dieses Buch ruft die Familiengeschichte mit all ihren Höhen und Tiefen wach und zeigt Julius Bamberger und seine Kinder als Beispiel von Millionen verfolgten und enteigneten Juden im Nationalsozialismus. Nach wie vor gibt es in unserer Gesellschaft Antisemitismus, gibt es judenfeindliche Beschimpfungen und Gewalttaten. Solange Synagogen und jüdische Festveranstaltungen in Deutschland geschützt werden müssen, bleibt noch Entscheidendes zu tun – nicht nur von Staat und Polizei, sondern auch und gerade von der Bürgergesellschaft. Die Geschichte von Julius Bamberger und seiner Familie hilft, dem Ungeist antisemitischen Denkens und Handelns entgegenzutreten, wo immer er sich zeigt. Sie hilft, das Erinnern wach zu halten. Sie schärft unser moralisches Empfinden und unsere demokratische Wachsamkeit.

Die Demokratie lebt vom politischen Engagement. Sie braucht Menschen mit Zivilcourage, mit Selbstbewusstsein, mit Widerstandskraft, mit kritischem Geist, mit Empfindsamkeit für Unrecht und Recht. Die Nachkommen von Julius Bamberger, die in diesem Buch zu Wort kommen, erwarten von uns, dass wir handeln, wo Menschen ihrer Menschenrechte beraubt werden, wo Minderheiten benachteiligt und unterdrückt werden. Sie erwarten von uns Widerspruch gegen Unrecht auch dort, wo es uns selbst nicht direkt berührt. Und sie wünschen sich von uns den Einsatz für ein politisches, geistiges und kulturelles Klima, das von Respekt und von der Würde eines jeden Menschen durchdrungen ist.

Bremen, im September 2022

Julius Bamberger himself fled to Paris, where he and his children were able to live as tolerated refugees. With the help of his brother, Curt, he established a new business there. But after the start of the war in 1939, Bamberger lost his livelihood for the second time. His wife, Friedel, committed suicide in Bremen in 1940. In 1941, Julius was able to flee Europe with his children, Anneliese and Egon, and in September, they arrived in New York. From there, they continued to San Francisco, where he again created a new livelihood, this time a jewelry store. However, he had to give it up due to health reasons in 1950, and a year later, the 71-year-old died of cancer.

Eike Besuden traveled to the U.S. and was still able to speak with the Bamberger daughter, Anneliese - Egon had already died in the 1980s - but mainly, he spoke with the granddaughters and grandchildren of Anneliese. In many conversations he experienced how strong the memories of their grandparents and parents still are. He also experienced how the trauma of the persecution of the Jews continues to be felt from generation to generation.

The term „Wiedergutmachung" *(literally: to make something good again, E.B.)*, coined in the 1950s, is one of the travesties of postwar German history, as nothing could be made good again. The only compensation of the Wiedergutmachung was that a fraction of the value of the buildings was reimbursed.

But what became of the life and the achievement of Julius Bamberger? At the age of 15, the children were torn from their circle of friends, from their home, and from their future. They were robbed of their youth. Anneliese spent her life in and out of psychiatric treatment and even had to endure electric shock therapy. The Holocaust sits firmly in the DNA of the entire family, even to this day.

This book not only serves as a memorial to Julius Bamberger, it also shows the family history with all its ups and downs. There is still anti-Semitism in our society. There are anti-Semitic insults and acts of violence. As long as synagogues and Jewish communities in Germany still have to be protected, there is still a lot to be done - not only by the state and the police, but especially by everyday civilians. The story of Julius Bamberger and his family helps to counter the spirit of anti-Semitic thought and action wherever it occurs. It helps to keep the memory alive. It sharpens our moral sense and our democratic vigilance.

Democracy thrives on political commitment. It needs people with civil courage, with self-confidence, with resilience, with a critical spirit, and with a sensitivity for injustice and justice. The descendants of Julius Bamberger, who share their stories in this book, expect us to take action when people are deprived of their human rights, when minorities are disadvantaged and oppressed. They expect us to oppose injustice even when it does not directly affect us. They want us to work for a political, spiritual, and cultural climate that is permeated with respect and the dignity of every human being.

Bremen, September 2022

Eike Besuden

Emigrante

Erben des Holocaust in den USA

Eike Besuden

Emigrante

Heirs to the Holocaust in the U.S.

Kapitel 1

Die Geschichte der Familie Julius Bamberger

Beginn in Bremen – Die Zwillinge

Julius Bamberger war nicht nur ein sehr beliebter Kaufmann, sondern auch Familienvater und ein engagiertes Mitglied der jüdischen Gemeinde in Bremen. Er hat eine leider nicht ganz vollständige Biografie verfasst. Obendrein versuchte er sich als Poet. Über dreißig Gedichte, die meisten davon im Exil verfasst, sind überliefert.

Eines der eindrucksvollsten heißt „Emigrante". Es ist entstanden, als er selbst dazu gezwungen war, einer zu sein. Kurz zuvor hat er seine Tochter Anneliese aus dem Lager Gurs in Südfrankreich befreit. Er zeigt eine erstaunlich leichte und lockere Art, mit der ungewollten Lebenssituation umzugehen.

Emigrante: (etwas gekürzt)

Was das denn sei ein Emigrante –
so fragte mich jüngst meine alte Tante?
Da ich viele der Sorten kannte –
war die Frage mir erst ein wenig genannte!
Aber schließlich mich doch ermannte – und sagte:

Hör gut zu meine liebe Tante:
Emigrante – so nennt man so arme Verbannte
Es gibt dann so manche Variante
Es gibt deren echte und sogenannte

Chapter 1

The History of the Bamberger family

The Start in Bremen - The Twins

Julius Bamberger was not only a very popular businessman but also a family man and a committed member of the Jewish community in Bremen. He wrote a biography, which was unfortunately not quite completed. On top of that, he tried his hand as a poet. More than thirty poems, most of them written in exile, have survived.

One of the most impressive is called „Emigrante“. It was written when he was forced to be one himself. Shortly before, he had freed his daughter Anneliese from the Gurs camp in southern France. He handled this unwanted life situation with an astonishingly light and relaxed attitude.

Emigrante: (somewhat shortened)

What is an emigrant?
my old aunt asked me recently?
Since I knew many of the kind -
I was familiar with the question at first
But then, I pulled myself together- and said:

Listen well my dear aunt:
Emigrant - such are poor exiles called
There are so many kinds
There are the real ones and the so-called
Bad, beautiful and - elegant
There are the nervous ones and the relaxed ones
There are clear-headed ones and those who are crazy ones
Many have rich relatives
You have heavy men and light fante (immature, young person)
Women who used to be burned as witches
Young ladies, mostly very charming
There are the slim and imposing
Some as fat as an elephant.
You see sloppy ones and the vigilant
Doing business - often quite risky
You have cheeky ones and things of the sort
Gentle lambs and troublemakers
Many chess players, the quite brilliant
Also department store managers - very polite
Faces like Goethe - profiles like Dante
Schopenhauer - and some Kants
Even politicians and old envoys
Whom all the world once called with respect.
Enough! Said tremblingly the poor aunt,
Who turned like a worm in her chair:

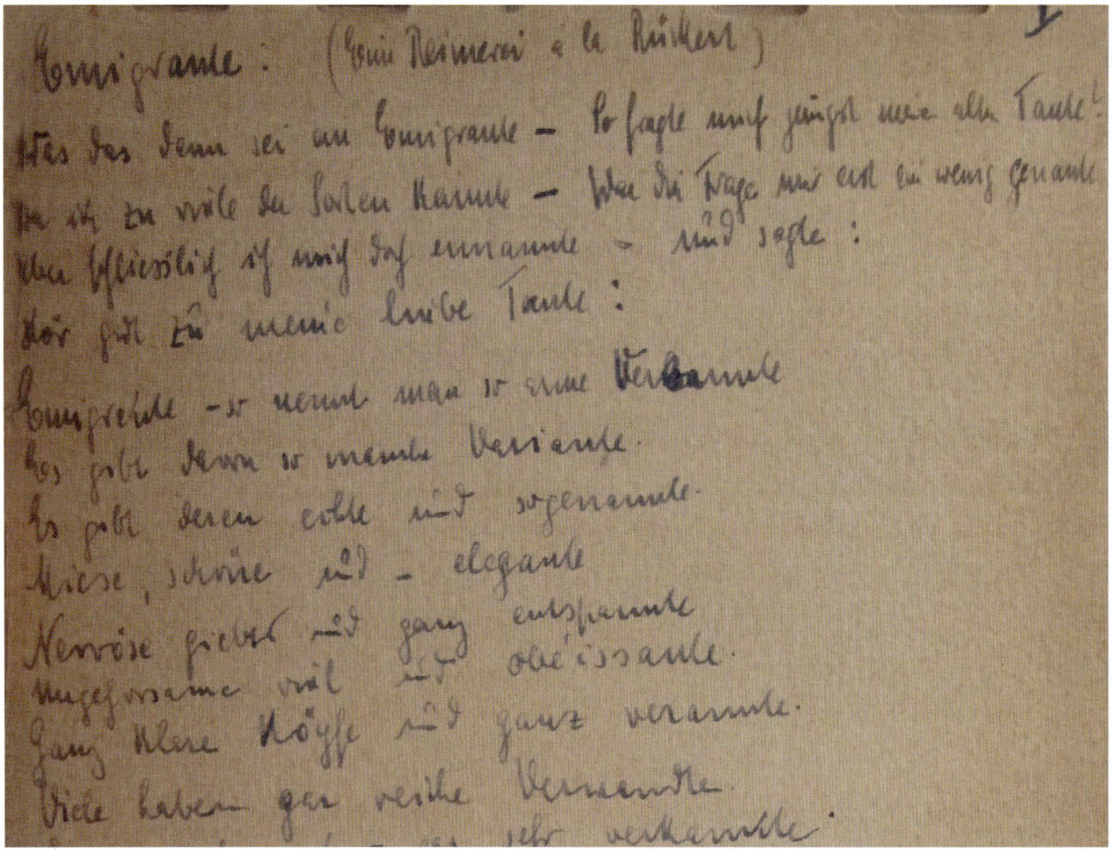

Miese, schöne und – elegante
Nervöse gibt's und ganz entspannte
Ganz klare Köpfe und ganz verrannte
Viele haben gar reiche Verwandte
Man hat schwere Männer und leichte Fante (unreifer Mensch)
Frau'n, die man früher als Hexen verbrannte
Junge Damen, meist sehr charmante
Schlanke gibt es und imposante
Manche so dick wie'n Elefante.
Duss'lige sieht man und vigilante (wachsame)
Machen Geschäfte – oft recht riskante
Freche hat man und sehr genannte
Sanfte Schäflein und Querulante
Schachspieler viel, die ganz brillante
Auch Warenhaus-Leiter – sehr coulante
Gesichter wie Goethe – Profile wie Dante
Schopenhauer – und einige Kante.
Politiker gar und alte Gesandte
Die alle Welt einst mit Achtung nannte.

Genug! Sagte zitternd die arme Tante,
Die wie ein Wurm auf dem Stuhl sich wandte:
„Aber was hat gemein mit anderen – solch Emigrante?"
Da lacht' ich und sagte, oh, Liebe Tante,
Das scheint mir doch ganz evidante
Sie wünschen sich alle
Den „Status quo ante."

„But what do they have in common with each other -
such emigrants?"
Then I laughed and said, oh, dear aunt,
That seems to me still quite evident
They all want
The „Status quo ante."

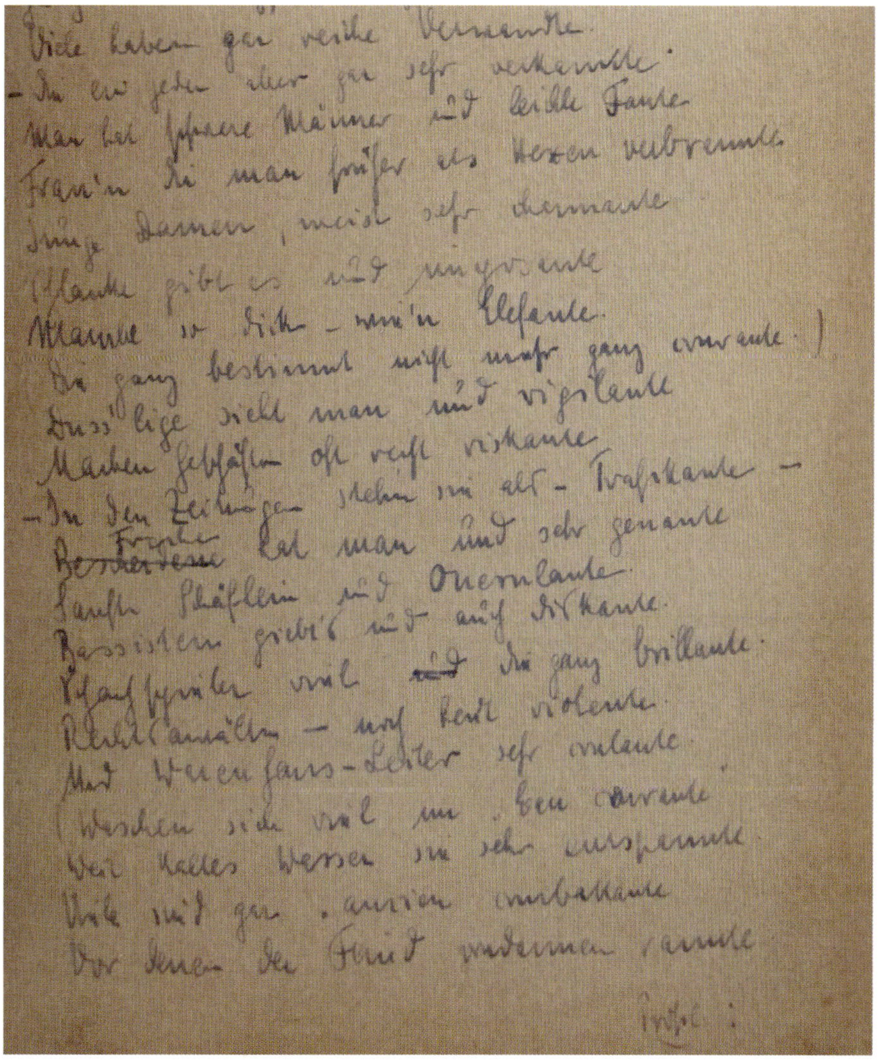
Viele haben gar reiche Verwandte.
– Die ein jeder aber gar sehr verkannte.
Man hat schwere Männer und leichte Tante
Frau'n die man früher als Hexen verbrannte
Junge Damen, meist sehr charmante
[illegible] gibt es und [illegible]
Männer so dick – wie'n Elefante.
Die ganz bestimmt nicht mehr ganz courante.)
[illegible] sieht man und [illegible]
Machen Geschäften oft recht riskante
– In den Zeitungen stehen sie als – [illegible] –
~~[illegible]~~ Frauen hat man und sehr genante
Sanfte Schäflein und [illegible]
Bassisten gibt's und auch Diskante.
Schauspieler viel ~~und~~ die ganz brillante.
Rechtsanwälte – auch recht violente.
Und Warenhaus-Leiter sehr [illegible]
(Wechseln sich viel um . [illegible]
Weil kaltes Wasser sie sehr entspannte
Viele sind gar . [illegible] [illegible]
Vor denen der Feind [illegible] [illegible]
[illegible]:

Handwriting by Julius Bamberger during the time of his escape in France

Die persönlichen Dinge, die wir über die Zeit der Familie Bamberger in Bremen wissen, kennen wir aus Briefen und aus Aufzeichnungen von Julius Bamberger. Später, während der Flucht und dann in den USA beginnt er, ein Buch über sein Leben zu schreiben. Es ist nie fertig geworden, aber immerhin gibt es 62 handgeschriebene, nicht ganz leicht zu entziffernde Seiten.

Julius Bamberger ist Jahrgang 1880 und im Sauerland geboren. Nach der Schule arbeitet und lernt er bei verschiedenen Kaufhäusern in Dortmund, Zwickau und in Leipzig. Seine Schwester Selma ist mit dem zu jener Zeit sehr erfolgreichen Kaufhausbesitzer Moritz Ury verheiratet.

1907 zieht Bamberger nach Bremen und gründet als 28-Jähriger das „Kaufhaus Julius Bamberger". Die Eröffnung findet am 28. September 1907 statt, an einem Samstag, jenem Wochentag, an dem es der ganzen Familie möglich ist, zum Einkaufen zu gehen. Die Werbung in der „Bremer Bürgerzeitung" weist auf „Kurz-, Weiss- und Wollwaren" hin. Allerdings ist der Plan zu expandieren, von Anfang an Bambergers Ziel. Deshalb hat er das erste Gebäude an der Doventorstraße 1/ Ecke Faulenstraße ausgewählt. Es verfügt über fünf Stockwerke, Bamberger benutzt zunächst nur die beiden unteren.

Mit etwa 50 Mitarbeiterinnen und Mitarbeitern geht es los. Schon am Tag der Eröffnung bereitet er in der Zeitung die nächsten Abteilungen vor. Unter „Personal Gesuch" heißt es unter anderem: „1 tüchtige Verkäuferin für Konfitüren" und „Mehrere Packtisch=Kontrolleusen" oder „Lehrmädchen für die Spezial=Putzabteilung". Tatsächlich legt der Kaufmann einen Blitzstart hin. Allein im letzten Quartal des Eröffnungsjahres soll er einen Umsatz von 850 000 Mark erreicht haben.

Anfang des Jahrhunderts ist der Kaufhausgedanke in deutschen Landen noch ungewohnt, aber er verbreitet sich schon bald als modern und zukunftweisend. In Bremen gibt es bereits mehrere Kaufhäuser, allerdings in einer wesentlich zentraleren Lage als das „Bamberger". Karstadt befindet sich seit 1902 an der Obern- und Sögestraße. Die Doventorstraße, eher am Rande des Zentrums gelegen, weist trotzdem viel Publikumsverkehr auf – vor allem aus den Arbeitervierteln im Bremer Westen.

The personal things we know about the Bamberger family's time in Bremen, we know from letters and from Julius Bamberger's notes.

During their escape and later in the U.S., he began writing a book about his life. It was never finished, but there are at least 62 handwritten pages, which are not very easy to decipher.

Julius Bamberger was born in 1880 in the Sauerland region of Germany. After finishing grade school, he worked and trained at various department stores in Dortmund, Zwickau, and Leipzig. His sister Selma was married to Moritz Ury, a department store owner who was very successful at the time.

In 1907, Bamberger moved to Bremen, and at the age of 28 he founded the „Kaufhaus Julius Bamberger". The opening took place on September 28th, 1907 on a Saturday, a day of the week when it was possible for the whole family to go shopping. The advertisement in the „Bremer Bürgerzeitung" *(local newspaper, E.B.)* referred only to "haberdashery, household, and woolen goods". However, Bamberger's goal from the beginning was to expand. That is why he chose the first building at Doventorstraße1/ corner of Faulenstraße. It had five floors, but Bamberger initially only used the two lower ones.

The company started with about 50 employees. He was already posting the next departments in the newspaper on the day of the opening. Under „Personnel Wanted" it stated, among other things: „one capable jam saleswoman" and „several packaging men" or „apprentice girls for the special cleaning department". The store owner got off to a flying start. In the last quarter of the opening year alone, he was said to have achieved sales of 850,000 German marks.

At the beginning of the century, the concept of a department store was still unfamiliar in Germany, but it soon started to be seen as something modern and forward-thinking.

There were already several department stores in Bremen, but they were much more centrally located than the „Bamberger". Karstadt was opened in 1902 at on Obern- and Sögestraße, and is still located there today. Doventorstraße, although located slightly on the periphery of the city center, still received a lot of public traffic - especially from the working-class neighborhoods in the west of Bremen.

Anfang des 20. Jahrhunderts brummt die Bremer Wirtschaft. Eine Schleuse in Hemelingen wird gebaut, ein neuer Industriehafen ausgehoben; die Jutespinnerei verfügt über 2000 Mitarbeitern, und auch die Werft AG Weser hat sich längst in Gröpelingen breit gemacht.

Kurz vor Beginn des Ersten Weltkriegs, im Sommer 1914, heiratet Julius seine Friedel, geborene Rauh. Sie wohnen in der Uhlandstraße 25, ab 1916 in der Georg-Gröning-Straße 26, später in der Parkallee 44/Ecke Parkstraße. In diesem Haus lebt die Familie bis zu ihrer Flucht aus Bremen. Heute verweisen Stolpersteine auf die Vertreibung der Eltern und Kinder.

Sonya Bamberger, Eike Besuden, Jerzy Bamberger, Erik Uriate in front of Parkallee 44 in 2019 with the Stolpersteine

Anni Lieselotte (auch Anneliese) und Egon Johannes (später John) sind Zwillinge. Sie kommen Ende 1922 als 1½-Jährige in die Familie und werden von Friedel und Julius zunächst in Pflege genommen und dann adoptiert. Die nicht unbegründete Vermutung, dass es uneheliche Kinder von Julius sind – und zwar mit Emma Essmann aus Berlin – hat er weder bestätigt noch jemals dementiert.

Es ist nicht bekannt, wie seine Frau Friedel sich damals dazu stellte. Es gibt keine überlieferte Äußerung von ihr dazu. Vielleicht haben sich die Eltern auf ein Übereinkommen geeinigt, von dem wir nichts wissen. Jedenfalls sind zahlreiche fröhliche und unbeschwerte Fotos von der Familie erhalten geblieben, auch mit den Geschwistern von Julius, Selma und Curt: Picknick im Park, Spaß am Strand oder Ausfahrt mit einem Automobil. Das Album ist voller idyllischer Familienmomente. Mitschülerinnen beschreiben Anneliese später als lustiges und immer bestens gelauntes Mädchen. Für Egon, der immer in ihrer Nähe ist, gilt das Gleiche. Ein unzertrennliches Geschwisterpaar.

Jules Bamberger, der Sohn von Egon, beschreibt das Familienleben, wie er es von seinem Vater gehört hat:
Sie wurden von Kindermädchen aufgezogen. Zur Abendbrotzeit mussten sie sich bettfertig machen, reinkommen, „Gute Nacht" sagen, dem Vater einen Kuss geben. Sie haben sich wenig gesehen, er hat hart gearbeitet. Es war nicht wie bei einer normalen, kleinen Familie, wo der Vater nach der Arbeit im Laden nach Hause kommt und sie dann Spaß haben.

Trotzdem, die Sonntage gehören der Familie, denn sechs Tage in der Woche kümmert Julius Bamberger sich um sein Kaufhaus. Die Kinder erleben den Vater als achtbaren Geschäftsmann, der es zu hohem Ansehen gebracht hat. Den Namen Bamberger kennt nahezu jeder in Bremen, und die Kinder spüren früh, etwas Besonderes zu sein.

At the beginning of the 20th century, Bremen's economy was buzzing. A floodgate was built in Hemelingen, a new industrial harbor was excavated; the "Jute" spinning mill had more than 2,000 employees, and even the AG Weser *(shipyard, E.B.)* had long since established itself in Gröpelingen.

Shortly before the start of the First World War, in the summer of 1914, Julius married his Friedel, née Rauh. Their first address was Uhlandstrasse 25. In 1916, they moved to Georg-Gröning-Straße 26 and later to Parkallee 44/corner of Parkstraße. Today, there are Stolpersteine*(engraved memorial stones for victims of WWII violence, E.B.)* for the parents and children in front of the house where they lived until their escape from Bremen.

Friedel Bamberger, née Rauh

Anni Lieselotte (known as Anneliese) and Egon Johannes (later known as John) were twins. They came into the family at the end of 1922 as 1 ½-year-olds, first taken into care by Friedel and Julius and later adopted by them. Julius never confirmed the not unfounded assumption, which was not unfounded, that they were his illegitimate children with Emma Essmann from Berlin, but he also never denied it.

How his wife Friedel relates to the story is also unknown. There is no surviving statement from her about it. Perhaps the parents came to an agreement of which we know nothing. In any case, numerous happy, loving, and light-hearted photos of the family have been preserved. In addition to photos with Julius' siblings, Selma and Curt, there are photos of picnics in the park, fun at the beach, and automobile rides. The album is full of idyllic family moments.

Classmates later described Anneliese as a funny girl who was always in the best mood. For Egon, who was always around her, the same was true - an inseparable pair.

Jules Bamberger, Egon's son, describes their family life as heard from his father:
They were raised by nannies. At supper time they had to get ready for bed, walk in, say „good night," and give their father a kiss. They saw little of each other because he was such a hard-working guy.

Janet Graysen, eine Tochter von Anneliese, über die Zwillinge:
Sie waren ein Herz und eine Seele und spielten jeder eine große Rolle im Leben des anderen. Er scherzte immer, dass er ein Gentleman sei, weil er ihr bei der Geburt den Vortritt ließ.

Über das Leben der Kinder erzählt Egon später seinen eigenen Kindern, dass Anneliese und er ein eigenes Zimmer im Dachgeschoss hatten sowie jeweils ein eigenes Badezimmer. Und im Haus es gibt Musikunterricht für die Kinder. Anneliese lernt Klavier und Egon lernt Cello. Er soll es aber gehasst haben, weil der Lehrer ihn für jede falsche Note bestrafte.

(E.B., nach en.wikipedia.org, 30.08.2022:
Das Projekt Stolpersteine, *1992 von dem deutschen Künstler Gunter Demnig initiiert, hat zum Ziel Menschen an genau dem von ihnen zuletzt frei gewählten Wohn- oder Arbeitsort zu gedenken, bevor sie dem Nazi-Terror, der Euthanasie, der Eugenik, der Deportation in ein Konzentrations- oder Vernichtungslager zum Opfer fielen oder der Verfolgung durch Emigration oder Suizid entkamen. Bis Dezember 2019 wurden 75 000 Stolpersteine verlegt, womit das Projekt* Stolpersteine *das größte dezentrale Mahnmal der Welt ist.)*

It wasn't like a normal, little family where the father comes home after working at the store all day, and then they have fun.

Nevertheless, Sundays belonged to the family, because the other six days a week Julius Bamberger was attending to his department store.

The children experienced their father as a respectable businessman who had achieved a high reputation. Almost everyone in Bremen knew the name Bamberger, and the children sensed early on that they were something special.

Janet Graysen, one of Anneliese's daughters, commented on the twins:
They were just two peas in a pod and just a major part of each other's lives. He used to joke that he was a gentleman because he let her come first when they were born.

Additionally, in regards to their childhood, Egon later told his own children that Anneliese and he had their own room in the attic, as well as their own bathroom each. And there were also music lessons in the house for them. Anneliese learned the piano and Egon learned the cello, but he is said to have hated it because the teacher punished him for every wrong note.

(en.wikipedia.org, 30.08.2022:
The Stolpersteine *project, initiated by the German artist Gunter Demnig in 1992, aims to commemorate individuals at exactly the last place of residency – or, sometimes, work – which was freely chosen by the person before they fell victim to Nazi terror, euthanasia, eugenics, deportation to a concentration or extermination camp, or escaped persecution by emigration or suicide. As of December 2019, 75,000 Stolpersteine have been laid, making the Stolpersteine project the world's largest decentralized memorial.)*

Emily Karlsson, geb. Graysen

Emily Karlsson ist 1986 geboren. Den Nachnamen hat sie von ihrem schwedischen Vater, bei dem sie die ersten Jahre ihres Lebens gewohnt hat.
Heute lebt Emily zusammen mit ihrem Freund Max in Los Angeles und ist in der Filmbranche beschäftigt. Zurzeit arbeitet sie mit ‚Woman in Film' an einer Dokumentation über Donald Trump.
Sie ist eine Enkelin von Anneliese Graysen geb. Bamberger und hat in den letzten Jahren ihres Lebens bei ihr im Haus gewohnt. Für sie war das eine wichtige Zeit in ihrem Leben, weil sie einen geliebten, aber sehr schwierigen Menschen so hautnah erlebt hat.
Das Thema Holocaust beschäftigt sie häufig, auch wenn sie sagt, dass es in ihrem jüdischen Bekanntenkreis nur noch eine sehr geringe Rolle spielt.

*

Emily, lass uns in diesem Gespräch mit Bremen anfangen. Du warst noch sehr jung, als du zum ersten Mal da warst. Welche Erinnerung hat dein Herz an die Stadt. Was hat dich berührt, als du durch die Stadt gegangen bist?

Du bringst mich gleich am Anfang schon zum Weinen. Wir waren im Mai dort. Also ich war erst zwölf Jahre alt, aber ich erinnere mich sehr gut daran. Ich erinnere mich an den Park, in den wir gegangen sind, den riesengroßen Park, den Bürgerpark.
Und es war die Jahreszeit, in der die ganzen Rhododendren blühten. Sie standen in voller Pracht und ich erinnere mich, dass meine Großmutter viel über diesen Park gesprochen hat.
Wegen ihrer psychischen Schwierigkeiten war sie sich über viele Dinge nicht mehr im Klaren, aber dieser Park war einer der Dinge, die sie sich ganz sicher eingeprägt hat, da hatte sie eine ganz klare Erinnerung.
Darum habe ich auch ein so klares Bild von diesem Park in meinem Kopf.
Also ich denke, es war eine glückliche Erinnerung für sie. Ich bin sicher, ich habe ein Foto von ihr im Park gesehen.
Und ich erinnere mich daran, dass wir eine Frau getroffen haben, mit der sie in der Schule zusammen war. Die Frau war nicht mit ihr befreundet und sie hat uns erzählt, dass meine Großmutter gar nicht sehr viele Freundinnen hatte. Das muss so gewesen sein, als sie um die zwölf Jahre war, also etwa wie ich damals.
Die Frau sagte:
„Oh nein, sie hatte nicht sehr viele Freundinnen, aber sie war mit allen Jungs befreundet."
So war das und wir sagten alle:
„Wow, das hört sich richtig an, so war sie."
Und während wir dort waren, trafen wir auch andere jüdische Mitbürger, die zur gleichen Zeit wie wir eingeladen waren, die entweder den Holocaust erlebt hatten oder deren Familien aus Bremen

Emily Karlsson, née Graysen

Emily Karlsson was born in 1986. Her last name comes from her Swedish father, and the first years of her life she also lived there.
Today, she lives in Los Angeles with her boyfriend, Max, and works in the film industry. Currently, she is working with ‚Woman in Film' on a documentary about Donald Trump.
She is a granddaughter of Anneliese Graysen née Bamberger and lived with her in her house during the last years of her life. For her, this was an important time in her life because she experienced a beloved but very difficult person so closely.
The subject of the Holocaust often preoccupies her personally, even though she feels it plays only a very minor role in her Jewish circle of acquaintances.

*

Emily, let's start the interview by talking about Bremen. You were still very young when you were there. What memories do you have of the city that are still on your heart? What moved you when you went through the city?

You're going to make me cry at the very beginning. We were there in May. So I was twelve years old, but I remember it very well. I remember the park that we went to, the huge park. The Bürgerpark. And it was the season where all of the Rhododendrons, I think that's what we call them, were blooming. So I remember them being in full bloom, and I remember that that was something that my grandmother spoke about.
Because of her mental health, there were not a lot of things she was clear on, but that park was one of the things she was clear on. She had clear memories of that park. So I have a very clear picture of that park in my mind.
So I think it was a happy memory for her. I don't remember, but I'm sure I've seen it.
I remember getting to see a woman that she had been in school with.
The woman was not friends with her, but she told us that my grandmother didn't have very many female friends. This must have been when she was twelve or probably around my same age.
She said, "Oh no, she didn't have very many female friends, but she was friends with all of the boys." That's how it was and we all said, "Well, that sounds about right!"
And while we were there, we also met other Jewish people, who were invited at the same time we were, that had either been in the Holocaust or their families had been from Bremen.
And one of the gentlemen we met lived in Israel, so he was probably in his 80s at that point when I met him. He remembered going to the Bamberger building and playing on the escalator, and he had a very vivid memory of what that place meant to him. That story was very touching, and it felt like all the people that we met knew that building.
It was pretty magical and significant to get to be there. I think for an American, in general, when you get to go to these places where your family is from, that your ancestry is from, you really feel it. So I think it was a pretty intense feeling of knowing this place, of feeling like you had some home here. That felt very clear to me, even as a young girl.

And did you see the cemetery?

That was pretty cool! Yeah, so Jalena, when she told us that she was having a son and they had decided on the name Simon we have a family group message that goes around everyone started posting messages of the gravestone of Simon Bamberger *(the father of Julius Bamberger, E.B.)*. And Jerzy had one where he was standing next to the gravestone when he was last there in Bremen, and I remember that. I certainly have photos of being there. It was very meaningful.

Einer der Herren, die wir trafen, lebte damals in Israel, er war wohl schon über 80, als wir ihn trafen und er erinnerte sich daran, dass er zum Bamberger Kaufhaus ging und auf der Rolltreppe gespielt hat und er hat erzählt, dass dieses Kaufhaus für ihn etwas Besonderes war. Diese Geschichte war sehr berührend und ich hatte das Gefühl, dass alle Leute, die wir trafen, das Kaufhaus kannten.
Für mich war es wie magisch und von großer Bedeutung, dort zu sein. Ich glaube, das fühlen die meisten Amerikaner, wenn sie an Orte kommen, wo die eigene Familie herkommt, wo die Vorfahren herkommen, dann ist das ein starkes Gefühl. Es war ein besonderer Moment, diesen Ort kennen zu lernen. Dort zuhause zu sein, habe ich sehr deutlich gefühlt, sogar als junges Mädchen.

Und du hast den Friedhof besucht?

Das war ziemlich gut. Als Jalena uns erzählte, dass sie einen Sohn bekommt und als sie sich für den Namen Simon entschieden hatten, haben wir eine Familiengruppe gegründet, in die alle Nachrichten über den Grabstein geschrieben wurden, also von Simon Bamberger *(der Vater von Julius Bamberger, E.B.)*. Und Jerzy hatte ein Bild, in dem er neben dem Grabstein stand, als er das letzte Mal dort war.
Und ich habe auch Fotos davon, als ich dort war. Ja, es war ein Gefühl wie Gänsehaut.

Erinnerst du dich an Dinge, die deine Großmutter über Bremen erzählt hat?

Weißt du, meine Großmutter war nie strukturiert, bei keinem Thema und in vielerlei Hinsicht. Es gab also Geschichten, die aus ihrer Fantasie kamen und dann zu wahren Geschichten gemacht wurden. Ihre Tante hatte zum Beispiel den Prinzen oder den König von Dänemark oder Schweden geheiratet, so etwa, in dieser Art. Sie hat solche Geschichten erfunden. Und wir haben sie dann damit gelassen und sie hatte dort einfach jemanden geheiratet. Aber, wir waren nie sicher, wo etwas real war und wo die Fantasie begann.
Ich glaube, deshalb ist mir der Bürgerpark auch so im Gedächtnis geblieben, weil es etwas war, von dem sie mir damals ganz ungewöhnlich klar erzählen konnte.
Es gab ja nicht viele Geschichten, die sie erzählt hat. Ganz allgemein glaube ich, dass es immer wieder eine sehr, sehr schmerzhafte Sache für sie war, sich an die Zeit zu erinnern.

Hat sie dir mal von Paris erzählt?

Sie sprach immer davon, in Paris gewesen zu sein. Sie sprach davon, dass sie in Paris zur Sorbonne gegangen ist. Und ich glaube, niemand hat ihr das so richtig geglaubt. Wir haben dann irgendwann mal nachgeforscht und herausgefunden, dass es wirklich so war.
Sie hat in jedem Fall viel über Paris gesprochen. Ich denke, das macht auch Sinn. Paris, das war eine sehr bedeutende Zeit für sie und eine Zeit, in der sie sich wirklich frei und glücklich fühlen konnte. Bevor sie dann nach Gurs *(ein Internierungslager in Südfrankreich. Vgl.: Seite 158, E.B.)* kam.
Als ich in Israel war, in Jad Vashem, dem Museum in Jerusalem, bestand ein großer Teil der Ausstellung aus Kunstwerken, die in Gurs gemacht wurden. Das war wirklich sehr interessant zu sehen, Bilder von diesem Ort, an dem sie so lange und ganz real war.

Hat sie von Gurs erzählt?

Ich glaube ja und nein. Ja, ich meine, sie hat, ja, sie hat nicht... Es gab Zeiten in denen sie erzählt hat, irgendwo gewesen zu sein.
Das war das Schwierige an meiner Großmutter, sie hat so viel gesprochen. Aber es war immer ein bisschen so, als wäre man mit jemandem zusammen, der in einem Traum lebt, also es gibt viele Bilder, die man versucht zu erfassen und viele Geschichten, die irgendwie aus dem Zusammenhang gerissen und verworren sind. Und dann versucht man, es irgendwie zusammenzufügen. Aber die meisten von ihnen hatten wenigstens einen Hauch von Wahrheit in sich.

Do you remember anything else that your Grandmother told you about Bremen?

You know, my grandmother was never coherent in a lot of ways. So there were stories that went into fantasy and then would come back to the story.
Well, like her aunt had married the prince or king of Denmark or Sweden or something like that. There was one of those stories. And I think we kind of finally traced it to that her aunt had married somebody there. But, you know, with those kinds of things you weren't sure where something was real and where the fantasy kind of began.
I think that's why Bürgerpark really stood out in my mind because it was something very clear she had told me about that time.
And yeah, there weren't many stories that she would share in general, so I think that it was a very, very painful thing for her to remember.

Did she tell you about her time in Paris?

She always talked about being in Paris. She talked about going to the Sorbonne in Paris. Yeah. I think nobody believed her about that until more research had been done, and we actually found out that that was real.
But she spoke a lot about Paris, actually. I think it makes sense. I think Paris was a very significant time for her. It was the last moment of really feeling free and innocent before she went to Gurs. *(Gurs was a internment camp in South France, see Page 159, E.B.)*
But when I was in Israel, at Jad Vashem, I think that's the name of the museum that's there, they had a whole part of an exhibit of artwork that was done at Gurs. So it was really meaningful to see that this place, where she was for so long, was real.

Did she talk about Gurs?

I think yes and no. Yeah, I mean, she did, yeah. - There were times that she mentioned being somewhere.
That's what's so hard about my grandmother - she spoke a lot. But it was kind of like being with somebody who was in a dream, so there are lots of images that you're trying to catch and lots of stories that are kind of out of context and confused. And you're trying to put it all together. But usually, most of them had some semblance of truth in them.
But she spoke of being captive, so that was something that was clearer for her.

She was also very clear not to go back to Germany.

Yeah. But she always considered herself a German. She was German.
That was very clear. I think that because of that time period, she thought being German was very special.

And she had a lifelong, very close connection to this problem.

And I think that's why my mother raised me very close with the other Bambergers, for example with Jules and his family. I think Jalena and I feel more like sisters. You know, we were very close.
I think there are certain things that Jalena and I have certainly talked about and Jerzy, I think, as well. There are a lot of things that we feel close about.
But I think whatever that thing was that was passed on still lives with us - that trauma and that unitedness of being a family too.

Can you tell me about the time when you lived with your grandmother?

Sie war auch sehr klar darin, dass sie nicht zurück nach Deutschland gehen wollte.

Ja. Allerdings hat sie sich immer als Deutsche gesehen. Sie war Deutsche.
Das war ganz klar. Ich glaube, dass es diese Zeit war, dass auch sie dachte, deutsch zu sein, sei etwas ganz Besonderes.

Und sie ist ihr Leben lang bei dieser Sichtweise geblieben?

Ich glaube, deshalb hat mich meine Mutter auch sehr eng mit den anderen Bambergern groß gezogen, z. B. mit Jules und seiner Familie. Jalena und ich fühlen uns mehr wie Schwestern. Wir sind uns sehr nahe.
Es gibt viele Dinge, über die Jalena und ich uns ausgetauscht haben und Jerzy auch. Es gibt vieles, das wir gleich fühlen.
Es ist tatsächlich so, dass das, was weitergegeben wurde, irgendwie auch immer weiter in uns lebt, das Trauma und diese Verbundenheit und deswegen auch eine Familie zu sein.

Kannst du mir aus der Zeit erzählen, als du bei deiner Großmutter gewohnt hast?

Ich bin manchmal aufgewacht, als sie noch laufen konnte. Sie hatte vergessen, dass ich da wohne und hat an meine Tür geklopft und dann kam sie rein und hat gesagt:
„Was machst du noch hier? Geh nach Hause. Hast du denn keine eigene Wohnung?"
Und dann wurde es sehr unübersichtlich. Es wurde immer chaotischer.
Dann war sie wohl verzweifelt und hat Sachen im Haus herumgeworfen. Und es war schon sehr unangenehm. Es war ein Chaos, das ständig aufgeräumt werden musste. Es war sehr stressig, aber es fühlte sich dann auch wieder sehr wichtig an und ich glaube, sie hat darüber mit Ronit *(die Pflegerin von Anneliese, E.B.)* und mit mir gesprochen. Sie sagte immer:
„Ihr wisst nicht, was Kämpfen ist!"
Oder:
„Ihr wisst nicht, was es bedeutet, ein hartes Leben zu haben."
Daran erinnere ich mich und denke, dass ich auch häufig frustriert war, wenn ich mit ihr zusammen war. Aber, es war auch eine sehr, sehr schöne Zeit in meinem Leben.
Weil ich das Gefühl hatte... *(Tränen in ihren Augen, E.B.)*
Sie war so eine kleine Frau und sie war dabei auch furchteinflößend. Ich glaube, sie hat all ihren Kindern und ihrem Neffen auch immer Angst gemacht.
Aber ich glaube, als Enkelin konnte ich mit dieser Wut besser umgehen. Es gab einen Punkt, an dem ich ihr gesagt habe:
„Meine Mutter hat Angst vor dir! Du hast es geschafft, ihr so viel Angst zu machen, dass sie damit nicht umgehen kann. Aber ich bin nicht sie und ich kann damit umgehen und ich bleibe hier. Also müssen wir beide einfach lernen das zusammen hinzukriegen."
Und das haben wir auch geschafft. Am Ende ihres Lebens war sie, glaube ich, wirklich im Frieden mit sich und das zu sehen war für uns alle sehr wichtig.
Meistens war sie verängstigt. – Sie konnte auch extrem liebevoll und sehr, sehr süß sein. Ich glaube, in den letzten sechs Monaten ihres Lebens herrschte eine Art beruhigende Friedlichkeit und viele der Familienmitglieder haben sie in diesem letzten Jahr besucht und ich glaube auch, dass deren Anwesenheit sie friedlicher machte.
Ich glaube, insbesondere durch Ronit, und in gewisser Weise auch, weil ich da war, hatte sie das Gefühl, dass sie sicher und beschützt war und dass es Menschen gab, die ihr unbeirrt viel Liebe gaben, was sie die meiste Zeit ihres Lebens wirklich verdrängt hat. Zuletzt lebte sie ja viele, viele Jahre lang allein.
Meine Großeltern waren, lange vor meiner Zeit, schon geschieden. Und als ihr Freund George, mit dem sie lange zusammen gelebt hatte, krank wurde, hat sie ihn einfach aus dem Haus geworfen. Sie sagte:

I would wake up sometimes, and this was when she was still walking, and she would forget that I lived there. She would come in, and she would bang on my door and say,
"What are you still doing here? Go home. Don't you have your own place to live?"
And then it would get very messy. Because she became more incoherent.
She would be getting frantic and spreading things around the house. It was a mess. It was a mess to clean up all the time. It was very stressful, but it also felt very important, and she would talk to both Ronit *(the caregiver of Anneliese, E.B.)* and I. She would always say, like:
"You don't know what struggling is."
Or, "You don't know what it means to have a hard life."
And I remember that I would get frustrated with her. Yeah, but it was a very, very beautiful time in my life.
Because I felt like... *(Tears in her eyes, E.B.)* She was a terrifying woman. You know, she was this tiny woman, and she was terrifying. - I think she terrified all of her children and her nephew.
But I think being the granddaughter, I could handle that anger. There was a certain point where I kind of told her, "Look, my mom is scared of you, and you might have been able to make her so scared that she can't handle this. But I'm not her, and I can handle this, and I'm staying here. So you and I are just going to have to learn to work together."
And we did, you know. By the end of her life, I think she was really at peace, which was important for all of us to see.
Normally she was terrifying. - No, she could be extremely loving and very, very sweet. I think during the last six months of her life there was kind of this calming peacefulness, and I think that a lot of her family was coming to see her in that last year. Having everyone around, I think, made her much more peaceful.
I think with Ronit in particular, and I think in some ways with me too, there was a feeling that she was safe and she was protected and there were people there constantly giving her a lot of love, which was something she really pushed away from for most of her life.
You know, she ended up living alone for many, many years.
My grandparents were divorced way before me. And her boyfriend of many years, George, when he got sick, she just kicked him out of the house. She was like, "No, no, no, I don't deal with sick people. I'm done with you."
And that was that. And I mean, she had been with him for many, many years. So she was like that. She didn't want to see anything that was difficult.

I want to talk with you about the Holocaust. She experienced it. Please tell me what you think about that.

Yes, I think it's something that runs in your DNA. Whenever there's been a massive family trauma, you don't know why you want to sleep with the lights on or you're afraid of loud noises or any of those things. I think our entire family can agree upon the fact that there's been some massive trauma, whether we understand it or not.
But the Holocaust? No, I think the Holocaust just feels like something you read in a history book in a lot of ways.
But before living with her, it was always painful for me. It was always painful because it had had this huge ripple effect on my uncle, who I'm extremely close with.
And growing up, he shared those stories about his father. Then with my mother and seeing how damaged my grandmother was, that had an effect on my mother growing up too and on my aunts.
So the damage was done, and you're growing up seeing the damage that was done.
So it felt like there were two different things. - Here's the Holocaust, and here's this family trauma that I don't really understand.
But I think for me personally, it was something that really changed me, getting to go to Israel and

„Nein, nein, nein, ich gebe mich nicht mit kranken Menschen ab. Ich bin fertig mit Dir."
Und das war's dann. Sie war wirklich viele, viele Jahre mit ihm zusammen. So war sie auch. Was schwer zu ertragen war, wollte sie nicht sehen.

Ich will noch mit dir über das Thema Holocaust sprechen. Sie hat ihn erlebt. Wie denkst du darüber?

Na, ich glaube, das ist etwas, das in deiner DNA steckt. Wenn es ein massives Familientrauma gibt, weiß man vielleicht nicht, warum man bei Licht schlafen will oder Angst vor lauten Geräuschen hat oder sowas. Ich glaube, alle in unserer Familie sind der Meinung, dass es ein massives Trauma gegeben hat, ob wir es nun verstehen oder nicht.
Aber der Holocaust? Nein, ich glaube, der Holocaust fühlt sich erst einmal an wie etwas, über das man in einem Geschichtsbuch liest, vielleicht mit unterschiedlichen Texten.
Bevor ich mit ihr zusammenlebte, war es für mich deshalb schmerzhaft, weil es diese tiefe Auswirkung auf meinen Onkel hatte, dem ich sehr nahe stehe.
Als ich groß wurde, erzählte er mir Geschichten über seinen Vater und dann sah ich meine Mutter und wie geschädigt meine Großmutter war. Das hatte natürlich auch Folgen für meine Mutter, als sie aufwuchs, und meine Tanten.
Der Schaden war also ausgelöst und insofern wächst man mit dem Schaden auf.
Ich glaube, es waren zwei verschiedene Dinge, die sich anfühlten wie: Auf der einen Seite ist es der Holocaust und auf der anderen ist dieses Familientrauma, von dem ich nicht wirklich verstehe, wie es passieren konnte.
Aber ich denke, für mich persönlich war es etwas, das mich wirklich verändert hat, also auch mit offenen Augen nach Israel zu gehen und das zu sehen und mit zwölf Jahren nach Bremen zu gehen: Das ist Realität.
Und später mit ihr zu leben, das hat mich mit der Angst verbunden. Ich weiß nicht, was wir als Gesellschaft tun, wenn alle Zeugen eines solch massiven Traumas gestorben sind. Denn dann fühlt es sich vielleicht so an, als wäre es nicht mehr so real.
Als meine Großmutter starb, war das ein letztes Mal das Gefühl, dass sie Zeugin dieser Gräueltaten war, dass ihr das persönliche Leben genommen wurde.
Für mich fühlt sich das auf einer grundsätzlichen Ebene real an, so dass ich glaube, dass es in irgendeiner Form jederzeit wieder passieren kann.
Ich denke, für meine Freunde, die jüdisch sind und die keine Familienmitglieder haben, die im Holocaust waren, ist er nicht wirklich real. Es ist wie eine Sache, die irgendwo in einem Buch steht und ich glaube, es ist sehr schwer zu glauben, dass diese Dinge tatsächlich realen Menschen widerfahren sind.
Ich weiß nicht, wie wir so etwas in unserem Gehirn oder in unserer Seele festhalten können, dass es möglich ist, Menschen so etwas anzutun. Aber weil ich mit meiner Großmutter gelebt habe, weiß ich, welche Folgen das für jemanden hat. Das war also sehr real. Das macht Sinn. Oder?

Glaubst du, dass die nächsten Generationen weniger über Holocaust und seine möglichen Folgen nachdenkt?

Nein, ganz und gar nicht. Das glaube ich nicht. Das glaube ich überhaupt nicht. Während der Pandemie war ich hier, lebte in dieser großen Stadt und habe das Chaos beobachtet, das sich entwickelt hat.
Wenn wir sehen, dass etwas Beängstigendes passiert, denkt man sofort wieder daran. Da ist etwas mit meiner Familie passiert und es könnte wieder passieren. Was muss ich tun, um mich zu schützen?
Und wenn man sieht, dass es irgendeine Art von abfälligem oder rassistischem Verhalten gegenüber einer anderen Gruppe gibt – egal, ob es sich um Einwanderer, die schwarze Bevölkerung oder die indigene Bevölkerung, die wir hier haben, handelt – dann glaube ich, wie die meisten in meiner Familie, dass wir nicht so weit von damals entfernt sind.

seeing that and getting to go to Bremen at twelve. I think that was something that really connected me to: This is real.
And getting to live with her connected me to the fear of: I don't know what we do as a society once all of the witnesses to such a massive trauma have died. Because then it feels like it's not as real.
My grandmother passing away was kind of the last of that feeling of: this person witnessed this, these atrocities, her life being completely taken away from her.
So, that, to me, feels real on a fundamental level. I believe it can happen again in some way, shape, or form.
I think for my friends, who I love dearly, who are Jewish, that don't have family members that were in the Holocaust, I think for them, it's not very real. It's like a thing that's in a book somewhere, and I think it's very hard to think that these things actually happened to real human beings.
I don't know how we can hold that kind of stuff in our brain or our soul that that's possible to do to people. But having lived with my grandmother, I see the effects of what that did to somebody. So that was very real. That makes sense, doesn't it?

You don't think that the next generation will reflect as much on the Holocaust and its consequences?

No, not at all. I don't think so. I don't think so at all. I think during the pandemic too, being here and being in a big city and watching the chaos that unfolded.
We see something scary happening and you immediately go back in your brain to: this is what happened to my family, and it could happen again. What do I need to do to protect myself?
And when you see any kind of derogatory or racist behavior to any other group, whether it be immigrants or the black community that we have here, the indigenous community that we have here, anything like that. I think most of my family have had conversations like that, that we're not that far removed.
If there's hate for those people, we are still next in line. Whether you know it or not from the color of our skin, we're still on that list. And I think being in America, you feel that very strongly. We have a lot of movements right now that are anti-Jew.
I think it's different being the third generation, right? - I think we're the third generation, the grandkids - because I think my mother and those kids had to experience the abuse, mental or physical, from their parents, from that trauma that was inflicted upon them. And so I think a lot of them had to, we would say, numb out. They had to try to remove themselves. They don't want to go watch those films or see those history books.
Whereas I think for us, as the third generation, we want all of the knowledge usually. We want to see everything because that's our history, and we know what it did to our parents and we know what it did to our grandparents and our great-grandfather.
You know, for the most part, the people that witnessed that crime have almost all passed away. So there are only the people that can remember those people and tell their stories. I think we have to keep talking about it, otherwise, it will happen again. That seems very real to me.

Let's talk about the German passport. You are all now eligible for a German passport. Would you like one? If so, why?

That's such a good question.
I think that we all collectively still feel like a part of us is German and that the ability to be part of that world and that culture was taken away from us. And I think for me to have it and to know that the rest of my family has it feels very important to the generations so that, again, we don't forget that that's where we came from. That is a big part of our history, and to not forget that history feels important.
And again, I think we all collectively from this third generation want to be able to take our children there. We want them to be able to see that and to pass that on. My experience going to Bremen when I was twelve, my first thought was, I want to make sure that my kids see this. How do I make sure that my children see this?

Wenn es Hass für die Menschen gibt, dann sind wir die Nächsten. Wir sind immer noch die nächsten in der Reihe. Ob man es nun offen bemerkt oder nicht, aufgrund unserer Hautfarbe stehen wir immer noch auf dieser Liste. Und ich glaube, als Amerikaner spürt man das sehr stark. Wir haben im Moment viele Bewegungen, die antijüdisch sind.
Ich denke, es ist etwas anderes, wenn man zur dritten Generation gehört – und wir sind die dritte Generation, die Enkel – weil meine Mutter und andere Kinder den Missbrauch, der ihren Eltern zugefügt wurde, über diese miterleben und ihr Trauma teilen mussten, psychisch und physisch. Ich glaube, viele von ihnen mussten sich, wie wir sagen, betäuben, sie mussten versuchen, sich zu distanzieren, sie wollten diese Filme nicht sehen oder diese Geschichtsbücher nicht lesen.
Ich glaube, wir, die dritte Generation, wollen das ganze Wissen. Normalerweise wollen wir alles sehen, denn das ist unsere Geschichte und wir wissen, was sie unseren Eltern angetan hat und wir wissen, was sie unseren Großeltern und unserem Urgroßvater angetan hat.
Die Menschen, die dieses Verbrechen miterlebt haben, sind fast alle gestorben. Es gibt also nur noch die Leute, die sich an diese Menschen erinnern und deren Geschichten erzählen können. Ja. Ich denke, wir müssen weiter darüber reden, sonst wird es wieder passieren. Das scheint mir sehr notwendig zu sein.

Lass uns noch über den Reisepass reden. Ihr könnt inzwischen alle einen Deutschen Reisepass beantragen. Willst du einen? Und wenn ja, warum?

Das ist so eine gute Frage.
Ich denke, dass wir alle kollektiv immer noch das Gefühl haben, dass ein Teil von uns deutsch ist und dass es uns genommen wurde, Teil dieser Kultur und dieser Welt zu sein. Ich denke, dass es für mich und die Familie sehr wichtig ist, dass wir nicht vergessen, woher wir kommen. Das ist ein großer Teil unserer Geschichte und diese Geschichte darf nicht vergessen werden, das ist wichtig.
Ich glaube, wir alle, die zur dritten Generation gehören, möchten unsere Kinder dorthin mitnehmen können. Wir wollen, dass sie das sehen und auch weitergeben können. Ich glaube, als ich damals mit zwölf Jahren nach Bremen fuhr, war mein erster Gedanke: Ich möchte sicherstellen, dass meine Kinder das auch sehen. Wie kann ich sicherstellen, dass meine Kinder das sehen?
Kannst du dir das vorstellen, mit zwölf Jahren war mir das so wichtig?
Und genauso wichtig war mir, mit wem ich später einmal Kinder haben werde. Ich wollte unbedingt mit jemandem zusammen sein, der die Tatsache respektiert, dass ich Jüdin bin und der respektiert, dass ich diese Abstammung weiterführen will. Ich glaube, Leute, die nicht jüdisch sind, verstehen nicht, was wir durchgemacht haben. Und ich denke, das gilt besonders für die Menschen, die aus Familien stammen, die den Holocaust erlebt haben.

Kannst du dir vorstellen, in Deutschland zu leben?

Absolut. Oh ja, absolut. – Also. *(Ein verschmitzter Blick, E.B.)*
Ich spiele nicht ganz fair, weil ich schon einen schwedischen Pass habe! Ich könnte sowieso in Deutschland leben, wenn ich das wollte.
Aber ich denke schon, klar, ich kann mir auch gut vorstellen, dass meine Mutter oder ihre Schwestern dort landen.
Es gibt auch noch einen Aspekt, der aus unserem Land kommt. Ich meine, Amerika ist im Moment ziemlich gespalten. Wir fragen uns:
„Was passiert, wenn uns etwas passiert, wie im Zweiten Weltkrieg?"
Ich denke, das ist eine sehr reale Sache, über die meine Familie auch gesprochen hat. Weißt du, das ist eine echte Sache, über die wir uns wirklich Sorgen machen. Ich glaube, das kommt alles von den Eltern und aus der Angst, dass etwas Schreckliches wieder passieren könnte.
Ich glaube, dass sie sich sicherer fühlen, wenn sie einen Reisepass haben und sagen können, dass sie deutsche Staatsbürger sind und bei Bedarf ausreisen können.
Ich glaube, sie wollen, dass wir uns beschützt fühlen.

You know, at twelve years old, that felt so important to me.
And even to the point where it was important who I would end up having children with. You know, I would want to be with somebody that respected the fact that I was Jewish and respected the fact that I want to carry on that lineage, which is very hard to explain to people that are not Jewish, that don't understand kind of what this tribe has been through. I think especially for the people that come from families that were in the Holocaust.
I would want to be with somebody that respected the fact that I was Jewish and respected the fact that I want to carry on that lineage, which is very hard to explain to people that are not Jewish, that don't understand kind of what this tribe has been through - I think especially for the people that come from families that were in the Holocaust.

Could you imagine living in Germany?

Oh, absolutely. - I mean, *(a sly look, E.B.)* I'm not playing fair because I already have a Swedish passport, so you know, I could go live in Germany if I wanted to.
But I think so, absolutely. I can see, too, my mother or her sisters ending up there.
I think there's also the point about our country. I mean, America right now is pretty divided.
Collectively as a family, we've all talked about, again, that feeling of, "What happens if this happens to us like it did in WWII?"
What if that happens in America? That's a very real thing that my family has discussed, which most members of my family have brought up.
That's a real thing that they really worry about. I think it all comes from their parents and having that fear that something terrible could happen again.
And so to have that passport, to be able to say I'm a German citizen, feels very safe for them, for me, to be able to get out if I need to.
I think they want us to feel protected.

It's crazy to be protected in Germany now.

I know. It's crazy. You know, what a weird full circle. But yeah, when everyone has talked about getting the passports, there's always that comment that's been made. Well, we want to make sure that you have it just in case you need to get out of America. So it really comes out of that fear of, are we not going to be safe here?
My boyfriend is Jewish. I'm surrounded by a lot of Jewish people, but none of them had family members in the Holocaust, which is surprising- plenty of people do. But to be surrounded by Jewish

Ist das verrückt, in Deutschland beschützt zu sein?

Ich weiß, es ist verrückt. Was für ein seltsamer Kreislauf. Aber ja, ich denke, wenn wir über die Pässe gesprochen haben, dann gab es immer diesen Kommentar: Nun, wir wollen sichergehen, dass ihr ihn habt, nur für den Fall, dass ihr Amerika verlassen müsst. Es ist also wirklich so. Es kommt aus der Angst heraus, dass wir hier nicht sicher sein könnten.
Mein Freund ist Jude, ich bin von vielen jüdischen Menschen umgeben, aber keiner von denen hatte Familienmitglieder im Holocaust, was überraschend ist, dass es so viele Menschen gibt. Aber wenn man von jüdischen Menschen umgeben ist, die diese Erfahrung nicht gemacht haben, haben sie nicht die gleiche Angst, mit der ich aufgewachsen bin. Ganz und gar nicht.
Sie fühlen sich einfach sicher und wohl, jüdisch zu sein und das gibt es bei mir überhaupt nicht. Ich bin da sehr vorsichtig. Ich bin vorsichtig, wem ich was erzähle. Ja, ich habe immer noch das Gefühl, dass ich sicher sein muss, dass ich im richtigen Raum mit den richtigen Leuten bin und ihnen diese oder jene Informationen mitteile. Ich habe das Gefühl, dass ich vorsichtig sein muss. – So wurde ich erzogen.

Wunderbar, ich danke dir sehr für das Gespräch.

Ja, ich danke euch. Ich bin so froh, dass ihr das macht.

people that don't have that experience, they don't have that same fear that I grew up with. Not at all. Not at all.
They feel so safe and comfortable being Jewish, and that does not exist in me at all. I feel very careful about it. I feel careful whom I tell. Yeah, it still feels to me that I want to make sure I'm in the right room with the right people, letting them know this information. I feel like I have to be careful with it. That's how I was raised, you know?

Wonderful, thank you very much!

Yeah, thank you. I'm so glad you guys are doing this.

Janet Graysen

Janet ist 1949 in Los Angeles in Kalifornien geboren. Sie ist die mittlere der drei Töchter von Anneliese Graysen, geb. Bamberger.
Nach der Highschool hat sie in Santa Barbara Theater und Tanz studiert. 1971 ist Janet dann nach San Francisco gegangen und mit verschiedenen Theater- und Zirkusgruppen aufgetreten, die nach Art der italienischen Comedia del Arte Körpertheater mit Zirkuskunst verbunden haben.
Nach drei Jahren in Schweden ist Janet mit ihrer Tochter Emily nach Boulder in Colorado gezogen und hat dort viele Jahre privat als Therapeutin gearbeitet. Gleichzeitig hat sie im Boulder County Mental Health Center Menschen mit schweren psychischen Erkrankungen betreut.

*

Janet, du bist zweimal in Bremen gewesen. Erinnerst du dich an das erste Mal, als du dort warst? War das für dich ein emotionaler Besuch in der Stadt von Julius Bamberger und seinen Zwillingen?

Das erste Mal, war ich dort mit Emily und Karen. Es wurden die Leute nach Bremen eingeladen, die als Kinder Deutschland verlassen mussten; aber Annie konnte natürlich nicht kommen.
Ich glaube, es war, bevor das Gebäude umgebaut wurde. Ich erinnere mich, dass es ein düsteres, beamtenhaftes Büro der Regierung war. Irgendwie bürokratisch und langweilig.
Ich glaube, das zweite Mal war vielleicht das, als ich mit Lynne kam, zu der Eröffnung des Gebäudes, als die Kunstinstallation im Treppenhaus war.
Das war sehr bewegend, was mit dem Bamberger-Gebäude geschah und wie mein Großvater und sein Beitrag dadurch geehrt wurde, nicht nur als Geschäftsmann, auch als Erbauer eines großen Kaufhauses.

Ich glaube, dass Kaufhäuser in dieser Zeit auch viele kleinere Geschäfte in den Ruin getrieben haben, aber er war auch ein Philanthrop. Ich habe so viel über ihn gelernt. Dass er auch viel verschenkte und auch viel von sich selbst an die Gemeinschaft gab, die ihm sehr wichtig war und dass er auch ein Dichter und eine Art politischer Mensch war.
Ich habe das Gefängnis gesehen, in dem er inhaftiert war. Es war ein kleines politisches Gefängnis, im Zentrum der Stadt.

Kennst du dich aus mit der Bremer Zeit deiner Familie, oder gibt es noch viele Fragen für dich?

Das wirft so viele Fragen auf, zum Beispiel, was ist mit meiner Großmutter passiert? Wie kommt es, dass sie nicht mit ihnen gegangen ist? Warum? Keine dieser Fragen wird jemals beantwortet werden, weil wir es nicht wissen. Wir wissen nur, dass sie keine Jüdin war, aber wir wissen auch, dass sie geächtet wurde, wahrscheinlich sowohl von ihrer Familie als auch zu der Zeit, als die Dinge in Deutschland schon sehr brenzlig wurden. Obwohl ich weiß, dass viele ihrer Freunde ihr Bestes taten, um ein Auge auf sie zu haben oder mit

Janet Graysen

Janet was born in Los Angeles, California in 1949. She is the middle of the three daughters of Anneliese Graysen, née Bamberger.
After high school, she studied theater and dance in Santa Barbara. In 1971, Janet moved to San Francisco and performed with various theater and circus groups that combined physical theater with circus arts in the manner of the Italian Comedia del Arte.
After three years in Sweden, Janet moved to Boulder, Colorado with her daughter Emily and worked privately as a therapist for many years. At the same time, she served people with severe mental illness at the Boulder County Mental Health Center.

*

Janet, you've been to Bremen twice. Do you remember the first time you were there? Was it emotional to be in the city of Julius Bamberger and his twins? What was the most emotional part?

The first time I went was with Emily and Jalena and Karen. It was when people were being invited to Bremen who had to leave Germany as children, but Annie couldn't come, of course.
I think it was before the building was rebuilt. I remember it being this sort of dingy bureaucratic kind of government office. Just kind of bureaucratic and stodgy.
I think maybe the second time was when I came with Lynne for the opening of the art installation in the stairwell in the building.
It was so moving, what had been done with the Bamberger building. How my grandfather was honored - not just as a business person, and he built a great big department store.
I think department stores in that era put a lot of smaller things out of business as well, so there was that, but that he was also a philanthropist. I learned so much about him. That he gave a lot away and that he gave a lot of himself to the community, and the community was important to him and that he was a poet also and somewhat of a statesman.
And I saw the prison where he was held as well. I'm sure you've seen that place, it was an old political prison, kind of in the center of town.

Are you familiar with your family's history in Bremen, or do you still have lots of questions?

There are so many questions it raises, like what happened to my grandmother? How is it that she didn't go with them? Why? You know, none of those will ever be answered because we don't know what happened. We know that she wasn't Jewish, but we know also that she was ostracized, probably both by her family and, by the time things became very intense in Germany, by her community. Although, I know that some of her friends did their best to try to keep an eye on her or keep connection with her. But that's a really sad piece.
What things like the holocaust do to a family, to a group of people, the disruption and the pain that it causes.

How do you manage to understand the scope of the story?

I worked for the Mental Health Center here in Boulder and worked with severe mental illnesses. I suppose what has drawn me to this kind of work was to somehow understand my mother. To somehow understand the nature of trauma and to heal my own trauma. To heal that in myself by working with it. So it's been sort of the primary thing I've been doing.

Is this possible against the backdrop of the political situation in the U.S.?

Of course, if you're in America, the hornet's nest has been stirred. And there are good things about it.

ihr in Verbindung zu bleiben. Das ist ein wirklich trauriger Teil der Geschichte.
Du weißt, was so eine Geschichte wie der Holocaust in einer Familie anrichtet, die Zerstörung und der Schmerz, den es verursacht.

Wie ist es dir gelungen, die Tragweite der Geschichte zu begreifen?

Ich habe für das Mental Health Center hier in Boulder gearbeitet und mit schwer psychisch Erkrankten gearbeitet. Ich glaube, was mich zu dieser Art von Arbeit hingezogen hat, war, meine Mutter besser zu verstehen. Die Natur des Traumas ein wenig zu verstehen und das zu tun, um mein eigenes Trauma zu heilen. Man kann sich selbst heilen, indem man damit arbeitet. Das war das Wichtigste, was ich für mich getan habe.

Gelingt das auch auf dem Hintergrund der politischen Situation in den USA?

Sicher, wenn du in Amerika bist, weißt du, dass hier in ein Wespennest gestochen wurde. Es gibt gute und schlechte Seiten daran. Das Gute ist, dass wir den bedrückenden Mist, der in diesem Land abläuft, wie schlimm es wirklich ist und wie sehr es versteckt wurde, nicht mehr leugnen können. Wir können das nicht mehr ignorieren.
Aber die Tatsache, dass wir es nicht ignorieren können, gibt mir etwas Hoffnung, dass etwas Besseres dabei herauskommt, denn manchmal denke ich, wir stehen kurz vor einem Bürgerkrieg.
Wer weiß, ob es dazu kommen wird, aber es ist ziemlich gewalttätig hier. Die Gewalt nimmt zu und unsere Regierung ist extrem korrupt. Es gibt wirklich gute Leute in unserer Regierung, aber es gibt eine enorme Menge an Unsinn, der vor sich geht.
Ich habe heute wieder etwas herausgefunden. Ich dachte darüber nach und fragte mich: Wer hat das gesagt? Es stellte sich heraus, es war Jimi Hendrix. Vielleicht kennst du dieses Zitat:
„Wenn die Macht der Liebe die Liebe zur Macht übersteigt, erst dann wird die Welt endlich wissen, was Frieden heißt."
Ja, du kennst es. Oder?
Hast du vielleicht von der New York Tribune Podcast Geschichte namens 1619 gehört? Kennst du das? 1619, das war das Jahr des ersten Sklavenschiffs, das in Amerika ankam. Es ist also eine Chronik darüber.
Es werden verschiedene Perioden der amerikanischen Geschichte aus der Sichtweise der Schwarzen erzählt. Es ist sehr eindrucksvoll. Leute haben angefangen, es in den Schulen zu unterrichten und weißt du, was passiert ist? Es gab einen riesigen Aufschrei dagegen:
„Das darf nicht unterrichtet werden. Das kann man so nicht unterrichten. Das ist unpatriotisch, und es ist nicht wahr."
Ich glaube, dass diese Dinge richtig wichtig sind. Sollen wir den Holocaust unterrichten? Ja, ich möchte die Kolonisierung unterrichten, den Schaden, den Kolonisierung und Faschismus hervorbringen. Ich meine, es ist offensichtlich. Es ist, als ob er überall wäre. Aber wird das auch in der Schule gelehrt?
Zum Beispiel, was passiert und wie eine Bevölkerung manipuliert werden kann, um diese Dinge, wie Völkermord und andere Gräueltaten zu begehen, die in Wirklichkeit nur eine Möglichkeit für Menschen sind, die so machthungrig sind, andere Menschen zu manipulieren.
Ich denke, in der Realität werden diese Dinge von Generation zu Generation weitergegeben, aber es geschieht nicht speziell mit uns und nicht mit unseren Kindern. Die Folgen davon haben sicherlich Auswirkungen auf uns, und zwar von Generation zu Generation. Aber das führt vielleicht zu weit weg.
Was in Amerika passiert, macht uns wirklich Angst.
Du kannst hören, wie die Leute darüber sprechen. „Oh, mein Gott, es fühlt sich an wie: Sind wir wieder im Jahr 1932?"
Also ich weiß nicht, wie wir den Schmerz in der Welt lösen können. Ich meine, es gibt genug Leid auf der Welt, wir müssen es uns auch noch gegenseitig zufügen.

The good thing about it is we can't be in denial of the oppressive bullshit that goes on in this country and how bad it really is and how much it's been hidden. We can't ignore that anymore.

But the fact that we can't ignore it gives me some hope that something better will come out of it eventually. Some days I think we're on the verge of a civil war.

Who knows if that will come to pass, but it's pretty violent here. The violence is growing and our government is extremely corrupt. There are really good people in our government, but there is a tremendous amount of just bullshit going on.

I found this thing today. I thought about it and wondered. Who said this? Turns out it was Jimi Hendrix, and maybe you know this quote, "When the power of love overcomes the love of power, the world will know peace." Yeah, you know it?

Have you listened to the New York Tribune podcast called 1619? Are you aware of it? 1619 was the date of the first slave ship to arrive in America, so it chronicles that.

And then it chronicles different periods in American history of the black experience. It's very powerful. And so people started teaching it in schools, and you know what's happened? A huge outcry against it, "Don't teach that. You can't teach that. That's unpatriotic, and it's not true."

I feel like these things are really important. Should we teach the Holocaust? Yeah, and we should teach colonization and the damage of colonization and fascism and what creates it. I mean, you can find out about that, it's around. But do they teach that in school?

Like what happens, and how a population can be manipulated in order to carry out these things like genocide and other atrocities that are really just a way for people who are so hungry for power to manipulate people.

I think in reality these kinds of things generation to generation are remembered, but it isn't happening to us specifically, and it isn't happening to our children. The consequences of it certainly have an effect on us, an effect generation after generation. But, of course, it's further away.

It arises for us in the form of fear because of what's happening in America.

And you'll hear people talk about it, "Oh, my God, are we in 1932 again?"

So I don't know, how do we solve the pain of the world, right? I mean there's enough suffering in the world. We don't need to inflict it on each other.

Do you know what I'm saying? This is very emotional for me.

I think about how the Holocaust affects me personally because it is important to me. It's important that we don't do this to each other because I work with trauma, which is probably because of my own childhood.

It's heartbreaking. It's just so heartbreaking that people are capable of inflicting this kind of stuff on other people. And for me, a lot of times it's what's been inflicted on children that come into my practice as adults. What has happened to a person, abuse, neglect, all this kind of stuff.

Okay, it's out there in the world. Is there any way that this changes? Does it change? Do we learn from it? Will it stop somehow?

How do you think the Holocaust will effect the next generation? Will they have a different experience?

I think you have to ask them that. I don't know the answer to that, I think certainly my daughter is concerned with bringing things to light about the world. I think it affected her, of course, because it affected me.

Of course, the immediacy of it is removed, but I think the effect of it still is there.

My friend who was talking about the Armenian genocide said that there was so much that she didn't know, and that she didn't even know she had these kinds of feelings because it was the world she swam in, it was the air she breathed in her family. The ways that it affected her as the next generation in that particular situation was how she acted in the world and how she felt about herself.

So, yeah, does it affect the next generation? Yes, I do think that that it filters through. There is a thing that we now call epigenetics that's being studied that's about how what's happened to your ancestors,

Verstehst du, was ich damit sagen will? Für mich ist das sehr emotional.
Ich denke, dass der Holocaust mich persönlich betrifft, weil er für mich wichtig ist – dass wir uns das nicht gegenseitig antun und weil ich mit Traumata arbeite, die wahrscheinlich ein Ergebnis meiner eigenen Kindheit sind.
Es ist herzzerreißend. Es ist einfach so herzzerreißend, dass Menschen in der Lage sind, anderen Menschen so etwas anzutun. Und bei mir ist es oft das, was Kindern zugefügt wurde, die als Erwachsene in meine Praxis kommen. Was einer Person widerfahren ist, Missbrauch, Vernachlässigung, all diese Dinge.
Okay, es ist da draußen in der Welt. Gibt es eine Möglichkeit, das zu ändern? Wird es sich ändern? Lernen wir daraus? Wird es irgendwie aufhören?

Was denkst du, wie der Holocaust sich auf die nächste Generation auswirken wird? Geht es denen anders?

Das musst du sie wohl selbst fragen. Ich kenne die Antwort darauf nicht, ich denke, dass meine Tochter sicherlich damit beschäftigt ist, solche Dinge ans Licht zu bringen und ich denke, es hat sie beeinflusst, natürlich. Ich denke, es hat sie beeinflusst und es hat mich beeinflusst.
Natürlich ist die Unmittelbarkeit des Geschehens nicht mehr gegeben, aber ich denke, die Wirkung ist immer noch vorhanden.
Eine Freundin, die über den armenischen Völkermord sprach, sagte, dass sie so vieles nicht wusste, und dass sie trotzdem wusste, dass sie diese Art von Gefühlen hatte, weil sie in der Welt waren, in der sie schwamm, es war die Luft, die sie in ihrer Familie atmete. Die Art und Weise, wie es sie als nächste Generation in dieser besonderen Situation beeinflusste, war, wie sie sich in der Welt verhielt und wie sie sich selbst fühlte.
Also, hat es Auswirkungen auf die nächste Generation? Ja, ich glaube schon, dass es sich durchsetzt. Es gibt eine Sache, die wir heute Epigenetik nennen und die erforscht wird. Es geht darum, wie das, was mit ihren Vorfahren passiert ist, und nicht nur ein paar Generationen zurück, genetisch weitergegeben wird und einen Einfluss darauf hat, wie ihr Gehirn funktioniert. Die Neurowissenschaftler untersuchen diesen Effekt.
Wie wirkt er sich also auf die nächste Generation aus? Ich denke, dass beides zutrifft und dass es sich auf eine Weise auf sie auswirkt, der sie sich wahrscheinlich nicht einmal bewusst sind.
Und es besteht eine gewisse Distanz, weil es nicht unmittelbar ist. Es ist nicht direkt und unmittelbar.
OK, ich will mal kurz zurückgehen. Das erste Mal, als ich nach Deutschland kam, war es direkt nach dem 11. September, als die USA in den Nahen Osten einmarschiert waren. Wie sich das für viele Menschen hier anfühlte, nicht für alle, manche waren dafür, aber für viele Menschen war es nicht nur beschämend, es war peinlich und schmerzhaft.
Denn wir haben Kinder und Familien bombardiert, aber wer auch immer den 11. September 2001 verursacht hat, es waren nicht diejenigen, die wir bombardiert haben. Wir waren vielleicht hinter ihnen her, aber das waren nicht die Betroffenen. Wer betroffen war, waren die Menschen, die normalen Menschen, die versuchen zu leben und zu atmen und ihr Leben und ihre Familien zu haben und ein einigermaßen vernünftiges Leben zu führen.
Menschen können beeinflusst werden, Dinge zu tun, die sie in normalen Zeiten nie tun würden. Mir ist das klar geworden, als wir einmal in dem Bamberger Haus gesprochen haben und da war ein Mann im Publikum, ich werde ihn nie vergessen. Er war schon etwas älter, also muss er in dieser Zeit gelebt haben. Ich konnte seine Traurigkeit, seine Scham und seine Wut spüren. Und er stellte einige Fragen, an die ich mich nicht erinnere, weil ich dazu neige, Dinge emotional und nicht so sehr kognitiv zu erleben.
Ich erinnere mich genau an ihn. Und ich erinnere mich, dass die Leute darüber reden wollten, was in Deutschland geschah und was ich über die Geschehnisse im Nahen Osten dachte. Wie ich über Palästina denke, ganz offen gesagt, und Israel.
Was ich an Deutschland bewundere ist, dass mir kein anderes Land einfällt, das jemals Verantwortung übernommen oder etwas zugegeben hat oder Reue empfunden hat. Wie kann das passieren?

and not just a few generations back, is passed down genetically and has an effect on how your brain works. The neuroscientists are studying this effect.
So how does it affect the next generation? I think that both things are true, it really is affecting them in ways that they probably aren't even aware of.
And there is distance because it's not immediate. It's not in your face, immediate.
OK, I'm going to backtrack here for a second. So the first time I came to Germany, I think, was right after 9/11, and the U.S. had invaded the Middle East. What it felt like here to a lot of people, not everybody, some people were all for it, but to a lot of people, it not only felt shameful but embarrassing and painful.
Because we were bombing children, we were bombing families, you know, but whoever did 9/11 wasn't who we were bombing. We might have been after them, but that's not who was affected. Who was affected were the people, the regular people who try to live and breathe and have their lives and their families and, you know, live some kind of a reasonable life.
And people can be influenced to do things that, in normal times, they would never do. I think one time we spoke at the building, and there was a man in the audience. I'll never forget him. He was a little bit older, so he must have lived during that time. I could feel his sadness and his shame and his anger. And he asked some questions, which I don't remember because I tend to experience things emotionally and not so much cognitively.
But I remember him. And I remember people talking in ways about what happened in Germany, was like what I felt about what was happening in the Middle East. And how I feel about Palestine, quite frankly, and Israel, you know I feel the same way about that.
One of the things that I actually kind of admire about Germany is: I can't think of another country ever that has ever taken any responsibility or admitted or felt any remorse for what happened. Have you ever heard of another place? Maybe South Africa a little bit. But you know, they did that whole reconciliation thing, and who knows whether that's made a difference or not.
Other places just won't even admit it. And everybody's done it one way or another. Just maybe not as overtly and as huge and over such an extended time.
So the question is, do I think it's important that we remember it?
Absolutely!
I mean, when Trump was elected, I started meditating every day, you know, because I was in such shock. And I remember my aunties saying that when Hitler came to power, it was this big surprise. Nobody thought in the sort of intellectual circles or in the more educated circles that this would ever happen. They thought he was kind of foolish.
But guess what? That does happen, and it did happen and it's happened here. You know, we're not there yet, but we're pretty much a mess. And people are pretty angry, and so when people are scared and feel insecure, they often respond with anger.
And they often project that anger onto something else, onto another group of people or to another person or any of those places, so they don't have to feel it themselves.
But what do I think we should teach?
What causes this to happen? And I know they teach it in Germany. I think they teach it here but I think it's kind of a side note.
I think what we need to teach is, what's under that. What makes that happen?

Another question. Would you like to come back to Bremen someday? Is there anything you'd like to see or learn more about there?

I loved it there to tell you the truth. Even though the weather is terrible there, and I'm very spoiled. Such a funny question. Would I like to be there again? I would, and I think the first couple of times I was so overwhelmed and kind of awed by the whole experience. And so deeply touched by how kind people were and how welcoming and how interested they were in our story and our family and our life and how welcoming... those are things you don't forget.
You know what I liked about going to Bremen? It was both really beautiful and also very sad for me

Hast Du jemals von einem anderen Land gehört? Vielleicht Südafrika, ein bisschen. Vielleicht ein bisschen. Sie haben diese ganzen Versöhnungsgespräche gemacht, und wer weiß, ob das einen Unterschied gemacht hat oder nicht.
Andere Länder wollen es nicht einmal zugeben. Und jeder hat es auf eine andere Weise getan. Nur vielleicht nicht so offenkundig und in diesem Ausmaß und über einen so langen Zeitraum.
Es bleibt also die Frage, ob ich denke, dass es wichtig ist, sich daran zu erinnern? Auf jeden Fall, ja! Ich meine, als Trump gewählt wurde, habe ich wieder angefangen, jeden Tag zu meditieren, weil ich so geschockt war. Und ich erinnere mich an meine Tanten. Sie sagten, als Hitler an die Macht kam, war das eine große Überraschung. Niemand in den intellektuellen oder gebildeten Kreisen hätte gedacht, dass so etwas jemals passieren würde. Sie dachten, er sei irgendwie dumm.
Aber weißt du was? Das passiert, und es ist passiert, und es ist hier passiert. Wir sind noch nicht so weit, aber wir sind ein ziemliches Durcheinander. Und die Menschen sind ziemlich wütend und wenn sie Angst haben und sich unsicher fühlen, reagieren sie oft mit Wut.
Aber sie projizieren diese Wut oft auf etwas anderes, auf eine andere Gruppe von Menschen oder auf eine andere Person, damit sie sie nicht selbst fühlen müssen.
Aber was sollten wir meiner Meinung nach weiter geben?
Was sind die Ursachen dafür? Ich weiß, dass sie das in Deutschland lehren, ich glaube, sie lehren es hier, aber ich denke, es ist eine Art Randnotiz.
Ich denke, was wir lehren sollten, ist, was dahinter steckt. Wie kann so etwas passieren?

Eine andere Frage. Hättest du Lust wieder einmal nach Bremen zu kommen? Gibt es etwas, dass du dort gerne sehen oder über dass du gerne mehr erfahren würdest?

Ich habe es geliebt dort zu sein, um die Wahrheit zu sagen. Auch wenn das Wetter schrecklich ist und ich sehr verwöhnt bin.
Das ist eine lustige Frage. Würde ich gerne wieder dort sein? Ja, würde ich gerne, und ich glaube, die ersten paar Male war ich so überwältigt und irgendwie ehrfürchtig vor der ganzen Erfahrung. Und ich war zutiefst berührt, wie freundlich die Menschen waren und wie sehr sie sich für unsere Geschichte, unsere Familie und unser Leben interessierten und wie herzlich sie waren. Das sind Dinge, die du nicht vergessen kannst.
Weißt du, was mir in Bremen gefallen hat? Es war sowohl schön als auch sehr traurig für mich, das Haus meiner Großmutter zu sehen, den Park, in dem sie immer mit dem Fahrrad gefahren ist. Darüber nachzudenken, wer sie gewesen sein könnte. *(Sie hat Tränen in den Augen, E.B.)*
Weißt du, Emily erinnert mich sehr an meine Mutter. Da ist etwas Gemeinsames. Weißt du, selbst als sie noch sehr klein war, war sie ein kleines Kraftpaket, eine sehr willensstarke und kraftvolle Person. Und das sehe ich in ihr. Manchmal frage ich mich, ob meine Mutter auch so gewesen wäre, wenn ihr das nicht passiert wäre.
Denn meiner Meinung nach war das, was meine Mutter erlebt hat, eine klassische, absolut lehrbuchmäßige PTBS *(Posttraumatische Belastungsstörung, E.B.)* mit psychotischen Zügen. Einfach klassisch. Natürlich wusste man damals noch nicht, wie man sie behandeln sollte. Und so wurde es immer schlimmer und schlimmer.

Noch ein anderes Thema! – Was bedeutet es für dich, einen deutschen Pass und die deutsche Staatsbürgerschaft zu haben?

Je mehr ich mich damit beschäftige, desto mehr bedeutet es mir. Letzte Woche war ich in dem schönen Konsulat in Denver, habe meine Papiere bekommen, und alle meine Papiere wurden unterschrieben und mein Antrag wurde eingereicht und meine Fotos geschickt. Mein Reisepass wird also kommen!
Lynne war die Speerspitze der Initiative. Sie wollte unbedingt den deutschen Pass haben und dass wir die Staatsbürgerschaft bekommen. Und, weißt du, aus vielen verschiedenen Gründen, ich glaube, ich bin mir sicher, dass die anderen dir ihre Version davon erzählt haben, aber ich war irgendwie so,

to see my mom's house, the park where she rode her bicycle all the time. To think about who she might have been. *(She has tears in her eyes, E.B.)*
You know, Emily reminds me a lot of my mom. There is something about her. You know, even when she was really little she was kind of a little powerhouse. She was a very strong-willed and strong person. And I see that in her. Sometimes I think, I wonder if this is how my mom would've been more like if this hadn't happened to her.
Because in my opinion, having been somewhat in the business, what my mother experienced was a classic, absolutely textbook PTSD *(Post-traumatic stress disorder, E.B.)* with psychotic features. Just classic. And of course, they didn't know how to treat it in those days, and so it just got worse and worse.

Yet another topic! – What does it mean for you to have a German passport and a German citizenship?

I kind of step into it more, it starts to mean more. Last week I was at the lovely consulate in Denver, I got my papers, and all my papers were signed and my application was turned in and my photos sent. So, my passport will come!
Lynne, of course, was the spearhead of this. She really wanted to have the German passport and for us to have that citizenship for many reasons, I think. I'm sure she told you her version of it, but Karen was doing it, and I was kind of, okay, everybody's going to do it. So, okay, I'll go along with that. And my daughter has dual citizenship to Europe because she's half Swedish.
I don't know if other people have it, but I think underlying the Jewish experience there is always the possibility that you're going to need to grab something and go. And so having that passport gives you the freedom to get out of here if you have to.

And there was a lot of fear that arose when Trump was elected. So especially then, it became this kind of more important stronger feeling about being able to have the possibility of going somewhere else if you have to.
Yeah, and that's probably pretty much the answer you've gotten from everyone. It's a good idea to be able to go somewhere else if you have to.
And I realized even through this process and thinking about immigrants trying to come here, how very difficult it is to go somewhere else if you need to or want to.
It's not that easy.
Yeah, did I answer your question?

Yes, yes. Thank you very much.

wie Karen es getan hat, ich war irgendwie: Okay, jeder wird es tun. Also, dann mache ich das mit.
Meine Tochter hat die doppelte Staatsbürgerschaft in Europa, weil sie halb schwedisch ist.
Ich weiß nicht, ob andere Leute das auch haben, aber ich denke, hinter der jüdischen Erfahrung steckt immer die Möglichkeit, dass man etwas packen und gehen muss. Wenn man diesen Pass hat, hat man die Freiheit, von hier wegzugehen, wenn man das muss.
Es gab eine Menge Angst, die aufkam, als Trump gewählt wurde. Deshalb wurde es besonders wichtig, dass man die Möglichkeit hat, woanders hinzugehen, wenn man muss.
Ja, und das ist wahrscheinlich so ziemlich die Antwort, die du von so gut wie jedem bekommen hast.
Es ist eine gute Idee, wenn man woanders hingehen kann, wenn man muss.
Und selbst während dieses Prozesses und beim Nachdenken über Einwanderer, die versuchen, hierher zu kommen, wurde mir klar, wie schwierig es ist, woanders hinzugehen, wenn man das muss oder will.
Es ist nicht so einfach.
Beantwortet das deine Frage?

Ja, ja. Ich danke dir vielmals.

Kapitel 2

Das Kaufhaus wird größer – Die Jugend der Zwillinge

Bremen ist in den beginnenden 1920er Jahren eine aufstrebende Handelsstadt. Allerdings: Nach dem Ersten Weltkrieg kommen die Schiffe mit Baumwolle, Kaffee und Tabak zunächst nur spärlich in den Hafen. Politisch ist der Neubeginn nach dem Ende des Kaiserreiches ebenfalls schwierig.

Auch Julius Bamberger war im Krieg. Die Zeit nach dessen Ende im Jahr 1918 – als die Arbeiter- und Soldatenräte über die Macht verfügten – beschreibt er in seinen Notizen so:
Unteroffizier Bamberger wurde einstimmig in den Arbeiter- und Soldatenrat gewählt, und ich musste annehmen. Eine hochinteressante Zeit mit heißen Sitzungen im Rathaus.
Zum Ratsherr befohlen, bot mir der Bürgermeister, ein hochintelligenter buckliger Schuster, das Finanzamt an. Da ich nichts von Finanzen verstehe, schlug ich vor, mich auf meinem Spezialgebiet, dem Handel, einzusetzen. So kam das wichtigste Nachkriegs-Amt, das Bekleidungswesen, die Rationierung und die Altbekleidungsstelle in meine Hände.
Dieser Tage saß ich als Vorsitzender einer Gruppe im Rathaus, als plötzlich eine Art Edelkommunist erschien, der in alles hineinredete. Ich ließ abstimmen und den Eindringling entfernen.
Am nächsten Morgen zum Rathaus befohlen, hieß es: „Mr. B., wissen Sie, wen Sie gestern Abend hinaussetzten? Den neuen Bremer Kommunisten-Führer."
Es geschah mir dann aber nichts, denn mein forsches Wesen imponierte, und so war ich mal wieder um Haaresbreite dem Erschießen entgangen.

Julius Bamberger stürzt sich nach dem Krieg sofort wieder in die Arbeit seines Kaufhauses. Er schmiedet Pläne, das Geschäft wächst. Sein Marketing ist ausgesprochen kreativ, den Wünschen seiner Kunden ist er oft einen Schritt voraus.

Chapter 2

The department store grows – The young life of the twins

Bremen was an up-and-coming trade city in the early 1920s. However, after the First World War, ships with cotton, coffee, and tobacco only sparsely came to the harbor. The new beginning after the end of the Empire was also difficult politically.

Julius Bamberger had also been in the war. He described the time after its end in 1918 - when the workers' and soldiers' councils held power - in his notes:
Sergeant Bamberger was unanimously elected to the Workers' and Soldiers' Council, and I had to accept. A highly interesting time with hot meetings in the town hall.
Ordered to the council, the mayor, a highly intelligent hunchbacked cobbler, offered me the finance office. Knowing nothing about finance, I suggested I apply myself to my specialty, commerce. Thus, the most important postwar office, the clothing rationing and old clothing office came into my hands.
Once during this time, I was sitting as chairman of a group in the town hall, when suddenly some sort of noble communist, who had something to say about everything, appeared. I held a vote and had the intruder removed.
I was ordered to the town hall the next morning and asked, „Mr. B., do you know who you removed last night? The new Communist leader of Bremen."
Nothing happened to me, however, because my brisk nature impressed them, and so I had once again escaped being shot by a hair's breadth.

After the war, Julius Bamberger immediately threw himself back into the work of his department store. He made plans, and the business grew. His marketing was extremely creative, and he was often one step ahead of his customers' wishes.

Karstadt, which had already been in town for some time, started competing with him. For him, that meant he had to be better. Bamberger was the first to build an escalator in a department store in

Karstadt, schon länger in der Stadt, spornt ihn an, und das heißt für ihn: Er muss besser sein. Bamberger baut als Erster eine Rolltreppe in ein Bremer Kaufhaus – für die Bremer eine unglaubliche Attraktion! In den Treppenfluren lässt er Zerrspiegel anbringen, so dass die Kunden beim Heruntergehen sich selbst mal dick, mal dünn, mal schief sehen können.

Das Gebäude und die Verkaufsflächen reichen ihm nicht aus. Ein Turm soll gebaut werden mit Dach-Café; sogar ein Kino ist in Planung. Er glaubt an den Kaufhausgedanken und will den Bremern etwas ganz Besonderes bieten. Das Kaufhaus selbst steht genau an dem Übergang von der Innenstadt zu den Wohnvierteln der Hafenarbeiter.

Bremen profitiert von dem Aufschwung der 1920er Jahre. Die jüdische Gemeinde in der Hafenstadt ist übersichtlich. Sie zählt gerade ein paar hundert Mitglieder. Julius Bamberger ist öffentlich eher zurückhaltend in Glaubensfragen. Er soll trotzdem viel organisiert haben. Gibt es irgendwelchen Ärger, greift man gern auf ihn als Vermittler zurück.

1924, nachdem der „Ruhrkampf" den exzessiven Nationalismus und die nationalsozialistische Bewegung angefacht hatte, erhält der Jude Julius Bamberger einen Brief, in dem er und auch sein Geschäft bedroht werden. Es ist kein Einzelfall. Solche Einschüchterungsversuche wiederholen sich in den nächsten Jahren.

Bremen - an incredible attraction for the people of Bremen! He had distorting mirrors installed in the stairwells so that customers could see themselves as fat, thin, or crooked as they walked down.

The building and the sale areas were, however, not enough for him. A tower was to be built with a rooftop café; there were even plans for a movie theater. He believed in the department store idea and wanted to offer Bremen residents something very special. The department store itself was located right at the transition from the city center to the residential neighborhoods of the Harbor workers.

„Die ersten Rolltreppen in Bremen, der erste Dachgarten mit herrlicher Aussicht über das alte Bremen" steht auf der Rückseite dieser Postkarte, gedruckt im Verlag Kaufhaus Bamberger.

"The first escalators in Bremen, the first rooftop with a marvellous view over the old Bremen" is written on the backside of the postcard, printed by the publisher Kaufhaus Bamberger.

Bremen benefited from the boom of the 1920s. The Jewish community in the port city was relatively small. It had only a few hundred members. Julius Bamberger was publicly rather reserved in matters of faith. Nevertheless, he is said to have organized a lot. If there was any trouble, he was often called upon to mediate.

I'm warning You.
Our club will do everything in our power to disarm you and ruin your business!

Julius Bamberger kümmert sich nicht um Anfeindungen. Ihn treiben andere Dinge um: Die Erweiterung des Kaufhauses. Zwei hinzugekaufte Häuser sollen miteinander verbunden und gegenseitig zugänglich werden. Der große Umbau beginnt 1925. Aber es war vielleicht doch alles etwas zu groß angelegt. Er gerät in Schwierigkeiten, muss neue Hypotheken aufnehmen und die Bauarbeiten wegen Geldmangels unterbrechen. Nur mühsam gelingt es ihm, die Abschnitte nach und nach doch noch fertigzustellen, teilweise provisorisch.

Egon, seit 1927 in der Grundschule an der Schillerstraße, geht später auf die Schule an der Hermann-Böse-Straße. Anneliese besucht die Rembertischule, wechselt vier Jahre später in die Sexta der Deutschen Oberschule für Mädchen.

Liesel Stern, Egons spätere Frau, ist eine Klassenkameradin von Anneliese. Liesel und Egon, nach ihrer jeweiligen Flucht aus Deutschland ohne Kontakt miteinander, treffen sich in den USA wieder, verlieben sich und heiraten.

Später erzählt Egon:
Im Jahr 1934 gingen Anneliese und ich noch in öffentliche Schulen. Dann durften wir aber nicht mehr die öffentlichen Schulen besuchen – jüdischen Kindern wurde das verboten. Die Jungens kamen in Uniformen der Hitlerjugend zur Schule, mit Fahrtenmessern an der Seite, die Mädchen in Uniformen des Bundes Deutscher Mädel.

In 1924 after the „Ruhrkampf", the national-antisemitic and revanchist right increasingly asserted itself. The Jew, Julius Bamberger, received a letter in which he and his business were threatened. This was not an isolated case. Such attempts at intimidation were repeated over the next few years.

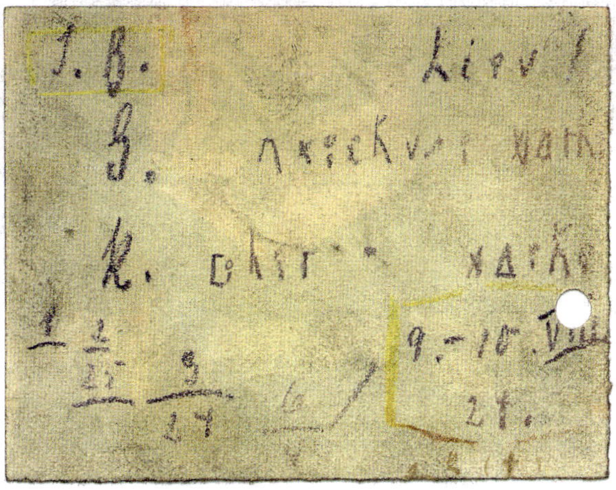

Julius Bamberger did not care about hostility. He had other things on his mind. The expansion of the department store continued. Two additionally purchased buildings were to be connected and made mutually accessible. The grand reconstruction began in 1925, but perhaps it was all a bit too big. Julius got into trouble. He had to take out new mortgages and interrupt the construction work due to a lack of funds. Only with great difficulty did he manage to complete the sections one by one, sometimes provisionally.

Starting in 1927, Egon attended the elementary school on Schillerstraße and later attended the school „An der Hermann-Böse-Straße". Anneliese attended the „Rembertischule" and four years later transferred to the Sexta *(5th grade, E.B.)* of the „Deutsche Oberschule für Mädchen".

Liesel Stern, Egon's later wife, was a classmate of Anneliese. Liesel and Egon met again in the U.S. without having had contact with one another after their respective escapes from Germany. They fell in love and got married.

Later, Egon recounts:
„In 1934, Anneliese and I still went to public schools. But then we were no longer allowed to attend public schools - Jewish children were forbidden to do so. The boys came to school in uniforms of the Hitler Youth with knives at their sides, the girls in uniforms of the Bund Deutscher Mädel (Nazi organization for girls).

Alle waren uniformiert, wir nicht, uns als Juden war das nicht erlaubt, die Uniformen zu tragen. Wir wurden ausgegrenzt, niemand spielte mehr mit uns, auch die besten Freunde nicht."

In einem Radiointerview der 1970er Jahre erzählt der bekannte deutsche Showmaster Hans-Joachim Kuhlenkampff, der auch in Bremen aufgewachsen ist, dass er zeitweilig mit Anneliese Bamberger befreundet war und schwärmt:
„Ich fand die ungeheuer schick, und wir mochten uns sehr. Wir knutschen dann – ich in Uniform – noch hinterher im Bürgerpark. Ein hübsches Mädchen! Sehe ich heute noch vor mir ... schwarze Haare ... wirklich eine Süße!"

Die ersten Großveranstaltungen der Nationalsozialisten locken die Bremer ins Stadion an der Weser. Dabei wirbt die Hitlerjugend um Mitglieder. Sie wirkt mit ihren Aufmärschen, Fahrten, Geländespielen und geselligem Lagerleben auf viele Jugendliche äußerst attraktiv – so auch auf Egon Bamberger.

Jules Bamberger erinnert sich:
Er sprach davon, wie beliebt die Hitlerjugend in Bremen war. Und er wollte ihr beitreten. Er dachte wahrscheinlich, dass das für ihn problemlos war, weil er aus wohlhabendem Hause kam.
Es wurde ihm allerdings nicht erlaubt. Der Grund war seine jüdische Herkunft, obwohl seine Familie die jüdische Religion gar nicht praktizierte; sie gingen nicht zur Synagoge, machten nichts in dieser Art.
Also verstand er nicht, warum er nicht beitreten durfte. Er wollte Teil davon sein, weil er wirklich der Meinung war, dass die Deutschen eine überlegene Rasse seien.
Das ist auch ein Beispiel dafür, wie er die Geschichte veredelt hat. Er war sein ganzes Leben lang stolz darauf, ein Deutscher zu sein. Das ist seine Kindheitsperspektive.

Everyone was in uniform except us. As Jews we were not allowed to wear the uniforms. We were ostracized. No one played with us anymore, not even our best friends."

In a 1970s radio interview, the well-known German show host Hans-Joachim Kuhlenkampff, who also grew up in Bremen, said that he was friends for a time with Anneliese Bamberger and enthusiastically stated:
"I found her tremendously chic, and we liked each other very much. We made out once - me in uniform - in the Bürgerpark. What a pretty girl! I can still see her today ... Black hair ... really a cutie!"

The first major events of the National Socialists attracted the people of Bremen to the football stadium on the Weser. The Hitler Youth began recruiting members. With its marches, trips, field games, and social camp life, it had an extremely attractive pull for many young people - including Egon Bamberger.

Jules Bamberger remembers:
He talked about how, in the beginning, the Hitler youth was very popular in Bremen, and he wanted to join. And because he was coming from an entitled family, a wealthy family, he felt like he could do anything, probably. And yet, he wasn't allowed because he was Jewish. But they were not practicing Jews. They didn't go to the synagogue, they didn't practice, they didn't do anything like that. So he didn't understand why he couldn't join the Hitler youth. He wanted to be part of it because he really felt that the Germans were a superior race... There's another example of him elevating the story. So, even though they were the enemy in the end, he was very proud to be German. That's his childhood perspective.

Thea Nicole Sprecher

Thea ist im Jahre 1978 geboren und sie ist innerhalb der großen Bamberger Familie die Älteste aus der Enkel-Generation der Flüchtlinge.
Heute lebt sie mit ihrem italienischen Ehemann, Matteo Carapellese, und ihrem Sohn Julius in London. Julius hat den Vornamen seines Ururgroßvaters.
Um die Jahrtausendwende war Thea einmal in Bremen. Sie hat ihren damaligen Freund auf einer Tournee begleitet, der in einer Punkband spielte. Ihre Mutter hatte ihr einige Adressen gegeben und sie war in der Parkallee und hat auch das Gebäude des alten Kaufhauses – noch vor dem Umbau – gesehen. Gerne würde sie wieder nach Bremen kommen, um sich das heutige Gebäude mit dem neuen Schriftzug und der Volkshochschule anzusehen.

*

Thea, es geht in dieser Geschichte hauptsächlich um die Folgen des Holocaust in der dritten Generation danach, also um deine Generation als Enkelin von Anneliese Bamberger.
Erinnerst du dich daran, wann du das erste Mal in deinem Leben das Wort Holocaust gehört hast, in der Schule oder in der Familie?

Ich glaube, man lernt schon sehr früh in der Schule etwas darüber.
Und so fing es wohl an. Ich wusste schon von klein auf, dass es etwas mit meiner Familie zu tun hat und speziell mit meiner Großmutter Annie, schon als sie noch jung war. Ich erinnere mich nicht an das erste Mal, aber ja, es war einfach immer da.

Und in der Schule? War es ein großes Thema oder eher nebenbei?

Für mich eher später in meinem Studium, als ich schon älter war und mich mehr für diese Zeit interessierte und besser verstand, was passiert war. Die Geschichte meiner Familie hat mich immer mehr interessiert und ich habe angefangen, mich damit zu beschäftigen.

Und hast du mit Annie darüber gesprochen?

Nein, sie wollte nicht viel mit uns über den Holocaust reden.
Sie wollte lieber über ihre Kindheit davor sprechen und hat erzählt, wie sie im Cabrio herumgefahren sind. Sowas aus ihrer Kindheit hat sie gerne erwähnt. Aber wir haben nie wirklich viele Informationen *(über die spätere Zeit, E.B.)* aus erster Hand von ihr bekommen. Aber es hat uns sehr, sehr neugierig gemacht.

Welche persönlichen Erinnerungen hast du an deine Großmutter?

Sie hat sich immer sehr gefreut, uns zu sehen. Sie war sowas wie unverwüstlich. Ich glaube, sie war sehr widerstandsfähig, egal was passiert ist, sie hat immer ihren Lippenstift aufgetragen, hat sich zu-

Thea Nicole Sprecher

Thea was born in 1978 and is the eldest of the third generation of refugees in the Bamberger family. Today, she lives in London with her Italian husband, Matteo Carapellese, and her son Julius. Julius inherited the first name of his great-grandfather.
Around the turn of the millennium, Thea visited Bremen. She accompanied her then boyfriend on a tour, who played in a punk band. Her mother had given her some addresses. She was in Parkallee and also saw the building of the old department store before it was rebuilt.
She would love to come back to Bremen to see the current building with the new lettering and the Volkshochschule *(Adult Education Center, E.B.)*.

*

Thea, this story is mainly about the consequences of the Holocaust on the third generation. As the granddaughter of Anneliese Bamberger, that is your generation.
Do you remember the first time you heard the word Holocaust in your life, perhaps in school or among your family?

I think from a very young age you begin to learn about it in school.
I think that was the beginning. And I always knew from a young age that it had something to do with my family, specifically with my grandmother Annie, but I don't remember the first time. But yes, it was just always there.

And in school? Was it a big topic or just taught alongside other topics?

Later in my studies, as I grew older and became more fascinated with that period of time and with understanding more about what had happened in the history of my family, I became more interested and I started doing more studies on it.

And did you talk about it with Annie at all?

You know, she really didn't want to talk very much with us about the Holocaust itself. She preferred to talk about her childhood before. Yeah, you know, her driving around in the convertible and things like that. She liked to spend time talking about her childhood. So, we never really got so much information about it *(about the time after, E.B.)* from her firsthand. But it made us very, very curious.

What personal memories do you have of your grandmother?

She was always very happy to see us. She was always very resilient. I would say she was always very resilient no matter the day. She would always put her lipstick on, put herself together, and put on a nice face when she'd see us. And no matter what happened, if she broke her hip or if something happened, she always presented herself in such an unaffected way. One thing is that it was very hard for us to understand what she was saying sometimes, so I don't think that we got as much as we could have. I think it left us with a lot more questions than it did answers.
And also growing up, sometimes was difficult to understand whether the stories she was telling were factual or imaginary! Yeah, sometimes it was hard to understand and to decipher. Within the context of us being young and not knowing so much about her history, it was hard. And we always wondered, is this for real? Did this really happen? In retrospect, I think all the stories were real what she told us.

Did you see her very often?

sammengerissen und ein nettes Gesicht gemacht, wenn wir kamen. Egal was gerade geschehen ist, auch wenn sie sich gerade die Hüfte gebrochen hat oder was anderes passiert ist. Sie war immer perfekt und hat sich präsentiert, als ob nichts Besonderes wäre.
Ich glaube, ein Teil der Sache ist, dass es manchmal sehr schwer für uns war, zu verstehen, was sie sagte. Ich glaube also, dass wir nicht so viel mitbekommen haben, wie wir hätten mitbekommen können. Ich glaube, sie hat uns viel mehr Fragen als Antworten hinterlassen.
Für mich war es manchmal schwierig zu begreifen, ob die Geschichte, die sie gerade erzählte, wirklich den Tatsachen entsprach oder ob sie erfunden war! Manchmal war sie schwer zu entziffern. Wir waren noch jung und wussten nicht so viel über ihre Geschichte. Wir haben uns dann eher immer gefragt, ob das wirklich passiert ist, aber im Nachhinein denke ich, dass alle Geschichten echt waren, die sie erzählt hat.

Bist du sehr oft bei ihr gewesen?

Nicht so oft, wie wir es gerne gehabt hätten. Und auf jeden Fall, ich glaube, in den späteren Jahren haben wir mehr Urlaub gemacht, wir haben sie immer in den Ferien besucht. Aber in den späteren Jahren, als sie weniger trübselig war, haben wir sie öfter gesehen.

Und mochte sie es, wenn die Enkelkinder kamen; oder störte es sie in ihrem normalen Alltag?

Sie liebte es. – Aber ich glaube, wir haben sie auch ein bisschen müde gemacht, so dass sie auch froh war, wenn wir gegangen sind. Jedenfalls war sie sehr glücklich, uns zu sehen und uns aufwachsen zu sehen.
Eine lustige Geschichte, an die ich mich bei ihr erinnere, ist, dass sie auch eigensinnig sein konnte. Sie wusste natürlich, dass mein Name Thea ist und mein zweiter Vorname ist Nicole, aber sie hat sich geweigert, mich beim richtigen Vornamen zu nennen. Sie hat mich immer Nicole genannt.

Und wenn du sie besucht hast, was habt ihr zusammen gemacht?

Sie hat immer darauf bestanden, uns etwas zu essen oder zu trinken zu machen und wir haben uns hingesetzt und geredet. Oft wollte sie auch einfach nur mit uns fernsehen.
Ich hatte einen kleinen Hund und sie liebte diesen Hund wirklich. Sie erzählte dann immer von den Hunden, die sie früher zuhause hatte.
Als sie noch jünger war, sind wir auch mittags Essen gegangen oder wir gingen auch in das Zentrum, wo sie ihre Tage verbrachte und wir mit ihren Freunden Geburtstage gefeiert haben und sie erzählte uns von ihrem Freund.
Später als meine Eltern getrennt und geschieden waren, bestand sie immer darauf, alles über meinen Vater zu fragen und wie es ihm ging und wo er war. Sie liebte ihn.
Sie hatte immer eine Menge Fragen, das machte sie glücklich.
Und dann erzählte sie uns von ihren Dates mit ihren Freunden.

In Deutschland? Als sie so jung war wie du oder später?

Beides. Also meistens hat sie über die Zeit mit ihrem Bruder geredet und irgendeine andere Familie, die Cousins oder so.
Dann hat sie auch über meinen Großvater gesprochen, Leonard und wie sie ihn kennengelernt hat.

Ich möchte noch einmal auf das Thema Holocaust zurückkommen. Ich würde gerne wissen, ob du den Eindruck hast, dass das Thema sich langsam verliert? Man redet immer weniger darüber und über die Gefahr und über die Eventualität für heute.

Nun, das ist eine interessante Frage. Ich denke, die Menschen in meiner Generation und sogar in der

Not as often as we'd like. In the later years, we would go see her during all the holidays. And during the later years when she was less gloomy, we would see her more often.

And did she like it when the grandchildren came, or did it disturb her normal routine?

She loved it. But then I think we also exhausted her a little bit, so she was also happy when we left. I think she was very happy to see us and to see us grow.
Funnily enough, one of the funny things that I remember about her is that she was very opinionated. I know that she knows my name is Thea and that my middle name is Nicole, but she refused to call me by my first name. She would always call me Nicole.

And when you visited her, what would you do together?

She would always insist on making us something to eat or something to drink, and we would sit and talk. A lot of times she just wanted to watch television with us.
I had a little dog, and she really loved my dog. And she would tell me about the dogs that she had. And when she was younger, we would always go out for lunch or we would go to the center where she would spend her days. We'd also have birthday parties for her with her friends, and she would tell us about her boyfriend.
Later, when my parents were separated and divorced, she always insisted on asking all about my father, how he was doing and where he was. She loved my father.
She always had a lot of questions, and she always was very happy.
And then she'd told us about her dates with her boyfriends.

Her boyfriends in Germany when she was young like you, or later on?

Both. So mostly she would talk about the time with her brother and other family members, the cousins, or something like that. But then she would talk about my grandfather, Leonard, and meeting him.

I would like to come back to the topic of the Holocaust. Do you have the impression that the topic is slowly disappearing- that people are talking less and less about it and about the danger of it possibly occurring again in today's society?

Well, that's an interesting question. I think people in my generation, and even in the younger generation, in my younger brother's generation, for example, who's four years younger than me, speak about it less. It's very far removed from our daily lives.
Our families talk about it often, and there it's something very fresh. My father always says that he believes that it could happen again. Maybe not to that extent, but you know, he's very careful.
Yeah, I'm just not sure that the younger generation considers it as much as maybe my generation. I was raised with my father always saying that it could happen again, "There is a possibility that it could happen again. Always be aware. Always be ready."
I think that my child and even the younger generations don't think about it as much.
I have a son named Julius. He's just about two and a half years old. And naming him Julius was an ode to Julius Bamberger. For him to sort of carry on the history of our family and of the Jews.
So Julius might have something invested in learning about the history and about the Holocaust, and I think it's something that my generation will have to actively teach the younger generations.

In your generation, the Internet is a large part of daily life. I talked with other members of your family about the topic of hate on the internet. It's growing rapidly. What do you think about that?

It's very sad. That's an interesting question. I think that there are many historians that believe in the

jüngeren Generation, zum Beispiel der meines jüngeren Bruders, der vier Jahre jünger ist als ich, sprechen weniger darüber. Es ist sehr weit weg von unserem täglichen Leben.
Unsere Familien reden oft darüber. Da ist es immer sehr aktuell. Mein Vater sagt, dass er glaubt, dass es immer wieder passieren könnte. Vielleicht nicht in diesem Ausmaß, aber er ist sehr vorsichtig.
Ja, ich bin mir nicht sicher, ob die jüngere Generation so viel darüber nachdenkt, wie vielleicht meine Generation. Denn ich bin mit meinem Vater aufgewachsen, der immer sagte, dass es zurück kommen könnte, dass es nicht ausgeschlossen ist:
„Es gibt die Möglichkeit, dass es wieder passieren könnte. Seid euch immer dessen bewusst und seid immer bereit."
Ich denke, dass mein Kind und auch die jüngeren Generationen das nicht tun.
Ich habe einen Sohn mit dem Namen Julius. Er ist gerade zweieinhalb Jahre alt. Ihn Julius zu nennen ist eine Verbeugung vor Julius Bamberger. Er soll die Geschichte unserer Familie und der Juden weitertragen.
Julius könnte also daran gelegen sein, etwas über die Geschichte und auch über den Holocaust zu lernen und ich denke, das ist etwas, was meine Generation aktiv tun muss und was wir hoffentlich den jüngeren Generationen beibringen können.

In deiner Generation gehört das Internet inzwischen zum Alltag. Ich habe mit den anderen aus deiner Familie über das Thema Hass im Internet gesprochen. Es nimmt sehr stark zu. Was denkst du darüber?

Ich finde es sehr traurig. Das ist eine interessante Frage. Ich denke, dass es viele Historiker gibt, die an den ultimativen Zusammenprall der Kulturen glauben. Dass es immer Gruppen geben wird, die sich mit anderen Gruppen bekriegen. In der Welt, in der wir heute leben, wird viel Hass erzeugt, und ich denke, dass der Mangel an Bildung Hass hervorbringt und ich finde das sehr traurig. Es ist besonders in unserer Generation wirklich wichtig, integrativer zu sein.
Es gibt eine große Bewegung für Vielfalt und Akzeptanz verschiedener Kulturen und Verständnis. Aber ich denke, so laut einige dieser Bewegungen auch sein mögen, manchmal führt das dazu, dass sie von anderen Gruppen dann noch stärker gehasst werden.

Glaubst du, dass von den sozialen Medien und dem Internet eine Gefahr ausgeht, in Bezug auf dieses Thema?

Ja, das glaube ich, natürlich.
Aber ich habe auch Vertrauen in die Menschheit. Ich denke also, dass es zwar eine Gefahr gibt, aber ich denke, dass es auch eine Chance gibt, und ich denke, dass es viele Bewegungen gibt, die versuchen, den Hass zu begrenzen.
Ich meine, in gewisser Weise ist es wichtig für die Redefreiheit. Um Redefreiheit zu haben, muss man die Freiheit haben, zu sprechen. Und das ist auch eine gute Sache.
Die einen reden über Hass, die anderen über Liebe, aber man muss die Freiheit haben. Und ich denke, es ist wirklich wichtig, dass Eltern, Lehrer und Persönlichkeiten jeglicher Art mit gutem Beispiel vorangehen und den Hass nicht noch verstärken, sondern die Gelegenheit wirklich nutzen, um das Gegenteil zu zeigen. Keine Akzeptanz dafür zu zeigen und zu vereinen, statt zu spalten.
Also ich weiß nicht, das ist wirklich eine schwierige Sache. Ich denke, alles, was wir tun können, ist, unserem Umfeld, unseren Kindern und Kindeskindern und den Menschen, auf die wir Einfluss haben, etwas Besseres beizubringen.

Ja. – Wir sollten noch über den deutschen Reisepass reden. Hast du einen italienischen Pass?

Ich habe keinen italienischen Pass. Aber mein Sohn wird einen haben und mein Mann hat zurzeit einen. Ich habe im Moment nur einen amerikanischen Pass. Aber die Frage ist interessant. Ich weiß, meine Mutter hat jetzt einen deutschen Pass, und sie ist sehr aufgeregt.

ultimate clash of civilizations- that there will always be groups at war with other groups. The world that we live in today breeds hate, and I think that the lack of education breeds hate. I think it's very sad, and I think that it's really important, especially for our generation, to be more inclusive.
There's a big movement toward diversity and accepting different cultures, and I think that's important. But as loud as some of these movements are, sometimes it makes them hate other groups even more and creates stronger opposition.

Do you think that social media and the Internet are dangerous in relation to that topic?

Yeah, I do, of course. But I also have faith in humanity. So I think while there is danger, there is an opportunity as well, and I think there are a lot of movements trying to limit the hate.
In some ways, I think it's important for freedom of speech. In order to have freedom of speech, you have to be able to speak freely. And maybe that's a good thing.
Maybe you speak hate, maybe you speak love, but you have to have the freedom to do so. And I think it's really important for parents, for teachers, and for leaders of any kind to lead by example and not exacerbate the hate but really use the hate to show the opposite - to show acceptance and to unite as opposed to divide.
So, I don't know. It's a really tough thing. I think all we can do is just teach our circle, our children, our children's children, and the people that we have influence over something better.

Yes. I'd still like to talk about the German passport. Do you have an Italian passport?

I don't have an Italian passport, but my son will and my husband has one. I only have an American passport at the moment. But it's interesting. I know my mother has a German passport now, and she's very excited.

Yes, and what about you? Do you want to have a German passport?

You know, I'm not sure. It's a new conversation for me to have another passport.
I'm interested to talk more with my mother about it and to see how she feels. I know it was something that was very important for her.
I mean, I don't live in the U.S. now. I live in England, and I prefer to live here. Now.
I appreciate the culture here, and in a lot of ways, I think it's what America tried to be for a long time. You know, they refer to America as the salad bowl or the mixing of all these cultures, but actually, I feel like cultures are very divided in the U.S..
And here, everyone lives much more in harmony, and there is much more of an appreciation for different cultures than I've ever seen anywhere else in the world.

Ja. Und was ist mit dir? Willst du einen deutschen Pass haben?

Weißt du, ich bin mir nicht sicher. Es ist ein neuer Gedanke für mich, einen anderen Pass zu haben. Ich werde auf jeden Fall weiter mit meiner Mutter darüber sprechen. Auf jeden Fall darüber, wie ich das sehe und wie sie sich fühlt. Ich weiß, dass es ihr sehr wichtig war.
Ich meine, ich lebe jetzt nicht in den USA, ich lebe in England, und ich ziehe es vor, hier zu leben. Jetzt.
Ich schätze die Kultur hier, und sie entspricht in vielerlei Hinsicht dem, was Amerika lange Zeit zu sein versucht hat.
Es gibt dieses Wort von Amerika als Salatschüssel, die all diese Kulturen zusammenbringt, aber eigentlich habe ich das Gefühl, dass die Kulturen in den USA sehr gespalten sind.
Hier leben alle in viel mehr Harmonie und schätzen die verschiedenen Kulturen viel mehr als ich es je irgendwo anders auf der Welt gesehen habe. Hier in London ist es sehr international. Vielleicht nicht so sehr auf dem Lande, aber in London.
Ich schätze die Geschichte und ja, die Geschichte und die Kultur. Aber in Amerika scheint es, als gäbe es dort eine Menge... *(Sie stockt, als ob es ihr schwer fällt zu sprechen, E.B.)* eine Menge Ärger. Besonders jetzt, und es gibt viel mehr Wut und einfach Unzufriedenheit in den USA.
Es gibt hier eine viel offenere und weniger aggressive Art und Weise. Ich glaube, es ist ein Teil des amerikanischen Ethos, sehr laut und sehr aggressiv zu sein.
In England ist das Gegenteil der Fall. England ist sehr ruhig und sehr subtil. Ja, ich glaube, das ist schwer zu sagen. Welches von beiden ist denn nun richtig? Aber für mich? – Was ich sehe ist, dass jeder in England die Unterschiede zwischen den Menschen viel mehr zu akzeptieren scheint und sie zu schätzen weiß. Und ich denke, dass das an sich die Reibungen in Großbritannien im Allgemeinen verringert.

OK. Ich habe meine Fragen gestellt. Möchtest du noch etwas sagen, was ich nicht gefragt habe?

Ich weiß heute einfach mehr über die Geschichte meiner Großmutter und der Familie und den Holocaust, so dass ich ihr viel mehr Fragen hätte stellen können.
Ich freue mich darauf, das alles an die nächsten Generationen weiterzugeben, angefangen bei meinem Sohn.

Ich danke dir dafür.

Ich danke dir.

It's very international here in London. Maybe not so much in the countryside, but in London. I really appreciate the history and the culture here. But in America, it seems like there's just a lot of... *(She falters, as if it is difficult for her to speak, E.B.)* a lot of anger. Especially now, there is a lot more anger and just dissatisfaction in the U.S. in general.
Here we have a much more open way and less aggressive way, and I think some of the American ethos is to be very loud and very aggressive.
That's the opposite in England. England is very quiet and very subtle. I think that it's hard to say which one is necessarily correct. But for me? - What I see is that everyone in England seems to be much more accepting and more appreciative of everyone's differences. I think that, in itself, sort of reduces the friction in the UK in general.

OK. I've asked all of my questions. Is there anything else you'd like to say that I haven't asked?

I know more today about the history of my grandmother and of my family in the Holocaust, so I wish I could have asked her many more questions.
I look forward to passing down the history to the next generations, starting with my son.

Thank you for this.

Thank you.

David Sprecher

David ist 1981 geboren und mit seiner bisherigen Karriere sehr glücklich in seinem Beruf. Er ist leidenschaftlicher Musiker, Komponist, er ist Songwriter und arbeitet als DJ.
David hat bisher eine ganze Reihe von Künstlern entdeckt, unter anderen Doja Cat, die im Jahr 2022 einen Grammy gewonnen hat.
Musik verbindet ihn auch für immer mit seiner Großmutter Anneliese Bamberger. Er hat als Kind gerne in ihrer Wohnung auf ihrem Klavier gespielt, auch wenn es nie gestimmt war und sogar einige tote Tasten hatte. Sie nannte ihn dann gerne Beethoven oder Mozart.
David hat die Beziehung zu ihr immer auch als eine Ermutigung für seinen Weg in der Musikbranche empfunden, insofern ist er sicher, dass sie ihn bis heute täglich begleitet.

*

Welche Erinnerungen hast du an deine Großmutter?

Ich glaube, ich hatte eine ganz besondere Beziehung zu ihr. Gegen Ende ihres Lebens habe ich sie noch sehr oft gesehen. Ich habe viel Zeit mit ihr verbracht, bei ihr zu Hause und auch im Krankenhaus und dazu kommen viele Erinnerungen aus meiner Kindheit.

Es war immer eine seltsame und interessante Verbindung. Ich hatte das Gefühl, dass es mir manchmal schwer fiel, mich mit ihr zu verständigen. Sie war doch stark beeinträchtigt mit ihrem posttraumatischen Stress, das hat sie sehr eingeschränkt. Für mich war es eine unglaubliche Herausforderung mit ihr.

Hast du besondere Erinnerungen?
Gab es außergewöhnliche Situationen?
Worüber habt ihr gesprochen, vielleicht auch über ihre Vergangenheit?
Oder wollte sie darüber gar nicht sprechen?

Doch, sie hat oft über die Vergangenheit gesprochen. Meine Eltern haben das allerdings so eingeschätzt, dass das Dinge waren, die sie sich vielleicht nur einbildet oder die durch irgendein Trauma erst verursacht wurden.
Sie erzählte, dass ihre Familie in Deutschland sehr wohlhabend war und dass sie Schätze besaß, die in den Schlössern vergraben waren. Ich fand das alles ziemlich verrückt.
Ich erinnere mich auch daran, dass sie immer ein besonderes Verhältnis zu mir hatte, sie war davon überzeugt, dass ich Musik mag. So hatte sie sich immer lustige Spitznamen für mich ausgedacht. Dann hat sie mich Beethoven genannt und erzählt, dass wir mit Mozart verwandt sind.
Sie hat mich immer in meiner Musikalität bestärkt.
Aber um ehrlich zu sein, es war auch eine seltsame Beziehung, weil ich mich nicht erinnere, wirklich zusammenhängende Gespräche mit meiner Großmutter gehabt zu haben, oder dass es so eine Beziehung war, wie ich sie mit meiner Großmutter väterlicherseits hatte.

David Sprecher

David was born in 1981 and is very happy with his career so far. He is a passionate musician, composer, and songwriter and works as a DJ.
David has discovered quite a few artists so far, including Doja Cat, who won a Grammy in 2022. Music also connects him forever with his grandmother Anneliese Bamberger. He enjoyed playing her piano in her apartment as a child, even though it was never in tune and even had some dead keys. She then liked to call him Beethoven or Mozart.
David always found his relationship with her to be an encouragement for his path in the music business as well. To that extent, he is sure that she accompanies him still to this day.

*

What memories do you have of your grandmother?

I had a pretty special relationship with her. I actually got a chance to see her a lot towards the end of her life. I spent a lot of time going by her house and coming to visit the hospital. I have lots of memories during my childhood of going to see her at her home.
I've always had a strange and interesting connection with her, even though I feel like we've had a hard time communicating our entire life due to much of her post traumatic stress and mental disabilities, which my entire life was an incredible challenge with her.

Are there any particularly special memories you have of her?
Do you remember any extraordinary situations with her?
What did you two speak about?
Did she speak about the past, or did she not want to speak about the past?

Yes, she often talked about the past. My parents, however, thought that these were things that she might have imagined or that were caused by some trauma.
She told me that her family in Germany was very wealthy and that they had treasures buried in the castles. I thought it was all pretty crazy.
I also remember that she always had a special relationship with me, she was convinced that I liked music. So she had always come up with funny nicknames for me. Then she called me Beethoven and told me that we were related to Mozart.
She always encouraged me in my musicality.
But to be honest, it was also a strange relationship because I don't remember having really coherent conversations with my grandmother or that it was like the relationship I had with my paternal grandmother.
There was a lot of love and a lot of caring, but there were also a lot of things that she was not capable of doing at all. I understood that when I was young because it was explained to me.
You know she had gone through a lot of traumatic events in her life in the Holocaust, and they treated her for that later with electroshock therapy. She really had a hard life.
I, myself, had many good reasons to visit her. I remember the smell of the cigarettes when she was sitting there watching TV and also how the food in the refrigerator was just disgusting and rotten, and my mother would tell me not to eat it, and she would throw it away.
Yeah, my mother, she always went out of her way to take care of her, whether it was cigarettes or food or whatever she needed, just being mindful.
Yeah, she was quite a challenge.
I always knew she loved me and she always smiled and gave a happy or even overjoyed impression. Then, when she was older, she touched me with her hands. She could no longer see or hear properly. She touched my beard and recognized me. That was quite touching in a strange way.

Es gab viel Liebe und viel Fürsorge, aber es gibt auch viele Dinge, zu denen sie gar nicht fähig war. Das habe ich bereits als Jugendlicher verstanden, weil es mir erklärt wurde.
Du weißt, dass sie im Holocaust eine Menge traumatischer Ereignisse in ihrem Leben durchgemacht hatte und darauf hat man sie später mit einer Elektroschocktherapie behandelt. Sie hatte wirklich ein hartes Leben.
Ich selbst hatte viele gute Gründe, sie zu besuchen. Ich erinnere mich an den Geruch der Zigaretten, wenn sie da saß und fernsah, und auch wie das Essen im Kühlschrank einfach ekelhaft und vergammelt war und meine Mutter mir sagte, ich solle es nicht essen und sie hat es dann weggeworfen.
Ja, meine Mutter hat sich immer bemüht, sich um sie gekümmert, egal ob es um Zigaretten oder Lebensmittel ging oder was auch immer sie brauchte, einfach achtsam zu sein.
Ja, sie war schon eine Herausforderung.
Ich wusste immer, dass sie mich liebt und sie hat immer gelächelt und einen glücklichen oder sogar überglücklichen Eindruck gemacht.
Als sie dann älter war, berührte sie mich mit den Händen. Sie konnte nicht mehr richtig sehen oder hören. Sie berührte meinen Bart und erkannte mich. Das war ganz ergreifend auf eine seltsame Art und Weise.

War es für dich eine gute Zeit bei ihr zu sein oder eher schwierig?

Ich glaube, in früheren Jahren war es schwierig, manchmal war es einfach lustig, aber sie hat auch immer verrückte Sachen gesagt.
Ich bin wirklich sehr einfühlsam und wir konnten sie manchmal nicht zu Familienfeiern mitnehmen, weil sie auch ausfallend werden konnte und unhöfliche Dinge zu den Leuten sagte. Sie war nicht gerade ein braver Gast.

Ich habe gehört, dass sie manchmal sehr – nicht wütend, aber sehr energisch und unverdrossen war!

Ich glaube, ich habe nie jemanden gekannt, der so stark gewesen ist.
Ich habe sie einmal im Hospiz besucht, als sie mir sagten, dass sie sterben würde, und sie hatte etwas im Hals und sie hat meine Hand ergriffen und das war eine verrückte Kraft. Und ich dachte nur: Was soll der Scheiß? Sie griff nach meiner Hand und versuchte, ihren Ehering abzunehmen oder so etwas in der Art. Ich weiß nicht, was sie damit bezweckte, denn sie tat es immer wieder.
Es sah so aus, als ob sie mir sagen wollte, dass sie stirbt und sie hat mich gepackt, als ob sie ein Bodybuilder wäre, so stark war sie. Verrückt.
Für mich war es auch wie eine Art Metapher für ihr Leben, denn sie war so eine winzige Frau und hatte diese verrückte Kraft, so lange zu überleben, so wie sie es geschafft hat.
Sie wollte nicht aufgeben, ich habe sie sechsmal im Hospiz besucht.

Das ist ein wichtiger Punkt, sie wollte nicht aufgeben, ja!?

Ja, so war sie wirklich. Sie sagten mir so oft, dass sie nun auf dem Sterbebett liegt. Ich habe alles abgesagt, und bin wieder in dieses Hospiz Krankenhaus im Valley gegangen, sechs Mal bin ich da gewesen.
Ja, das sind verrückte Erinnerung an sie. Was für eine starke, verrückte Person.
Sie hatte sich irgendwann die Hüfte gebrochen und dann musste sie ins Krankenhaus gehen und sie hat ihr ganzes Leben lang geraucht, seit sie zwölf war oder so und im Krankernhaus durfte sie keine Zigaretten haben. Dann hat sie vergessen, dass sie geraucht hat und hat den Rest ihres Lebens nicht mehr geraucht. Meine gesamte Kindheit mit ihr bestand aus dem Zigarettenduft, weil sie im Haus rauchte und rauchte.
Ja, ich glaube, meine Großmutter war auch glücklich. Sie war fröhlich und kokett und belästigte Kellner und Kellnerinnen. Wer ist schon so? Sie war eine echte Persönlichkeit.

Was it a good time for you to be with her or rather difficult?

I think in earlier years it was difficult, sometimes it was just funny, but she used to say crazy things too.
I'm really sensitive and we sometimes couldn't take her to family functions because she could also get abusive and say rude things to people. She wasn't a very well-behaved guest.

I heard that sometimes she was very - not angry, but very energetic and unapologetic.

I don't think I've ever known anyone who's been that strong.
I visited her once in hospice when they told me she was dying and she had something in her throat and she grabbed my hand and it was crazy strength. And I was just like, what the fuck? She grabbed my hand and tried to take off her wedding ring or something like that. I don't know what she was trying to do, because she kept doing it.
It looked like she was trying to tell me she was dying and she grabbed me like she was a bodybuilder, that's how strong she was. Crazy.
To me it was also like a metaphor for her life, because she was such a tiny woman and she had this crazy strength to survive as long as she did.
She wouldn't give up, I visited her six times in hospice.

That's an important point, she wasn't going to give up, right!?

Yes, she really was like that. They told me so many times that she was now on her deathbed. I canceled everything and went back to this hospice hospital in the Valley - six times I've been there.
Yeah, those are crazy memories of her. What a strong, crazy person.
She had broken her hip at one point and then she had to go to the hospital, and she smoked all her life, since she was twelve or something, and she wasn't allowed to have cigarettes in the hospital. Then she forgot she smoked, and she didn't smoke the rest of her life. My whole childhood with her was the smell of cigarettes because she smoked and smoked in the house.
Yeah, I think my grandmother was happy too. She was cheerful and flirtatious and harassed waiters and waitresses. Who is like that? She was a real character.

Let's talk about the Holocaust. She was from the generation of the Holocaust.
What about your generation?
Do you think it has an influence on you, or have the effects disappeared?

For me, he has had a direct impact on my life. Not only have I had a lot to do with my grandmother, I've seen it have a dramatic effect on my mother and her sisters as well.
For me, it made it much more real when you talk about the Holocaust. I wasn't alive when it happened, of course, but it made it much more real for me. My family had to deal with the aftermath, my mother's life was very much affected by it.
So it's a real thing, and it's something that I would probably never put my kids through. I don't know if I picked up on it at a young age, but you know you're different than others, in your school or in your class or whatever, that you're just different.
You're part of a community of people that have saved themselves over and over again throughout history. That's something that sucks.
My father told me that very early on. Yeah, there was a lot to digest as a kid and see the impact it had. Whatever my grandmother went through, she was happy sometimes, but she was also very impacted.

Do you remember when you first heard the word Holocaust and what it meant?
Did you talk about it in school?

Lass uns über den Holocaust sprechen.
Sie war die Generation des Holocausts. Was ist mit deiner Generation? Glaubst du, dass er noch einen Einfluss auf dich hat, oder verschwinden die Auswirkungen?

Für mich hat er einen direkten Einfluss auf mein Leben gehabt. Ich habe nicht nur viel mit meiner Großmutter zu tun gehabt, ich habe gesehen, dass er auch einen dramatischen Effekt auf meine Mutter und ihre Schwestern hatte.
Für mich ist er dadurch viel realistischer geworden, wenn man über den Holocaust spricht. Ich habe natürlich noch nicht gelebt, als er passierte, aber es hat ihn für mich viel wirklicher gemacht. Meine Familie musste mit den Folgen umgehen, das Leben meiner Mutter war sehr davon betroffen.
So ist er eine reale Sache und er ist etwas, das ich meinen Kindern wahrscheinlich nie zumuten würde. Ich weiß nicht, ob ich das schon in jungen Jahren mitbekommen habe, aber du weißt, dass du anders bist als andere, in deiner Schule oder in deiner Klasse oder was auch immer, dass du einfach anders bist.
Du bist Teil einer Gemeinschaft von Menschen, die sich im Laufe der Zeit in der Geschichte immer wieder gerettet haben. Das ist etwas, das nervt.
Mein Vater hat mir das schon sehr früh gesagt. Ja, da war eine Menge zu verdauen als Kind und zu sehen, welche Auswirkungen es hatte. Was auch immer meine Großmutter durchgemacht hat, sie war manchmal glücklich, aber sie war auch sehr beeinträchtigt.

Erinnerst du dich, wann du das erste Mal das Wort Holocaust gehört hast und was es bedeutet? Habt ihr in der Schule darüber gesprochen?

Ich erinnere mich, dass ich in der Schule etwas darüber gelernt habe. Also, ich habe immer davon gewusst. Und dann sieht man all diese Bilder und geht in das Holocaust-Museum und das ist ziemlich schwer zu ertragen.
Wenn man einmal darüber nachdenkt, was sie in ihrem jungen Leben wahrscheinlich durchgemacht hat. Und auch darüber, was für ein Wunder es ist, dass es mich gibt.
Sie hat es geschafft zu überleben und schwierige Dinge zu überstehen.
Wer weiß, ob ich jemals in meinem Leben etwas Ähnliches durchmachen werde. Aber wenn sie das nicht durchgestanden hätte und wenn sie irgendwann aufgegeben hätte, dann wäre ich nicht hier. Kannst du dir das vorstellen, verstehst du das?
Darum glaube ich, dass der Holocaust für mich viel realer ist, als für die meisten Menschen.
Für sie wird das mit der Zeit so etwas wie der Unterricht aus den Geschichtsbüchern sein, so ist das nun mal mit der Geschichte. Dann wird es tatsächlich jedes Jahr ein bisschen unwichtiger.

Wenn du Kinder hast, glaubst du, dass es notwendig ist, mit ihnen darüber zu sprechen und ihnen viele Dinge darüber zu erzählen, um sie für die Gefahr zu sensibilisieren, dass es zurückkommen könnte?

Lieber nicht. Um ehrlich zu sein. Nicht in den Jahren, wenn sie sehr jung sind. Ich denke, Kinder sind ziemlich unschuldig. Vieles von dem, was ich in jungen Jahren gelernt habe, würde ich ihnen auf jeden Fall beibringen, wenn ich Kinder hätte.
Es ist ein bisschen viel für ein Kind, das zu hören, denke ich. Aber ich glaube, ab einem gewissen Alter muss man sie aufklären.

Junge Leute verbringen sehr viel Zeit im Internet und mit sozialen Medien. Es gibt ein Thema, das sehr oft vorkommt, das ist Hass. Glaubst du, dass es einen Zusammenhang gibt zwischen der Vergangenheit und diesem Thema?

Mein Vater hat mich davor gewarnt, dass Geschichte zyklisch ist und dass die Menschen sich Sorgen machen müssen wegen des Hasses. Ja. Überall auf der Welt.

I remember learning about it in school. So, I always knew about it. And then you see all these pictures, and you go to the Holocaust Museum, and it's pretty hard to take once you think about what she probably went through in her young life. And also about what a miracle it is that I exist.
She has managed to survive and get through difficult things.
Who knows if I will ever go through something similar in my life. But if she hadn't gotten through it, and if she had given up at some point, I wouldn't be here.
Can you imagine that, do you understand that?
That's why I think the Holocaust is much more real to me than it is to most people.
For you, in time, it will be something like the lessons in the history books, that's the way it is with history. Then it actually becomes a little less important every year.

If you have kids, do you think it's necessary to talk to them about it and tell them a lot of things about it to make them aware of the danger of it coming back?

I'd rather not. To be honest with you.
Not in the years when they're very young.
I think kids are pretty innocent. A lot of what I learned at a young age, I would definitely teach them if I had kids.
It's a bit much for a child to hear, I think. But I think at a certain age you have to educate them.

Young people are spending a lot of time on the Internet and on social media. There is one topic there that often appears, which is hate. Do you believe there is a relationship between the past and this topic today?

My father warned me that history is cyclical and that people have to worry about hate. Yes. All over the world.
I think it's a big worry. It's not just the Jews, there's a lot of hate in the world.
I think they can communicate a little bit better today *(with the Internet, E.B.)* than my generation or older, just because they grew up with that technology. I hope they are also problem solvers and not just better because they hate something.
I think the Internet and social media is a two-sided coin, with a positive side and a terrible side. It was definitely even scary living in Los Angeles when there was all the unrest. Well, with the Black Lives Matter marches and things like that, there were some anti-Semitic things, and you see people starting to post it and make others aware of what's happening on social media.
I think it's a good thing that social media is spreading and communication is faster. Sometimes for the better, sometimes for the worse.

Ich denke, es ist eine große Sorge. Das gilt nicht nur für die Juden, es gibt eine Menge Hass in der Welt.
Ich glaube, dass sie heute *(mit dem Internet, E.B.)* ein bisschen besser kommunizieren können, als meine Generation oder ältere, einfach weil sie mit dieser Technologie aufgewachsen sind. Ich hoffe, dass sie auch Problemlöser sind und nicht einfach nur besser, weil sie etwas hassen.
Ich denke, das Internet und die sozialen Medien sind eine zweiseitige Medaille, mit einer positiven und einer schrecklichen Seite. Es gibt da eine Korrelation zwischen der Geschichte in der Vergangenheit. Wenn man sich Trends in der Musik, im Film oder in der Mode anschaut, muss man überall immer aufmerksam sein.
Es war definitiv sogar beängstigend, in Los Angeles zu leben, als es all die Unruhen gab. Nun, bei den Black-Lives-Matter-Märschen und solchen Sachen gab es einige antisemitische Dinge, und du siehst: Die Leute fangen an, es zu posten und andere darauf aufmerksam zu machen, was in den sozialen Medien passiert.
Ich denke, es ist eine gute Sache, dass sich die sozialen Medien verbreiten und die Kommunikation schneller geht. Manchmal zum Guten, manchmal zum Schlechten.

Ein anderes Thema, über das ich mit den Mitgliedern deiner Familie gesprochen habe, ist der deutsche Pass. Hättest du gerne einen deutschen Pass?

Ich meine, im Moment habe ich noch nicht so viel darüber nachgedacht. Meine Mutter hat darüber gesprochen. Es scheint interessant zu sein, und es scheint eine einzigartige Gelegenheit zu sein, zumindest eine Verbindung zur Vergangenheit meiner Familie herzustellen.
Ich war noch nie in Bremen und ich war nur einmal in Deutschland, auf Tournee. Ich habe einen Tag in Berlin verbracht, einen Tag in Hamburg. Ich denke, das ist etwas, das ich wahrscheinlich gerne mal machen würde. Es ist ein seltsames Gefühl.
Ich würde auf jeden Fall gerne dorthin fahren, ich weiß einfach, dass es ein Ort ist, der eine schwere Geschichte für meine Familie hat.

Kannst du mir mehr darüber sagen, warum du gerne dort hin möchtest?

Ich würde einfach gerne den Ort sehen. Und dort spazieren gehen, und sehen, wo dieser Teil meiner Familie war. Ja, ich sehe Bilder von meiner Großmutter als kleines Kind, – sie war glücklich, ein süßes kleines Mädchen. Das ist eine schöne Vorstellung. Einfach zu versuchen, sich vorzustellen, wie das Leben vor hundert Jahren war.
Ich denke, es wäre einfach wie eine schöne Pilgerreise oder so etwas.

OK, ich danke für das Gespräch und dass du dir die Zeit genommen hast.

Ja, gern.

Another topic I've talked about with members of your family is the German passport. Would you like to have a German passport?

I mean, right now I haven't thought about it that much. My mother has been talking about it. It seems interesting, and it seems like a unique opportunity to at least connect with my family's past.
I've never been to Bremen, and I've only been to Germany once on tour. I spent one day in Berlin, one day in Hamburg. I think that's something I'd probably like to do sometime. It's a strange feeling. I would definitely love to go there, I just know it's a place that has a hard history for my family.

Can you tell me more about why you would like to go there?

I would just like to see the place. And walk around there and see where that part of my family was. Yeah, I see pictures of my grandmother as a little kid, - she was happy, a sweet little girl. That's a beautiful image. Just trying to imagine what life was like a hundred years ago.
I think it would just be like a nice pilgrimage or something.

OK, thank you for the interview and for taking the time.

Yes, thank you.

Lynne Sprecher, geb. Graysen

Lynne ist 1946 geboren. Sie ist die älteste von Annelieses Töchtern. Als kleines Kind hat sie noch mit ihrem Großvater Julius Bamberger gespielt.
Lynne ist froh, inzwischen wieder die deutsche Staatsbürgerschaft zu haben, denn ihr Pass gibt ihr die Möglichkeit, sich überall in Europa niederzulassen. Den heutigen politischen Verhältnissen in den USA traut sie nicht mehr.
Sie fürchtet auch die Klimaveränderungen in den USA. Die Waldbrände rund um ihr Haus in Santa Barbara werden immer bedrohlicher. Vor drei Jahren kam eine Schlammlawine aus den Bergen in die Stadt und und kam erst zum Stehen, als sie ihr Wohnzimmer erreichte. Die Bäume, die das Rutschen hätten aufhalten können, waren abgebrannt.

*

Du hast Bremen in den letzten 20 Jahren mehrmals besucht.
Kannst du dich an deinen ersten Besuch erinnern?

Mein erster Besuch in Bremen war schnell geplant. Ich hatte keine Kontakte und keine Informationen. Ich habe meinen Cousin Jules gefragt, da er schon mehrmals dort gewesen war. Sein einziger Rat war, „jeden alten Menschen auf der Straße zu fragen“. Da ich kein Deutsch spreche, war das keine Option.

Ich war mit meinem Mann auf Geschäftsreise in Hamburg und hatte einen freien Tag. Da ich keine Informationen hatte, beschloss ich, mit dem Zug nach Bremen zu fahren und zu sehen, was ich finden kann. Mein Plan war, den Tag dort zu verbringen und zum Abendessen nach Hamburg zurückzukehren.
Als ich ankam, stieg ich in ein Taxi und bat den Fahrer, mich zum Park zu fahren?
Er sprach kein Englisch und es war schwierig. Ich bat darum, zur Synagoge zu fahren. Das verstand er.
Ich kam an einem Gebäude an, das mit einem Drahtzaun umgeben war. Ich wurde hineingelassen. Das normale Personal war nicht da und die Leute, die dort arbeiteten, waren neu und nicht aus Bremen und kannten den Namen Bamberger nicht wirklich. Aber sie fanden Informationen, Wohnadressen, das alte Kaufhausgebäude usw. Sie waren sehr nett und riefen ein Taxi mit einem englischsprachigen Fahrer.
Außerdem informierten sie mich über das Programm, das ehemalige Bewohner und Familien nach Bremen einlädt, und ich willigte ein, mich auf die Liste setzen zu lassen. Schließlich kam die ganze Familie außer meinen beiden Kindern später zu Besuch!
Ich kam mit dem Taxifahrer ins Gespräch, der eine Zwillingsschwester in New York hatte. – Meine Mutter hatte einen Zwillingsbruder. – Wir fuhren herum und besuchten einige der Adressen, die mir genannt wurden, darunter die Parkallee 44, die jetzt ein Bürogebäude ist. Ich konnte hineingehen und mich im Erdgeschoss umsehen.

Lynne Sprecher, née Graysen

Lynne was born in 1946. She is the oldest of Anneliese's daughters. She used to play with her grandfather, Julius Bamberger, as a small child.
Lynne is glad to have German citizenship in the meantime, because her passport gives her the opportunity to settle anywhere in Europe. She no longer trusts the political conditions in the U.S. today. She also fears the climate changes in the U.S.. The forest fires around her home in Santa Barbara are becoming more and more threatening. Three years ago, a mudslide came into town from the mountains and didn't stop until it reached her living room. The trees that could have stopped the slide had burned down.

*

You've visited Bremen several times in the last 20 years.
Can you remember your first visit?

My first visit to Bremen was quickly planned. I had no contacts and no information. I asked my cousin Jules, since he had traveled there several times.
His only advice was to „ask any old person on the street." Since I don't speak German, that was not an option.
I was on business in Hamburg with my husband and found that I had a free day. With no information, I decided to take the train to Bremen and see what I could find. My plan was to spend the day and return to Hamburg for dinner.
I arrived and got into a cab and asked the driver to take me to the park?
He spoke no English, and it was difficult. I asked to go to the Synagogue. He understood.
I arrived at a building surrounded with wire fencing. I was buzzed in. The normal staff was away, and the people working there were new and not from Bremen and didn't recognize the Bamberger name right away.
They did, however, find information, home addresses, the old department store building etc. They were very nice and called a taxi with an English-speaking driver.
Also, they informed me about the program that invites former residents and families to Bremen, and I agreed to be put on the list. Eventually all the family later has visited except my two children.
I began talking to the taxi driver, who had a twin sister in New York. - My mother had a twin brother. - We drove around and went to some of the addresses I was given, including Parkallee 44, which is an office building now. I was able to walk inside and look around on the ground floor.
On the way to the train station, the driver told me that I couldn't visit Bremen without visiting the Bremen Town Musicians. The driver parked quite near, and I went into the center to take a look.
When I returned to the taxi, there was an elderly couple in the back seat.
The driver explained that there was a march going on and would I mind if these people shared the taxi.
I said not at all.
The driver explained that I was looking for my heritage.
They asked me the family name. I said Bamberger, and they all started
asking a lot of questions. The driver said, "You never told me the family name, we all know the Bamberger family."
He drove me by the old department store building and then to the train station.
I arrived at the station, and after my thank you and goodbyes, I took a few steps to towards the train station.
I thought to myself I really don't have to be back for dinner. I should stay longer and do more searching.
At that moment I turned around and the taxi was gone, vanished. I felt like I had been in a dream, like Cinderella and the pumpkin coach.

Auf dem Weg zum Bahnhof sagte mir der Fahrer, dass ich Bremen nicht besuchen könne, ohne die Bremer Stadtmusikanten zu besuchen. Der Fahrer parkte ganz in der Nähe, und ich ging ins Zentrum, um mir das anzusehen.
Als ich zum Taxi zurückkam, saß ein älteres Ehepaar auf dem Rücksitz.
Der Fahrer erklärte mir, dass eine Demonstration im Gange sei und ob es mir etwas ausmachen würde, wenn diese Leute das Taxi mit mir teilen würden.
Ich sagte, dass mich das nicht stört.
Der Fahrer erklärte, dass ich auf der Suche nach meiner Herkunft sei.
Sie fragten mich nach dem Familiennamen. Ich sagte Bamberger, und sie begannen alle eine Menge Fragen zu stellen. Der Fahrer sagte:
„Sie haben mir nie den Familiennamen gesagt, wir kennen hier doch alle die Familie Bamberger."
Er fuhr mich am alten Kaufhausgebäude vorbei und dann zum Bahnhof.
Ich kam am Bahnhof an und nach meinem Dank und der Verabschiedung ging ich ein paar Schritte in Richtung Bahnhof.
Ich dachte mir, dass ich zum Abendessen wirklich nicht zurück sein muss. Ich sollte länger bleiben und weiter suchen.
In diesem Moment drehte ich mich um und das Taxi war weg, verschwunden. Ich fühlte mich wie in einem Traum, wie Aschenputtel und die Kürbiskutsche?
Ich schlief im Zug zurück nach Hamburg ein und hatte sehr interessante Träume und Geschichten in meinem Kopf.
Mein wirklich erster Besuch war eine außergewöhnliche Erfahrung. Ich fühlte mich geführt und ganz wie zu Hause. – Vielleicht war das mein Traum im Zug?

Mach dir darüber keine Gedanken. – Und wie war der nächste Besuch?

Durch das Programm, für das ich mich angemeldet hatte, lud die Stadt Bremen meinen Cousin Jules und mich wieder nach Bremen ein.
Wir wurden sehr freundlich empfangen und uns wurden viele Orte gezeigt, die Teil unserer Geschichte sind.
Das war also mein zweites Mal in Bremen mit diesem sehr familienorientierten Programm.
Seitdem bekomme ich Briefe von Frauen, die mit meiner Mutter zur Schule gegangen sind. Sie veranstalteten ein Mittagessen für uns. Durch das Programm, für das wir uns angemeldet hatten, erhielt ich auch einen Brief von einem alten Freund meiner Mutter. Wir begannen einen Briefwechsel, und er und sein Sohn kamen nach Kalifornien, um meine Mutter zu besuchen.
Wir hatten eine nette Korrespondenz und tauschten unsere Geschichten aus. Leider starb er einige Jahre vor unserer Mutter.
Wir wurden von vielen alten Freunden meiner Mutter und meines Onkels interviewt und bewirtet, und alle waren so freundlich und neugierig und boten uns viele Bilder und Geschichten an. Und so hatten Jules und ich viele neue Kontakte. Es war wirklich interessant, vor allem, wenn ich mir Bilder aus der Zeit ansehe, als meine Mutter jung war und zur Schule ging, und man die Leute auf diesen Bildern wiedererkennt. Sie brachten Bilder mit, sie gaben uns die Bilder. So war das.

OK. Würdest du gerne wieder dorthin fahren?

Ich würde gerne mit meinen Kindern und meinem Enkel Julius in den nächsten Jahren dorthin zurückkehren. Denn sie sind mit ihr *(ihrer Großmutter Anneliese, E.B.)* aufgewachsen und haben viele Geschichten zu erzählen.

Ich würde auch gerne mit dir über den Holocaust sprechen. In Deutschland gibt es viele Menschen, die sagen, wir sollten das Thema abschließen, um neu anzufangen.

Das ist eine ziemlich brennende Last.

I fell asleep on the train back to Hamburg and had very interesting dreams and stories in my head. My entire first visit was a truly out of body experience. I felt guided and quite at home. Maybe that was my dream on the train?

Don't worry about it. - And what was the next visit like?

Through the program I signed up for, the city of Bremen invited my cousin Jules and myself back to Bremen.
We were very nicely received and shown many places that were part of our history.
So that was my second time in Bremen with the very family-oriented program.
Since then, I received letters from women who went to school with my mother. They hosted a lunch for us. Through the program we signed up for, I received a letter from an old boyfriend of my mothers. We started a correspondence, and he and his son came to California to visit my mother.
We had a nice correspondence exchanging histories. Unfortunately, he passed away a few years before our mother.
We were interviewed and treated by many old friends of my mother and uncle, and everyone was so kind and curious and offered us many pictures and histories. And so Jules and I had many new contacts. It was really interesting, especially when I look at pictures of when my mother was young and in school and you can identify people in those pictures. They brought pictures, they gave us pictures and letters and things like that.

OK. Would you like to go there again?

I would love to go back with my children and grandson Julius some time in the next few years. Because they grew up with her, *(there grandmother Anneliese, E.B.)* and they have stories to tell.

I would also like to talk with you about the Holocaust. In Germany, there are many people who say it should be over at some point. We should end the topic in order to start anew.

Well, it's quite a burning burden.

What do you think about that?

I know Jenifer mentioned something to me about the Holocaust, and I think that in this country if you do research from the Anti-Defamation League *(an American organization that advocates against discrimination and defamation of Jews, E.B.)* it'll show you how rampant anti-Semitism is in this country.
We have a whole right-wing situation going on. Thank you very much!
From our last president, who I don't even like to say his name, but we had all those neo-Nazis going around with flags in the Capitol building when we had that big attack on the Capitol building.
And I'm convinced the education is not good. I don't know how they teach the world wars anymore. I don't know where the Holocaust fits in. I'm going to start asking younger people if they learned anything about that. But I feel like there isn't an understanding of the atrocity of that situation.
And yeah, I agree we can't forget. But I feel that it's slowly, not being canceled, but it's just not a topic, except for in this very right-wing situation in the United States, which is very frightening, actually. I'm frightened.
And as far as Germany, I really don't know what to say, I'd ask you if you think it's being canceled in a way?

No, no it cannot go away.

OK, no. But you do remember. It's still part of your history. Well, we agree on that.

Wie denkst du darüber?

Ich weiß, dass Jenifer mir gegenüber etwas über den Holocaust erwähnt hat, und ich denke, dass in diesem Land, wenn man bei der Anti-Defamation League *(eine amerikanische Organisation, die sich gegen Diskriminierung und Diffamierung von Juden einsetzt, E.B.)* nachforscht, es einem zeigt, wie weit verbreitet der Antisemitismus in diesem Land ist.
Wir haben es mit einer ganz rechten Situation zu tun. Herzlichen Dank dafür!
Von unserem letzten Präsidenten, dessen Namen ich nicht einmal aussprechen mag, aber da waren all diese Neonazis, die mit Fahnen im Kapitol herumliefen, als wir den großen Anschlag auf das Kapitol Gebäude hatten.
Und ich bin überzeugt, dass die Erziehung nicht gut ist. Ich weiß nicht, wie sie die Weltkriege noch unterrichten. Ich weiß nicht, wo der Holocaust hineinpasst. Ich werde die jungen Leute fragen, ob sie etwas darüber gelernt haben. Aber ich habe das Gefühl, dass es kein Verständnis für die Grausamkeit dieser Situation gibt.
Und ja, ich stimme zu, wir dürfen nicht vergessen. Aber ich habe das Gefühl, dass es langsam, aber sicher kein Thema mehr ist, außer in dieser sehr rechtsgerichteten Situation in den Vereinigten Staaten, die eigentlich sehr beängstigend ist.
Ich bin erschrocken.
Und was Deutschland angeht, weiß ich wirklich nicht, was ich sagen soll, ich würde dich fragen, ob du denkst, dass es in gewisser Weise verblassen wird?

Nein, nein, es darf nicht verschwinden.

Okay, nein. Aber du erinnerst dich doch. Es ist immer noch ein Teil deiner Geschichte. Nun, da sind wir uns einig. Ich weiß, dass meine Kinder davon betroffen waren, weil sie eine Großmutter hatten, die davon betroffen war, und meine Kinder verbrachten die meiste Zeit mit ihr.
Karen ist umgezogen, als ihre Jungs noch klein waren, und Janet war mit Emily in Colorado.

Es ist keine Frage von Deutschland oder den USA, es gilt weltweit.

Es ist jetzt überall auf der Welt. Es ist beängstigend. Es ist sehr beängstigend, und das ist einer der Gründe, warum ich mir einen EU-Pass zulegen will. Ich will dir eine Geschichte erzählen.
Ich glaube, ich unterhielt mich mit einem Psychologen oder so etwas über etwas, das gerade vor sich ging. Und er sagte, weil er meinen Hintergrund kannte, dass man niemals unbewusst in ein Kino oder an einen anderen Ort geht. Man achtet auf die Ausgänge. Das war mir gar nicht bewusst, bis er das sagte und ich es bemerkte. Es gibt also so ein tiefes Gefühl, dass man immer darauf vorbereitet sein muss, irgendwo hinzugehen oder sich zu schützen. Ich weiß nicht, warum ich dir das erzähle, nur weil es sehr tief in uns steckt.
Es ist fast Teil unserer DNA, und ich weiß nicht, was passieren wird, wenn unsere Generation stirbt, denn es gibt nur noch sehr wenige Holocaust-Überlebende.
Wir haben die Bedrohung durch die Nazi-Theorie in den USA und des rechten und antisemitischen Gedankenguts in der ganzen Welt.
Das gilt nicht nur für die Juden, sondern für viele Völker auf der ganzen Welt, und wir müssen uns daran erinnern, dass so etwas überall wieder passieren kann.
Wir brauchen eine bessere Erziehung.
Beantwortet das also deine Frage?

Ja, aber was bedeutet es für dich, einen deutschen Pass und die deutsche Staatsbürgerschaft zu haben?

Ich erinnere mich, dass ich während des Vietnamkriegs mit einem amerikanischen Pass in Europa unterwegs war, und das hat mir nicht gefallen. Ich habe das so sehr gespürt. Ich habe meinen Schwestern gesagt, dass wir eine Option haben sollten; und die Option war, EU-Pässe zu haben, die

Well, I know my children were affected by it because they had a grandmother who was affected by it, and my children spent the most time with her.
Karen moved when her boys were young, and Janet was in Colorado with Emily.

It's not a question of Germany or the U.S., it applies worldwide.

It's everywhere in the world now. It's frightening. It's very frightening, which is one of the reasons I want to get an EU passport. I want to tell you a story.
I think I was having a conversation with a psychologist or something about something that was going on. And he said, you know, because he knew my background, he said, you know you don't ever walk into a movie theater or into any place like that unconsciously. You look for the exits. I never even realized it until he said that, and I noticed it. So there's such a deep feeling that you always have to be prepared to go somewhere or to protect yourself. I don't know why I told you that, only because it's very deep in us.
It's almost part of the DNA, and I don't know what will happen once our generation dies because there are very few Holocaust survivors left.
We have the threat of Nazi theory in the U.S. and quiet right wing and anti-Semitic thoughts around the world.
It is not only for the Jews, but for many peoples around the world. We have to remind ourselves that it can happen again anywhere.
We need better education.
So does that answer your question?

Yes, so what does it mean for you to have a German passport and German citizenship?

I remember traveling in Europe during the Vietnam War with an American passport, and I didn't like that. I felt that so much. I told my sisters we should have an option and the option was to have EU passports, and we could get them. And I think it's just something to keep in your back pocket just in case. And that's what it's about.

I remember your mother saying she would never go back.

No. Well, yeah. I told her that we had been there, and I brought her things from Bremen. I think in a way she would have been curious, but it's so painful - too much. But she knew that we went.

I just want to ask you about another thing related to the Holocaust.
Today a lot of people are on the Internet and on social media.
There is a growing problem of hate, and it bears a resemblance to the Holocaust.
Can you explain that?

How can I explain it? I think that the past president opened a very bad, very dangerous area of permission for people to express that. And those are people who probably don't really know much about the Holocaust, except that it killed the Jews.
We had a demonstration here where a woman was killed, and everybody was in full Nazi regalia. This goes on a lot in the south and in the upper Midwest.
And it's very, very visible now and accepted because the president said there are nice people on both sides of the issue. OK, I want to know what the other side is. What is the other side? It's hate, and it's in the whole world right now. Yeah, very difficult. It's very dangerous.
We're not really taught all the terrible things that have gone on in the name of the United States. The eradication of the Indians, the Chinese, the Japanese, anybody who came here as a refugee, the Irish, the Germans.
Oh, I forgot to add slavery into that mix, which we still find terrible.

wir bekommen konnten. Ich denke, das ist einfach etwas, das man als Jude in der Tasche haben sollte, nur für den Fall. Und genau darum geht es.

Ich erinnere mich, dass deine Mutter sagte, sie würde nie wieder zurückgehen.

Nein. Nun, ja. Ich erzählte ihr, dass wir dort gewesen waren und dass ich ihr Sachen aus Bremen mitgebracht habe. Ich glaube, in gewisser Weise wäre sie neugierig gewesen, aber es ist so schmerzhaft – zu viel. Aber sie wusste, dass wir dort waren.

Ich möchte dich noch zu einer anderen Sache fragen, die mit dem Holocaust zu tun hat.
Heutzutage sind viele Menschen im Internet und in den sozialen Medien unterwegs.
Es gibt ein wachsendes Problem mit dem Hass.
Und das hat eine gewisse Ähnlichkeit mit dem Holocaust.
Kannst du das erklären?

Wie kann ich das erklären?
Ich denke, dass der letzte Präsident einen sehr schlechten, sehr gefährlichen Bereich eröffnet hat, in dem Menschen dies zum Ausdruck bringen können. Und das sind Leute, die wahrscheinlich nicht viel über den Holocaust wissen, außer dass er die Juden getötet hat.
Wir hatten hier eine Demonstration, bei der eine Frau getötet wurde, und alle waren in voller Nazi-Kleidung. So etwas kommt im Süden und im oberen Mittleren Westen häufig vor.
Und es ist jetzt sehr, sehr sichtbar und wird akzeptiert, weil der Präsident sagte, dass es auf beiden Seiten des Problems nette Menschen gibt. OK, ich möchte wissen, was die andere Seite ist. Was ist die andere Seite? Es ist der Hass, und der ist jetzt in der ganzen Welt zu spüren. Ja, sehr schwierig. Es ist sehr gefährlich.
Wir werden nicht wirklich über all die schrecklichen Dinge aufgeklärt, die im Namen der Vereinigten Staaten geschehen sind. Die Ausrottung der Indianer, der Chinesen, der Japaner, aller, die als Flüchtlinge hierher kamen, der Iren, der Deutschen.
Oh, ich habe vergessen, die Sklaverei hinzuzufügen, die wir natürlich immer noch schrecklich finden.
Und heute ist der 7. Dezember. Das ist der Tag von Pearl Harbor 1941. Wenn Pearl Harbor nicht gewesen wäre, wären die USA nicht in den Krieg gegen Deutschland eingetreten. – Der Präsident *(Franklin D. Roosevelt, E.B.)*, stand in Verbindung mit den Briten. Wie war noch sein Name? Churchill! Aber sie bekamen nie eine Zusage von den USA, bis das passierte.
Es war schrecklich, und dann gab es auch noch eine Menge Antisemitismus. Deshalb zogen all diese Menschen in den Krieg.
Ich schweife ein wenig vom Thema ab, aber es ist sehr gefährlich, und das ist ein weiterer Grund, warum ich einen Pass bekommen wollte.

Antisemitismus gibt es auch in Deutschland.

Ich weiß, dass es in Deutschland gefährlich ist, aber es ist ein EU-Pass. Das gibt mir mehr Freiheit in der EU. Ich meine, in Großbritannien kann man nichts machen. Britische Pässe sind jetzt nichts mehr wert und das war's.
Wenn ich einen Schweizer Pass bekommen könnte, würde ich ihn wollen, aber ich habe keinen Schweizer Pass.
Meine Schwestern und ich, so wie wir aufgewachsen sind und was wir gesehen haben, auch wenn mein Vater Amerikaner war, hatten wir wunderbare Großeltern.
Ich lebe hier. Es ist, als würde ich in einer Blase leben. Kalifornien ist ziemlich fortschrittlich, aber es ist auch beängstigend, was hier vor sich geht.
Und ich weiß, dass das auch in Europa und Osteuropa der Fall ist, ganz sicher.
Wie auch immer, in meinem Alter hoffe ich, dass sich so etwas nicht wiederholt, aber ich denke, das liegt in der menschlichen Natur. Wir haben diese Zyklen. Und es gibt so viel Hass.

And today is December 7th. This is the day of Pearl Harbor 1941. If it weren't for this Pearl Harbor, the U.S. would not have entered the war in Germany. - The president *(Franklin D. Roosevelt, E.B.)*, was in communication with the British. What's his name? Churchill! But they never quite got any commitment from the U.S. until that happened.
It was terrible, and then there was a lot of Anti-Semitism too. Because of that, all these people went to fight a war.
I'm going off track a little, but it's very dangerous, and that's another reason why I wanted to get a passport.

Anti-Semitism also occurs in Germany.

I know it's dangerous in Germany, but it's an EU passport. That gives me more freedom in the EU.
I mean, you can't do anything in Britain. British passports are worth nothing now and that's it.
If I could get Swiss, I would, but I don't have Swiss.
My sisters and I, the way we grew up and what we saw, even though my father was American, we still had wonderful grandparents.
I live here. It's like living in a bubble. California is pretty progressive, but it's also frightening, what's going on here.
And I know also in Europe and Eastern Europe, for sure.
Anyway, at my age, I hope not to see any repeats, but I think it's human nature. We have these cycles. And there's so much hate.

In the photo you see Lynne and her parents Anneliese and Leonard Graysen

Und die Dinge können sich sehr schnell ändern.

Wirklich sehr schnell. Wir haben immer noch diesen Ex-Präsidenten, der die Stimmung immer weiter anheizt. Die Leute, die das Capitol angegriffen haben, hatten Nazi-Fahnen und trugen Nazi-Sachen. Sie waren wie Militärs gekleidet. Es war einfach ein sehr hasserfüllter Mob, und er hat das alles zugelassen, indem er sie angestachelt hat.

Wir haben in Europa seit 70 Jahren keinen Krieg mehr gehabt. Aber das kann sich sehr schnell ändern, sogar in Europa.

Ja, das ist richtig.

Ich danke dir sehr für das Gespräch.

Ich danke dir!

(Dieses Interview wurde zwei Monate vor dem Beginn des russischen Krieges gegen die Ukraine geführt, E.B.)

And things can change very quickly.

Really very quickly. And we still have this Ex-President who keeps turning it up, turning it up. The people who attacked the Capitol had Nazi flags and were wearing Nazi stuff. They were dressed as military. It was just a very hateful mob, and he allowed that all to happen by giving them power.

We haven't had a war in Europe in 70 years. But that can change very quickly, even in Europe.

Yeah, that's right.

Thank you very much for the conversation.

I thank you!

(This interview was conducted two months before the beginning of the Russian war against Ukraine, E.B.)

Kapitel 3

1933 Beginn des Boykotts – Erste Verhaftung

Am 30. Januar 1933 ernennt Reichspräsident Hindenburg den Naziführer Adolf Hitler zum Reichskanzler. Damit ist die Weimarer Republik vollends abgeschafft, die Demokratie außer Kraft gesetzt. Die neuen Machthaber in Berlin haben nun in ganz Deutschland das Sagen. Das Kaufhaus Bamberger ist schnell Zielscheibe antisemitischer Übergriffe.

Julius Bamberger erinnert sich im Jahr 1948 an das, was 15 Jahre zuvor geschehen ist, und notiert: *Am Morgen des 1. April begann der eigentliche Boykott. Um 9:00 Uhr war das vielhundertköpfige Personal versammelt. Der Betriebsrat tagte in meinem Büro und wir beschlossen, den Laden nicht zu öffnen.*

Kaufhaus Julius Bamberger
Das Hochhaus am Doventor
(Bauzustand 1930)

Um 10:00 Uhr hörten wir jedoch Massenchöre: „Bamberger! – Feigling! – Laden aufmachen!" usw. Es standen einige tausend unaufgeklärte Volksgenossen auf dem freien Platz vor dem Kaufhaus, alle bewaffnet – mit leeren Einkaufskörben. In der Neuen Straße und Am Wall waren Lastautos aufgefahren mit schwer armierter SA und vor den drei Eingängen standen zwei Dutzend Nazis mit gezogenen Revolvern. Da die Möglichkeit des Blutvergießens und der völligen Zerstörung des Hauses nahe lag, ging ich hinaus in den Tumult, gegen den Rat meines Betriebsrates.
Von der Candelaber-Insel in der Mitte des Platzes, hielt ich dann eine kleine Ansprache: „Kinder, wir kennen uns jetzt schon 25 Jahre und ich habe Euch niemals falsch beraten!" – Eine Frauenstimme rief: „Lüge, es sind 26 Jahre!" – und alle lachten.
Ich sagte weiter: „Nach den neuen Bestimmungen könnt ihr morgen wieder unbehelligt kaufen. Wenn wir heute nicht aufhaben, so ist es nur, um Blutvergießen zu vermeiden. Bitte geht heute ruhig nach Hause."
Die guten Frauen von Bremen winkten recht freundlich und verschwanden ohne einen Ton. Die Boykottsoldaten standen noch eine Stunde sehr verblüfft und fuhren dann nach Oldenburg zurück. Mit dem Blutvergießen war nichts.

Chapter 3

1933 Beginning of the Boycott - First Arrest

On January 30th, 1933, Reich President Hindenburg appointed Nazi leader Adolf Hitler as Reich Chancellor. As a result, the Weimar Republic was completely abolished, and democracy was suspended. The new rulers in Berlin were now in charge of all of Germany. The Bamberger department store quickly became the target of anti-semitic attacks.

In 1948, Julius Bamberger remembered what had happened fifteen years earlier and noted:
On the morning of April 1st, the actual boycott began. At 9:00 a.m., the staff of many hundreds assembled themselves. The store committee met in my office and we decided not to open the store.

At 10:00, however, we heard mass chants of "Bamberger! - Coward! - Open the store!" etc. There were several thousand unenlightened townspeople in the open square in front of the department store, all armed - with empty shopping baskets. On Neue Straße and Wall, trucks had pulled up with heavily armed SA (Nazi organization, E.B.) *and in front of the three entrances stood two dozen Nazis with drawn revolvers. Since the possibility of bloodshed and complete destruction of the building was near, I went out into the tumult against the advice of my store steward.*
From the Candelaber Insel (a traffic island with a lantern, E.B.) *in the middle of the square, I then gave a short speech, "Children, we have known each other for 25 years now and I have never led you astray!" – A woman's voice shouted, "Liar, it's been 26 years!", and everyone laughed.*
I continued, "According to the new regulations, tomorrow you will be able to shop freely again. If we are not open today, it is only to avoid bloodshed. Please just go home today."

The good women of Bremen waved quite kindly and disappeared without a sound. The boycott soldiers stood for another hour very puzzled and then drove back to Oldenburg. There was no bloodshed. The next day, the house had its biggest sales in 26 years. I, however, was once again detained for 24 hours.

At first, things seemed to calm down again. But only until July 21st, 1933, a Friday. Julius Bamberger was still at home in the morning in his private apartment at Parkallee 44 with Friedel and his children. They heard a commotion outside the front door.

Suddenly several Gestapo men appeared. Julius Bamberger remembered:
"Get dressed Bamberger! You are under arrest!"
They searched my library, threw copies of Heinrich Heine, Goethe, Lessing, Mann, Shakespeare, Cervantes, Zweig, valuable first editions, Duerer etchings, every Worpsweder painter, etc., in a heap and threw them in front of the door.

Am nächsten Tag hatte das Haus den größten Verkaufsumsatz seit 26 Jahren. Ich aber wurde wieder mal für 24 Stunden festgesetzt.

Zunächst schien es wieder ruhiger zu werden. Doch nur bis zum 21. Juli 1933, einem Freitag. Julius Bamberger ist am Vormittag noch zuhause in der Privatwohnung in der Parkallee 44 mit Friedel und den Kindern.

Vor der Haustür hören sie einen Tumult. Plötzlich erscheinen mehrere Gestapomänner. Julius Bamberger erinnert sich:
„Anziehen Bamberger! Sie sind verhaftet!"
Man durchsucht meine Bibliothek, schmeißt Heinrich Heine, Goethe, Lessing, Mann, Shakespeare, Cervantes, Zweig, wertvolle Erstausgaben, Duerer-Radierungen, alle Worpsweder etc. auf einen Haufen und wirft sie vor die Tür.
„Wird verbrannt!" sagt eine Stimme. – Inspektor Parchmann: „Anziehen Bamberger, Abschied nehmen von den Kindern, vielleicht sehen Sie sich nicht wieder:"

Julius Bamberger wird ohne einen Haftbefehl mitgenommen und in das kleine Gefängnis am Bremer Ostertor gebracht.

Fünf kleine Einzelzellen, jede etwa 5 qm groß. In einer von ihnen wartet er Wochen auf seine erste Vernehmung:

"Will be burned!" says a voice. - Inspector Parchmann, "Get dressed Bamberger, say goodbye to your children, perhaps you won't see each other again:"

Julius Bamberger was taken without a warrant and brought to the small prison at Bremen Ostertor with five small individual cells, each about 5 square meters in size. He waited in one of these for his first interrogation:
Every morning at 6 o'clock they put me in the "Grüne Minna" ("Green Minna", nickname for the green coloured car, in which arrested people were transported, E.B.) *where I was put in the felon cell and could only stand upright.*

The car then rumbled around for a few hours to all the police stations to pick up drunks, etc. Afterward, I was put in a "Muerbe-Zelle" (torture cell, E.B.) *at Gestapo headquarters. They wanted to wear me down so that I would sign whatever lies they put in front of me.*

"Ostertorwache" (Ostertor Guard), a small prison at the Bremen Ostertor district

Bamberger's question as to what he was accused of was answered evasively. Apparently, they had not found anything concrete yet. He tried to get into a double cell.

I was given the choice between a murderer or a young lawyer who had been accused of communism. I spent a nice few weeks with him, playing a chess game that we had constructed from chewed bread crumbs.

For many Jews, their persecution and imprisonment were difficult to comprehend at first. They had long felt safe, especially those who had risked their lives for Germany in the First World War. The new hounding and rigorous rejection were hard to bear. But many, including Julius Bamberger, saw it as a temporary phenomenon that would soon return to normal. A few weeks later, the indictment against him was ready. He was accused of having made a telephone call to Paris to his brother Curt. During the conversation, he is said to have told tales of atrocity in a secret language. They likely spoke to each other in Yiddish.

Jeden Morgen um sechs Uhr steckte man mich in die „Grüne Minna“, wo ich in die Schwerverbrecherzelle kam und wo ich nur aufrecht stehen konnte.
Der Wagen rumpelte dann einige Stunden zu allen Polizeistationen um dort Betrunkene etc. abzuholen. Anschließend kam ich im Gestapo Hauptquartier in eine Muerbe-Zelle. Man wollte mich mürbe machen, um alles zu unterschreiben, was an Lügen man mir vorlegte.

Bambergers Frage, was man ihm vorwerfe, wird ausweichend beantwortet. Offenbar haben sie noch nichts Konkretes gefunden. Er versucht, in eine Doppelzelle zu kommen.

Man stellte mir zur Wahl einen Mördergenossen oder einen jungen Rechtsanwalt, dem man Communismus vorgeworfen hatte. Mit dem verbrachte ich einige nette Wochen mit einem Schachspiel, dass wir uns aus gekauten Brotkrumen construiert hatten.

Für viele Juden ist ihre Verfolgung und Inhaftierung zunächst schwer zu begreifen. Sie haben sich lange sicher gefühlt, vor allem jene, die im Ersten Weltkrieg für Deutschland ihr Leben riskiert hatten. Die neue Hetzjagd und rigorose Ablehnung ist schwer zu ertragen. Aber viele, auch Julius Bamberger, sehen das als eine vorübergehende und sich bald wieder normalisierende Erscheinung an. Ein paar Wochen später ist die Anklage gegen ihn fertig. Ihm wird vorgeworfen, ein Telefongespräch nach Paris mit seinem Bruder Curt geführt zu haben. Darin soll er in einer Geheimsprache Gräuelmärchen erzählt haben. Sie haben wohl jiddisch miteinander gesprochen.

Wieder ein paar Tage später wird ihm erklärt:
Herr Bamberger, Sie werden bald entlassen, erstens weil nichts gegen Sie vorliegt und zweitens, weil die Kaufleute in der Faulenstrasse eine Eingabe gemacht haben, in der sie ihre Freilassung verlangen. In der Begründung wurde gesagt, dass die Faulenstraße vollständig tot wäre, seit das große Haus seine lebendige Anziehungskraft verloren habe. So konnte ich nach langen Monaten wieder die etwas zweifelhafte Luft der Freiheit atmen. Ich bekam den Titel W. W. J., der die Abkürzung für – Wirtschaftlich Wertvoller Jude – war.

A few days later he was told again:
Mr. Bamberger, you will soon be released, firstly because there are no charges against you and secondly because the store owners at Faulenstraße made a petition demanding your release. The petition stated that Faulenstraße was completely dead since the big house had lost its lively attraction. Thus, after long months, I could breathe the somewhat dubious air of freedom again. I was given the title W. W. J. (Wirtschaftlich Wertvoller Jude, E.B.), *which was the abbreviation for - Economically Valuable Jew.*

Jalena Liesel Mays, geb. Bamberger

Jalena ist 1985 geboren. Sie hat einen Bachelor Abschluss der Sonoma State University in Kalifornien und hat als 24-Jährige begonnen im Jewish Community Center in Santa Rosa zu arbeiten. Sie war Programmdirektorin des Sozialprogramms für Erwachsene. Außerdem hat sie 15 Jahre als Joga-Lehrerin gearbeitet.
2012 haben sie und Cory Mays geheiratet und drei Jahre später waren beide zum ersten Mal zu Besuch in Bremen.
Sie haben alle Orte gesehen, die zu den Wurzeln der Familie Bamberger gehören. Drei verschiedene Wohnhäuser, das Kaufhaus, die Akte Bamberger im Staatsarchiv, die jüdische Gemeinde und den jüdischen Friedhof.
Inzwischen haben sie einen Sohn, den sie Simon Rigel genannt haben.

*

Du erinnerst dich natürlich an die Situation vor sechs Jahren, als du in Bremen warst? – Gab es einen besonders emotionalen Moment für dich, als du dort warst?

Ja. Der emotionalste Moment für mich auf dieser Reise war, als wir das Bamberger Haus besucht haben und auf das Dach gegangen sind. Wir standen hinter der Schrift Bamberger und haben auf die Stadt hinausgeschaut.

Da bin ich aus der Zeit gefallen und ich stellte mir vor, wie meine Vorfahren dort waren, als die Stadt gerade diesen Höhepunkt der Familie erlebte.
Es war schon sehr emotional, als ich an all die Herausforderungen und Schwierigkeiten dachte, die von diesem Moment bis heute passiert sind und an die Zeit von damals bis heute.
Es war also auch eine Art Nostalgie in diesen Momenten. Dann fühlte es sich auch so an, wie „gute, alte Zeiten" mit dem ursprünglichen Gebäude.

Weißt du viele Dinge über das Leben von Julius und den Zwillingen?

Ja, ich stelle mir vor, dass sie sehr privilegiert aufgewachsen sind, mit einer hohen Bildung, mit Kunst und Kultur. Und plötzlich wird ihnen das alles weggenommen. Ich glaube, sie waren ungefähr 16 Jahre alt *(die Zwillinge, E.B.)*, als das passiert ist. Was bedeutet es für eine junge Frau, mit 16 Jahren aller Freiheiten beraubt zu werden?
Diese Zeit durchzumachen, muss besonders schwierig für sie gewesen sein, aber ich bin stolz darauf, dass ich von ihnen abstamme, weil sie so stark waren, das alles zu ertragen. Sie hatten einen sehr starken Willen, das zu überleben und schließlich in Amerika anzukommen und sich hier ein neues Leben aufzubauen.
Trotz der enormen Traurigkeit und allem, gibt es auch einen kleinen Anteil an Stolz, den ich in mir trage, weil ich weiß, dass ich von ihnen abstamme und wie stark sie gewesen sein müssen.

Jalena Liesel Mays, née Bamberger

Jalena was born in 1985. She has a bachelor's degree from Sonoma State University, California and started working at the Jewish Community Center in Santa Rosa when she was twenty-four. She was program director of the adult social program, and she also worked as a yoga instructor for fifteen years. In 2012, she married Cory Mays, and three years later, they both visited Bremen for the first time. They saw all of the places that belong to the roots of the Bamberger family: Three different homes, the department store, the Bamberger file in the State Archives, the Jewish community, and the Jewish cemetery.
Now, they have a son, whom they named Simon Rigel.

*

Do you remember being in Bremen six years ago? Was there a particularly emotional moment for you when you were there?

Yes. The most emotional moment for me on that trip was when we visited the Bamberger building and went to the top. And we stood behind the word Bamberger and looked out onto the city. In that moment, it felt timeless to me. I imagined my ancestors being there when it was in its highest moment. And I was emotional thinking of all of the challenges and difficulties that ensued from that moment until today...
So more of a nostalgia thinking back to those moments when it was built and the high times of that building originally.

Do you know a lot about the life of Julius and the twins?

Yes. I've imagined that they were raised very privileged with a high education - with arts and culture and then in one moment, it was taken away. And to be, I think, about sixteen years old when that happened... What does it mean, for a young woman especially, to be sixteen and captive?
Going through that era must have been especially difficult for her. But I do feel a sense of pride in myself that I've come from them because of how strong they were to endure everything... to have such a strong will to live and survive and to reach America ultimately and make a life here. And despite the tremendous sadness and grief and everything, there is a small amount of pride that I carry knowing that I come from them and how strong they must have been.
Definitely everywhere was emotional. And certainly visiting the gravestones was very impactful. In fact, we named our child, Simon, after Simon Bamberger because of how much I was impacted by that moment.
Also, walking through the home, their home, felt awkward. I believe in wanting to tell the story and share in dialog and learn from everything together, which is why I choose to participate, but it is difficult. It was painful to walk around in the rooms and see the walls and to feel the echoes of my family there. But they are not there. So it's just awkward, mostly.

Another question: Do you remember the first time you heard the word Holocaust in your life?

Wow. I don't remember when I first heard about it, but I do remember being in school and learning about it in school. Also, aside from the house, I think it was a very tender topic at home. We talked about it more at school initially when I was young.
Also, I did the Birthright program. That's a program from Israel. It invites Jewish youth to Israel to visit and tour, and they have the big Yad Vashem Holocaust Museum there. So, of course, not all young American Jews went through the Holocaust. Some of their ancestors came here before the Holocaust happened. But on that trip, I remember feeling directly impacted. Seeing the visual images of what happened there and imagining it could have been my family was very painful.

Es war auf jeden Fall überall emotional. Und natürlich war der Besuch des Friedhofs sehr beeindruckend, der Besuch der Grabsteine. Wir haben sogar unser Kind Simon nach Simon Bamberger benannt, dessen Stein dort steht. Dieser Moment hat mich so sehr berührt. *(Simon Bamberger ist der Ururgroßvater von Jalena, E.B.)*

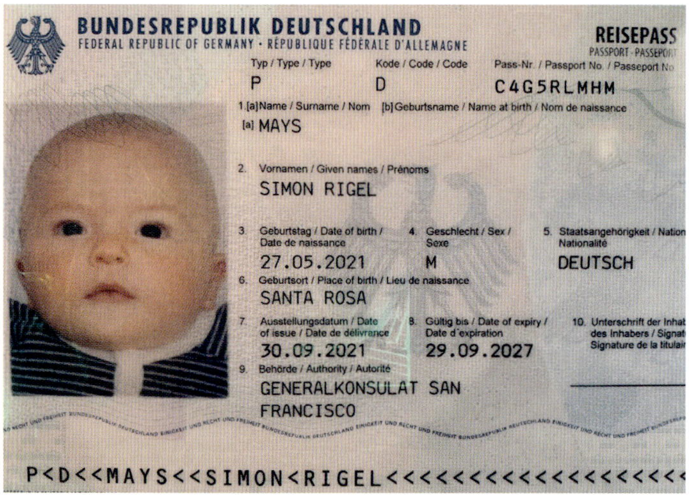

Zur Zeit des Interviews war Simon der jüngste Bamberger mit einem deutschen Reisepass.

Dann fühlt es sich sehr unangenehm an, durch das Wohnhaus zu gehen, ihr Wohnhaus. *(Bremen, Parkallee 44, E.B.)* Ich denke, es ist sehr richtig, die Geschichte zu erzählen und mit anderen zu teilen und gemeinsam zu lernen aus allem, aber es ist schwierig.
Es ist unangenehm und schmerzhaft, in den Räumen herumzulaufen und an den Wänden das Echo meiner Familie zu spüren – aber wir sind gar nicht mehr anwesend.

Eine andere Frage.
Erinnerst du dich, wann du das erste Mal in deinem Leben vom Holocaust gehört hast?

Ich weiß nicht mehr, wann ich das erste Mal davon gehört habe, aber ich erinnere mich, dass wir in der Schule darüber gesprochen haben. Ich glaube, es war auch zu Hause ein sehr sensibles Thema. In der Schule haben wir anfangs mehr darüber gesprochen, als ich jung war.
Dann habe ich auch am Birthright-Programm teilgenommen. Das ist ein Programm aus Israel. Es lädt jüdische Jugendliche nach Israel ein, um dort das große Holocaust-Museum Yad Vashem zu besuchen und das Land zu sehen.
Natürlich haben nicht alle jungen amerikanischen Juden den Holocaust erlebt. Einige ihrer Vorfahren kamen hierher, bevor der Holocaust stattfand. Aber ich erinnere mich, dass ich mich auf dieser Reise direkt betroffen fühlte, als ich die Bilder von dem sah, was tatsächlich passiert war, und mir vorstellte, dass es auch meiner Familie hätte passieren können. Und das war sehr schmerzhaft.

Und gibt es das Thema Holocaust unter jungen Leuten hier in den USA, unter jüdischen jungen Leuten und auch nicht jüdischen?

Wir sprechen oft über den Holocaust. Es ist ein Teil eines größeren Themas in Amerika, nämlich der Immigration. Für mich hat der Holocaust immer mit Einwanderung zu tun.
Es gibt eine Kameradschaft unter Kindern, Jugendlichen und Menschen, die eingewandert sind, sei es wegen des Holocausts oder weil sie aus dem einen oder anderen Grund aus einem anderen Land geflohen sind. Wir kommen zusammen und haben ein Gefühl füreinander, das andere Menschen nur schwer verstehen. Viele, die nicht jüdisch sind und nicht direkt mit dem Holocaust konfrontiert wurden, sprechen nicht so viel darüber.
Aber die Einwanderung ist letzten Endes das übergeordnete Thema.

Und sprechen sie darüber auch in den Schulen?

Ich bin jetzt schon eine Weile nicht mehr in der Highschool. Als ich in der Highschool war, ja, ja, da haben wir darüber gesprochen.
Und in Sonoma County haben wir eine Organisation, die bewusst in Schulen geht, um über den Holocaust aufzuklären. Sie wird von jüdischen Menschen aus Sonoma County geleitet, die direkte

And is the Holocaust a topic among young people in the U.S., not only Jewish young people but non-Jewish as well?

We talk about the Holocaust. It's part of a bigger conversation in America, which is immigration. And for me, the Holocaust meant immigrating here. So, there's a camaraderie among children, youth, and people who come here who are a product of immigration, whether it be the Holocaust or fleeing another country for one reason or another. We kind of come together and have empathy for each other that other people don't quite understand. I think many people who are not Jewish and who aren't exposed directly to Holocaust don't really talk about it as much. It's not a part of the conversation here. Immigration is bigger…

Illustration left side:
In 2021, at the time of the interview, Simon was the youngest Bamberger with a German passport.

And do they talk about it in schools?

I haven't been in high school for a while, but when I was in high school, yes, yes, we did.
And in Sonoma County, we have an organization that deliberately goes into schools to educate about the Holocaust. It's run by Jewish people from Sonoma County who are direct descendants of the Holocaust. They participate and believe it's very important for children to learn about it.
So it's not part of the curriculum by the government, it's extra. It's from the Jewish population. It's a message that it's important for us to keep the story alive, so we can continue to learn from it together.

Is there an interest outside of the Jewish community in this?

Yes. Yes, definitely. I think mostly there's always some thread, some connection to the Jewish community. Maybe it's a neighbor, maybe they were working with someone who is Jewish, so they are close to the community. They may not be Jewish themselves, but they in their life have come close to the Jewish community. And with them, I've found a very open, receptive interest in wanting to learn about it.

You've spent some time working in the Jewish community center here.

Yes, ten years.
There's the Yom HaShoah, which is a Holocaust Remembrance Day once a year. And it's a big honoring and remembering that reads the names of everyone who lived through or perished in the Shoah. The survivors create this event.
You know, it's a community. Sometimes there are film speakers sharing stories. It's intergenerational. So it's not just for the children or just for the adults. It's for the families, for everybody.
We talk about the Holocaust in our family when there is an incident that happens that triggers a memory. There is a lesson that we've learned, many lessons, from having gone through that. We talk about it, and we make a point to try to be honest about our feelings with people, especially those who don't know much about the Holocaust, to share our experience with them.

You showed me the German passport of your son. What does it mean for you to have a German passport? Who had the idea for that?

I think initially my aunt, Jenifer, told us that the German government was extending the opportunity to apply for the passport as a form of reparations between certain year periods. Many of the family members did not want to do it or weren't emotionally prepared or interested.
I think onle outcome that the Holocaust has created, one feeling that the Holocaust created in our families, is that it's important to have an escape route. An alternate way out in case you are trapped.

Nachfahren des Holocausts sind, und sie nehmen daran teil und denken, dass es sehr wichtig ist, dass Kinder etwas darüber lernen.
Es ist also nicht Teil des Lehrplans der Regierung. Es ist ein Extra. Es kommt von der jüdischen Bevölkerung. Es ist eine Botschaft, die für uns wichtig ist, um die Geschichte lebendig zu halten, damit wir weiterhin gemeinsam daraus lernen können.

Gibt es ein Interesse außerhalb der jüdischen Gemeinschaft daran?

Ja, ja, auf jeden Fall. Ich glaube, meistens gibt es immer irgendeinen Faden, irgendeine Verbindung zur jüdischen Gemeinde. Vielleicht ist es ein Nachbar. Vielleicht haben sie mit jemandem zusammengearbeitet, der jüdisch ist, so dass sie der Gemeinde nahe stehen. Sie sind vielleicht selbst nicht jüdisch, aber sie sind in ihrem Leben der jüdischen Gemeinschaft nahe gekommen. Und bei ihnen habe ich festgestellt, dass sie sehr offen und aufgeschlossen sind und vor allem ein Interesse daran haben, mehr darüber zu erfahren.

Du hast eine Zeit in dem jüdischen Gemeindezentrum in Santa Rosa gearbeitet.

Ja, zehn Jahre. Es gibt den Yom HaShoah, das ist ein Holocaust-Gedenktag einmal im Jahr. Und es ist eine große Ehrung und ein Erinnern mit dem Lesen der Namen von allen, die in der Shoah gelebt haben oder umgekommen sind. Die Überlebenden haben dieses Erinnern initiiert.
Es ist die große Gemeinschaft. Manchmal gibt es Filmemacher, die Geschichten erzählen. Es ist Generationen übergreifend, also nicht nur für Kinder oder nur für Erwachsene. Es ist für die Familien, für alle. Generell.
Wir sprechen auch in unserer Familie über den Holocaust, wenn es einen Vorfall gibt, der eine Erinnerung auslöst und es gibt eine Erfahrung, die wir von anderen Familien gehört haben, wir haben viele Lehren aus dem gezogen, was wir durchgemacht haben.
Wir sprechen darüber und legen Wert darauf, dass wir versuchen, ehrlich mit unseren Gefühlen zu sein, vor allem gegenüber Menschen, die nicht viel über den Holocaust wissen, um ihnen unsere Erfahrungen mitzuteilen.

Du hast mir den deutschen Pass deines Sohnes gezeigt. Was bedeutet es für dich, einen deutschen Pass zu haben?

Viele der Familienmitglieder wollten das gar nicht, oder sie waren emotional nicht darauf vorbereitet oder daran interessiert.
Ich denke, ein Ergebnis der Geschichte des Holocaust, ein Gefühl, das der Holocaust in unseren Familien hervorgerufen hat, ist, dass es wichtig ist, einen Fluchtweg zu haben. Einen alternativen Ausweg für den Fall, dass man gefangen ist. Das ist ein Thema, über das wir sprechen. Das heißt, es ist fast wie eine Art Angst, in die man einfach geraten kann.
Der Pass ist für mich als Amerikanerin und angesichts dessen, was in Amerika gerade passiert, eine Chance, mich freier zu fühlen und mich in der Welt freier bewegen zu können. Das ist die eine Seite.
Aber es gab auch eine Komponente, bei der ich mich mit unserer Geschichte, der Familiengeschichte, auseinandersetzen musste, denn in gewisser Weise möchte ich nach Deutschland zurückkehren können, von wo unsere Familie rausgeschmissen und verschmäht wurde.
Es ist also ein sehr emotionaler Teil, eine sehr emotionale Komponente. Ich habe es so gewollt, weil ich das Gefühl habe, dass es eine Quelle der Heilung und eine Quelle der Vergebung ist und eine Quelle, die es mir auch erlaubt, die Erinnerung festzuhalten.
Eines Tages wird Simon fragen: Warum habe ich einen deutschen Pass? Dann muss ich ihm die Wahrheit sagen und die Geschichte erzählen, wenn er den deutschen Pass nicht hätte, müsste ich das vielleicht nicht tun. Er gibt mir also einen Anlass für das Gespräch und es gibt ihm die Freiheit, sich in der Welt zu bewegen. Es ist ein Moment, in dem er vielleicht nach Hause zurückkehrt und versucht, wieder Frieden zu finden.

So having the passport, for me, being an American and seeing what's going on in America right now, feels like an opportunity to be freer and to be able to move around the world more freely. That's one thing.
But also, there was the component that I had to face our history, the family history. Because, in a certain sense, I'm asking to return home to Germany when our family was kicked out and rejected.

And so this is a very emotional piece, a very emotional component. And I did it because I feel like it's a source of healing and a source of forgiveness and it allows me to hold the memory.
One day, Simon will say, Why do I have a German passport? So I'll have to tell him the truth and share the story. If he didn't have the German passport, I may not have to do that. So it gives me the platform for the conversation. It gives him the freedom to move around the world, and it's a moment of returning home and trying to find peace again.
All we can do is try. That's all we can do. The world is so full of hate and anger, and I believe you have to have hope, you have to believe in forgiveness, and you have to believe in being open to the possibility of finding peace.

You know, the sister of your grandfather, Anneliese, said that she would never return to Germany.

Yeah, I was raised with this dialog. Yeah, this was the mentality. Never buy a Mercedes. Never buy a -, you know, any of the German-made anything. It was like, No, no, no, we can't. There's so much anger. Yeah, but I understand. I understand why.
Yeah, so that was definitely the mentality growing up - but my Mercedes was my first car.

Does that mean it's changing a little bit?

Yeah, I think that that generation was traumatized, was hurt very badly. My father was raised by his parents who lived through that, and he suffered a very painful childhood because of the many ways that it was hard.
I'll let him share that. But I know that he made a very concerted effort to change the story. He did not want to perpetuate that pain for me and for my brother. And I know that that was a choice he had to make every day because the natural instinct is to repeat what your mother and father did. But he chose a new way. And that took a lot of strength, a lot of courage, and bravery. And as a result, I don't feel as bound by the trauma. I don't feel it as much.
There are moments when I imagine those years of my grandfather and grandmother being in the Holocaust, and I have very negative images in my mind. And my body holds that pain. But it's not as bad as previous generations, and I feel like it's softening a bit.
And I think that these types of genocides happen all over the world, and we have to be able to grow beyond it. We have to be able to heal and move forward because it's, unfortunately, part of humanity, this very dark side.

Wir können es einfach nur versuchen. Das ist alles, was wir tun können. Die Welt ist so voller Hass und Wut. Und ich glaube, man muss Hoffnung haben. Man muss an Vergebung glauben. Man muss an die Möglichkeit glauben, Frieden zu finden.

Du weißt, die Schwester deines Großvaters, Anneliese, hat gesagt, dass sie nie wieder nach Deutschland zurückkehren wird?

Ja, ich bin mit diesen Gesprächen aufgewachsen, das war die Mentalität. Kaufe niemals einen Mercedes. Kaufe niemals einen 'irgendwas', du weißt schon, irgendwas aus deutscher Produktion. Es hieß immer: Nein, nein, nein, das können wir niemals. – Es gab so viel Wut.
Ja, aber ich verstehe das. Ich verstehe, warum. Das war genau die Mentalität, mit der ich aufgewachsen bin. – Aber mein Mercedes, das war mein erstes Auto.

Das heißt, es ändert sich auch etwas?

Ja, ich denke, dass – diese Generation war traumatisiert, wurde sehr stark verletzt. Mein Vater *(Jules Bamberger, E.B.)* ist bei Eltern aufgewachsen, die das miterlebt haben und er hatte eine sehr schmerzhafte Kindheit, weil es auf viele Arten hart war. Ich will das nicht.
Ich lasse ihm das. Aber ich weiß auch, dass er sich sehr bemüht hat, die Geschichte zu ändern. Er wollte diesen Schmerz für mich und meinen Bruder nicht fortsetzen und ich weiß, dass es eine Entscheidung war, die er jeden Tag treffen musste, weil der natürliche Instinkt darin besteht, zu wiederholen, was deine Mutter und dein Vater getan haben.
Aber er hat einen neuen Weg gewählt. Das hat viel Kraft, Mut und Tapferkeit gekostet und deshalb fühle ich mich nicht mehr so sehr an das Trauma gebunden. Ich habe das Gefühl, dass ich es nicht so sehr spüre.
Es gibt Momente... Es gibt Momente, in denen ich mir die Jahre vorstelle, in denen mein Großvater und meine Großmutter im Holocaust waren, und ich habe sehr negative Bilder in meinem Kopf und in meinem Körper, die diesen Schmerz festhalten. Aber es ist nicht so schlimm wie bei früheren Generationen und so fühle ich mich auch. Es wird ein bisschen weicher.
Und ich denke außerdem, dass diese Art von Völkermord überall auf der Welt passiert und wir müssen in der Lage sein, darüber hinauszuwachsen. Wir müssen in der Lage sein, zu heilen und voranzukommen, denn das ist leider ein Teil der Menschheit. Das ist eine sehr dunkle Seite.

Es gibt auch Leute, die wollen, dass das Erinnern aufhören muss. Glaubst du, dass das ein Weg sein kann? Oder denkst du, es ist notwendig sich zu erinnern?

Ja, absolut. Ja. Es ist wichtig, weil es so viele Lektionen für die Menschlichkeit darin gibt und wie man Menschen behandelt und die Zeichen setzt, die man in der Gemeinschaft sehen kann, die wie Stoppschilder sind – man muss keine Angst haben. Es ist sehr wichtig, sich daran zu erinnern und die Geschichte zu erzählen, damit wir es nicht wiederholen, damit wir lernen.
Wir müssen darüber reden und selbst und unsere Kinder darauf hinweisen, damit sie Vorurteile verstehen und wissen, wie man nicht gemobbt wird. Wie man den Mobber erkennt oder etwas Ähnliches, denn es fängt dort an und kann dann wachsen. Man muss prüfen und aufstehen, damit so etwas nicht wieder passiert.
Ich glaube, dass echte Geschichten uns den Mut geben und aufrechte Menschen, mit denen wir uns identifizieren können. Wenn sie es geschafft haben, können wir es auch schaffen. Und das macht es einfach realer. So sind wir besser vorbereitet – wir sind besser vorbereitet.

Okay, ich danke dir für das Gespräch.

Danke schön.

There are people who think that the remembering has to stop. Do you believe that that's the solution sometimes? Or do you think it's necessary to remember?

Yeah, absolutely. Yes. It's important because there are so many lessons about humanity in it and how to treat people. And there are signs that you can see around in the community that are red flags of - we cannot be afraid.
It's very important to remember and to tell the story so we don't repeat it, so we learn …
We have to talk about it and educate ourselves and our children about it so that they understand prejudice and they understand how to not be bullied. How to recognize the bully, you know, because it starts there, and then it can grow. And to test and to stand up in the face of something like that happening again.
Yeah. I think that having real stories gives us courage because of the real people that we can relate to. If they did it, we can do it. And it just makes it more real. So we're more prepared – we're more prepared.

Okay, thank you for the conversation.

Thank you.

Cory Orion Mays

Cory ist 1979 geboren. Er hat einen Abschluss an der Naropa University in Boulder, Colorado. Gearbeitet hat er als Landschaftsgärtner und als Zimmermann. Heute verwaltet Cory Immobilien in Sonoma County und in der Baja California in Mexiko.
Als kleiner Junge hat er seinem Vater geholfen, Wein herzustellen, später haben dann beide zusammen Weinkeller aus Redwood gebaut.
Heute arbeitet Cory leidenschaftlich gerne im eigenen Garten mit vielen Obstbäumen, einem Blaubeerfeld und einer Olivenplantage.
Der Traum von Jalena und Cory ist es, einen eigenen Weinberg anzulegen und daraus tatsächlich ihren eigenen Wein auf Flaschen zu ziehen.
„Die Sommer werden hart, aber es lohnt sich," sagt er.

*

Du warst mit Jalena in Bremen. War der Besuch auch aus deiner Sicht auf die Geschichte der Bamberger Familie konzentriert?

Hauptsächlich ging es um die Familie Bamberger, aber wir reisen auch gerne, sehen uns verschiedene Städte und Orte an und lernen die unterschiedlichen Bräuche der Menschen kennen. Also, das hat mich schon auch interessiert.
Als wir zum Beispiel den alten Marktplatz und den Weinkeller im Rathaus besucht haben, das war für mich sehr interessant.

Erzählst du mir etwas mehr über deine Geschichte?

Wirklich? Ja, ich bin nicht jüdisch, aber ich bin mit vielen jüdischen Menschen aufgewachsen. So habe ich schon in jungen Jahren eine Menge von der Geschichte gehört.
Aber Genaueres erst wirklich, seit der Beziehung mit Jalena.
Da wurde es viel, viel wichtiger für mich, auch ihre Familiengeschichte zu kennen. So war es für uns beide sehr emotional, zusammen in Bremen zu sein. Und ich habe einfach versucht, sie dort zu unterstützen.

Hast du in der Zeit Neues über die Familie erfahren?

Es war einfach sehr interessant, das Haus zu sehen, in dem sie gelebt haben, und auch das Kaufhaus. Ich hatte darüber nur Geschichten gehört. Es dann in echt zu sehen, bringt es noch viel näher.
Das ist ja nun schon sechs Jahre her, daher habe ich die Details schon wieder vergessen. Aber zum Beispiel all die Familienfotos, die dort im Treppenhaus waren. Das war sehr interessant.

Cory Orion Mays

Cory was born in 1979. He graduated from Naropa University in Boulder, Colorado. He worked many as a landscaper and as a carpenter. Today, he manages properties in Sonoma County and in Baja California, Mexico.
As a young boy, Cory helped his father make wine. Later, they both built redwood wine cellars together.
Cory is passionate about working in his own garden, where he has many fruit trees, a blueberry patch, and an olive orchard.
Jalena and Cory's dream is to plant their own vineyard and actually produce their own bottled wine from it.
„The summers will be tough, but it's worth it," he says.

*

You were in Bremen with Jalena.
Was the visit also focused on the history of the Bamberger family for you?

Mostly it was about the Bamberger family, but also we just like to travel and see different cities and places and the customs of different people. So, you know, that also interested me.
Like when we saw the town square and the wine cellars in the Town Hall and everything, that was of interest to me.

Can you tell me a bit about your story?

Really? Yeah, I'm not Jewish, but I grew up around a lot of Jewish people. And so, I heard a lot of the history from a pretty young age.
But not really in-depth until I was in a relationship with Jalena.
Then it became much more important to me and just knowing her family history. So, it was emotional for us to be in Bremen together, and I just tried to be very supportive.

What new things did you experience there regarding the family during that time?

It was just very interesting to see the actual house where they lived and the department store. I had only heard stories about that. So to see it in real life just made it that much more real.
But as far as learning new details when we were there, it's been like six years. But, you know, all the family photos and whatnot that were in the stairwell there, it was very interesting.

What does Holocaust mean to you? Is there any personal relation for you?

Yeah, certainly. You know, having married into a Jewish family, it has become very important for me. And with our son, the Jewish tradition is matrilineal. Because his mother is Jewish, he is Jewish as well. And so, we all have these certain traditions and stories and it's become a very important part of my life as well.
And so I think it's important to still tell the story of the Holocaust. And not just the culture, as Jalena said. Not only to know the history but also to not repeat it.

Did you learn about it in school or not?

Yes. A little bit in primary school, but mostly high school, you know, when we were a little bit older. They taught us some of the darker sides of history. Yeah.
We watch some films and things like that.

Was bedeutet Holocaust für dich? Gibt es einen persönlichen Bezug?

Ja, natürlich. In eine jüdische Familie einzuheiraten, ist für mich sehr wichtig geworden und ich weiß, dass unser Sohn in die jüdische Tradition geboren ist. Die Mutter ist jüdisch und er ist auch jüdisch. So haben wir alle unsere Traditionen und Geschichten und das ist für mich ein sehr wichtiger Teil meines Lebens geworden.
Ich denke also auch, dass es wichtig ist, die Geschichte des Holocaust weiter zu erzählen. Und ja, auch nicht nur als Kultur, wie Jalena sagt. Nicht nur, um die Geschichte zu kennen, sondern dass man sie auch nicht wiederholt.

Habt ihr in der Schule davon gehört?

Ja, ein bisschen in der Grundschule, aber hauptsächlich in der Highschool als wir schon etwas älter waren. Sie haben uns etwas über die dunklen Seiten der Geschichte erzählt.
Wir haben uns auch ein paar Filme angesehen.

Und an welche Filme erinnerst du dich besonders?

Da waren einfach schockierende Bilder von nackten, ausgemergelten Körpern, am Ende des Krieges, und einige der Lager wurden befreit. Menschen, nur Haut und Knochen, das sind sehr schreckliche Bilder.

Denkst du, dass es für junge Leute wichtig ist, das zu sehen, darüber zu sprechen, eine persönliche Meinung darüber zu haben?

Ja, ich denke, es ist wichtig. Ich meine, es muss nicht über allem stehen, aber ich denke, es ist sehr wichtig, sich daran zu erinnern.

Auch, um über andere Ereignisse nachzudenken, weil man weiß, was passiert ist?

Ja. Richtig. Zu wissen, was in und mit der Menschheit in der Vergangenheit passiert ist, damit wir versuchen können, es zu vermeiden, wenn wir sehen, dass ähnliche Dinge im Land oder in der Regierung auftauchen. Im besten Fall können wir es aufhalten.

In den USA zu leben ist vielleicht wirklich etwas anderes als in Europa. Glaubst du, dass es auch für junge Leute in den USA wichtig ist?

Vielleicht ein bisschen mehr in Europa, aber ich meine, es ist eine gemeinsame Geschichte. Die Tatsache, dass die USA im Krieg gekämpft haben und viele Juden hierher geflohen sind, macht es für beide Seiten wichtig. Aber vielleicht noch wichtiger für Europa.

Glaubst du, dass sich junge Leute heute wirklich vorstellen können, was dort passiert ist?

Das ist schwer zu sagen, es ist so weit weg, und besonders hier in den USA ist es schwer, sich vorzustellen, dass es überhaupt real war. Aber dafür gibt es eine Menge Filme und Bilder, die die Menschen hier daran erinnern.

Denkst du, dass es einen Unterschied zwischen diesem Holocaust und anderen schrecklichen Dingen, die heute passieren, gibt?

Das ist eine schwierige Frage. Ich meine, es gibt eine Menge schrecklicher Dinge auf der Welt. Ich weiß nicht, ob ich darauf eine gute Antwort habe.

And what sort of films do you remember especially?

Like certain images? Yeah, there were just the shocking images of naked, emaciated bodies, you know, at the end of the war. And some of the camps were liberated.
People who were just skin and bones - very terrible images. Yeah.

Do you think it's important for young people to see that, to talk about that, and to have a personal opinion about that?

I think it's important to teach that history. I mean, it doesn't have to be overwhelmingly so, but it's very important, I think, to remember.

And also to reflect on other events, having known what happened.

Yes. Right. To know what has happened with humanity in the past so we can try to avoid it when we see things starting to crop up in the country or in the government. Yeah. Hopefully, we can stop it.

Living in the U.S. is probably very different from living in Europe. Do you think it's also important for young people in the U.S.?

Maybe a bit more in Europe, but I mean, it's a shared history. The fact that the U.S. fought in the war, plus there are a lot of Jews that fled here. It's important in both places. But maybe more so in Europe.

And do you think that young people today can really imagine what happened there?

Hard to say. It's so far removed, and especially here in the U.S., it's a little hard to imagine that it was even real. But there are a lot of films and images that make people remember here.

Do you think there is a difference between the Holocaust and other horrible things that are going on today?

That's a difficult question. I mean, there are a lot of terrible things in the world. I don't know if I have a good answer for that.

Can remembering the Holocaust change anything? Or does it just help us to be more aware of things like that?

Yeah, I don't know if it can really change anything. You know, we can't change the past, but we can be aware of these types of situations and what can happen with humanity. And like Jalena was saying, to stand up and try to speak out against things and stop things. Or to get involved politically or whatever it might be to keep that from happening again.

What about the fact that you and your son have a German passport. Do you think he will understand why?

Yeah, he will hear the stories. And yeah, it's kind of a strange thing. It was something that just came up with the family. We realized that it was possible. But I think it's just nice to have options. Should we decide to live in Germany, at some point, we can. And we also have Mexican residency, so we could live there, and we could live here. I think it's wise to have many options.
But it'll be interesting having to share the story with him as to why he has that passport.

Ja. Von klein auf gibt es so Sommercamps und dann Teenie-Gruppen und auch Erwachsenen-Gruppen. Die Leute haben keine Angst davor, über diese Themen zu sprechen.

Kann das Erinnern an den Holocaust etwas verändern? Oder kann es nur darum gehen, offener für solche Dinge zu sein?

Ich weiß nicht, ob es wirklich etwas ändern kann. Wir können die Vergangenheit nicht ändern, aber ja, wir sollten uns einfach dieser Ereignisse mehr bewusst sein und was daraus mit der Menschheit passieren kann. Und wie Jalena gesagt hat, aufzustehen und zu versuchen, sich gegen Dinge auszusprechen. Oder sogar Dinge zu stoppen, sich politisch zu engagieren, um zu verhindern, dass so etwas wieder passiert.

Was hat es mit dem Pass auf sich, dass du und euer Sohn einen deutschen Pass haben? Denkst du, er wird verstehen warum?

Ja, er wird die Geschichten hören. Es war aber schon eine seltsame Sache, als in der Familie aufkam, dass es möglich ist.
Aber ich denke auch, es ist einfach schön, Optionen zu haben. Wir könnten uns entscheiden, in Deutschland zu leben. Irgendwann können wir das. Wir haben auch noch eine mexikanische Aufenthaltsgenehmigung, also könnten wir dort leben oder hier. Ich denke, es ist klug, viele Optionen zu haben.
Aber es wird interessant sein, Simon die Geschichte zu erzählen, warum er diesen Pass hat.

Lass uns noch über das Internet und soziale Medien sprechen und über diese große Menge von Hasskommentaren. Glaubst du, dass das auch einen Einfluss darauf hat, wie man über den Holocaust oder jüdische Menschen denkt? Ist es leichter geworden, dem Hass Raum zu geben?

Nun, ich denke, all diese Dinge verstärken nur wenig bedeutende Ideologien. Die meisten Leute denken nicht so, aber hier kann jemand sehr laut sein und bekommt eine Menge Presse aufgrund dieser neuen sozialen Medien. Dadurch entsteht eine unausgewogene Perspektive. Man könnte vielleicht denken: Oh, jeder denkt so. Alle sind so hasserfüllt.
Aber ich glaube nicht, dass das der Fall ist, aber es ist eine gefährliche Sache, einfach, weil es so verstärkt wird.
Das ist ein großes Problem. Ich weiß persönlich nicht, wie man es ändern kann, aber ich denke, wir müssen uns gemeinsam etwas einfallen lassen, denn es sieht so aus, als gäbe es einfach mehr Hass da draußen.
Wenn man sich nicht von Angesicht zu Angesicht mit jemandem hinsetzen muss, um eine Diskussion zu führen, kann man diese Streitigkeiten einfacher austragen. Und das ist in der digitalen Welt nicht korrekt. Man versteckt sich quasi hinter dem Computerbildschirm.
Ich habe also keine richtige Antwort, aber ich denke, wir müssen versuchen, das zu ändern, weil es nicht in eine gute Richtung geht.

Glaubst du, dass es für jüdische Menschen besonders gefährlich ist?

Ja. Ich denke, es gab schon immer einen sehr gut dokumentierten Anstieg von Gewalt und Problemen in den USA. Und noch mehr in letzter Zeit mit den sozialen Medien und besonders mit Trump und solchen Phänomenen.
Wir sollten also ein bisschen mehr auf der Hut sein.
Da gibt es zum Beispiel Leute in Jalenas Arbeit, die bekommen Hasskommentare. Ich persönlich habe noch nichts bekommen. Wir leben hier auf dem Land, also nicht in einer Stadt. Es ist also nicht so schlimm.
Aber man hört ja so einiges in den Nachrichten.

Let's talk about the Internet and Social Media and the large amount of hate commentary in the world. Do you think that has an influence on how people think towards Jewish people or the Holocaust? Has it become easier to make space for hate?

Well, I think all of these things really just amplify smaller ideologies. You know, I think most people don't think that way, but maybe somebody is very loud over here and they get a lot of press because of social media and stuff. And it really gives an imbalanced perspective. And you may think, oh, everyone thinks this way, everyone is this hateful.
But I don't think that's the case. It's just a dangerous thing, how amplified it is.
I think it's a big problem. I don't know personally how to change it, but collectively I think we have to figure something out because it seems like there's more hate out there, you know?
And when you don't have to sit down in front of someone face to face and have a discussion, you can just have these arguments. And in the digital realm, it's not healthy. You're hiding behind the computer screen.
So I don't have the answers, but I think we need to try to change it because it's not going in a good direction.

Do you think it's especially dangerous for Jewish people?

I think there's been a documented uptick in violence and problems in the U.S. More recently with social media and especially with Trump and that whole phenomenon.
So we're a little bit more on guard. For instance, there are people at Jalena's work just getting like hate mail and things like that. I haven't personally seen anything, I mean, we live in the countryside, not in a city, so it's not so bad.
But you hear a lot of things in the news.

To keep the memory alive, is that a good thing? Is it necessary? Or does it not have an influence on young people?

I think it's a positive thing to reach out and make these connections, you know, that we have these dialogs here and in Germany.
Yeah, I think it's a positive thing and is helping to heal things.

Yeah. wonderful, OK. Thank you.

Thank you.

Ich denke, es ist auf jeden Fall eine positive Sache, die Hand auszustrecken und diese Verbindungen herzustellen. Weißt du, Deutschland und wir hier haben diesen Dialog.
Ja, ich denke, es ist eine positive Sache und hilft einfach, die Dinge zu heilen.

Ja. wunderbar, OK. Danke schön.

Danke schön.

Kapitel 4

Die Kinder gehen ins Internat – Das Kaufhaus wird verkauft

Die Boykottmaßnahmen der Nationalsozialisten greifen, die Umsätze gehen zurück, die Anfeindungen werden stärker. Die Stimmung, auch in Bremen, ist inzwischen eindeutig antisemitisch.

Bremen ist eine wichtige Stadt für die neuen Machthaber. Der Hafen, die Werften, die Handelshäuser und die Wirtschaft entwickeln sich ganz in ihrem Sinne. Die Stadt ist inzwischen voller Hakenkreuzfahnen. Der angesehene Kaufmann versucht, sein Geschäft und das Privatleben gegen alle Anfeindungen zu erhalten. Aber es wird immer offensichtlicher: Es kann nicht gelingen.

Tatsächlich sitzen der Kaufhausbesitzer und seine Familie in Bremen in einer Falle. Julius und Friedel Bamberger entschließen sich, die Kinder auf das „Institut Fisher" in Territet-Montreux, ein Internat in der Schweiz, zu schicken.

Jules Bamberger erinnert sich daran, was sein Vater ihm darüber erzählt hat:
Ich habe es so verstanden, dass er auf diese Schule geschickt wurde, um auf die Leitung eines Konzerns vorbereitet zu werden, um eines Tages Julius unter die Arme zu greifen, um viele Sprachen zu lernen, so wie Buchhaltung und andere wichtige Dinge.
Er dachte, er sei deshalb dort hingeschickt worden.

In den folgenden Jahren gibt es in Bremen mehrere Versuche von Julius Bamberger, sein Kauf- sowie sein Wohnhaus zu verkaufen – allerdings vergeblich. Die Umsätze gehen weiter zurück. Die Plakate „Kauft nicht bei Juden!" sind für niemanden mehr zu übersehen und werden inzwischen von immer mehr Deutschen befolgt.

Bambergers Situation in Bremen gestaltet sich als so schwierig, dass er sich im Jahre 1936 entschließt, das Kaufhaus aufzugeben. Es ist sein Lebenswerk, aber er erkennt, dass er in dieser Stadt keine Chance mehr hat. Nach äußerst schwierigen Verhandlungen mit diversen Interessenten findet er in der Kölner Kaufhof AG einen Käufer. Sie gehörte – vor der sogenannten „Arisierung" – zum Tietz-Konzern. Tietz, das ist Leonard Tietz, der 1936 sein Kölner Kaufhaus verkaufen musste.

Nach der Unterschrift trifft man sich im Bremer Rotweinhaus Grossmann. Julius Bamberger ahnt in diesem Moment nicht, dass die Information über den Verkauf seines Geschäftes inzwischen nach Berlin gelangt ist. Nach den Unterschriften sucht ein Mitarbeiter der Handelskammer die feierliche Runde auf.

Chapter 4

The Children Go to Boarding School - The Department Store is Sold

The boycott measures of the National Socialists took effect. Sales declined, and hostility grew stronger. The mood, even in Bremen, was now clearly anti-Semitic.

Bremen was an important city for the new people in power. The port, the shipyards, the trading houses, and the economy developed entirely in their favor. The city was now full of swastika flags. The respected store owner tried to maintain his business and private life against all hostility, but it became more and more evident that it could not succeed.

In fact, the department store owner and his family were trapped in Bremen. Julius and Friedel Bamberger decided to send their children to the „Institut Fisher", a boarding school in Territet-Montreux, Switzerland.

Jules Bamberger remembers what his father told him about it:
I understood that he was sent there to prepare him to run the empire - to join Julius one day and to be able to speak many languages, to be able to learn accounting and bookkeeping and all the important things. That's why he felt he was sent there.

In the following years, there were several unsuccessful attempts by Julius Bamberger to sell his department store as well as his house in Bremen. The sales continued to decline. The posters „Don't buy from Jews!" could no longer be overlooked by anyone and were followed by more and more buyers.

Department store Leonard Tietz, Cologne

Bamberger's situation in Bremen turned out to be so difficult that he decided to give up the department store in 1936. It was his life's work, but he realized that he no longer stood a chance in this city.

After extremely difficult negotiations with various interested parties, he found a buyer in the Cologne-based Kaufhof Inc. It belonged, before the so-called „Aryanization", to the Tietz Group - Tietz, of Leonard Tietz, who was forced by the NS to sell his department store in Cologne in 1936.

After the signing, they met at "Grossmann", a red wine house in Bremen. At the time, Bamberger had no idea that the information about the sale of his store had meanwhile reached Berlin. After the signing, an employee from the Chamber of Commerce visited the festive gathering.

He brought a telegram from Berlin, which was read aloud to those present:
Notarized contracts recently concluded between Bamberger and Kaufhof are to be canceled immediately. - Stop. -

Er bringt ein Telegramm aus Berlin, das den Anwesenden vorgelesen wird:
Soeben abgeschlossene notarielle Verträge zwischen Bamberger und Kaufhof sind sofort zu annullieren. – Stopp. – Partei wünscht Aufteilung des Geschäftes unter dem bremischen Einzelhandel. – Stopp – Partei wünscht Abbruch aller Verhandlungen. – Stopp – Unterschrift: Stellvertreter des Führers, Hess.

Die Bremer Gestapo hat ihre Finger im Spiel. Der Mann von der Handelskammer ist begleitet von Wilhelm Parchmann, der Julius Bamberger schon 1933 verhaftet und verhört hatte.

Nun überrascht er Bamberger, indem er sagt:
Ich möchte Ihnen einen guten Rat geben. – Verlassen Sie so schnell wie möglich die Stadt. Ich werde Ihre erneute Verhaftung um keinen Tag hinausschieben können.

Einerseits die Katastrophe schlechthin, andererseits eher verwunderlich, dass gerade Parchmann ihm die Gelegenheit gibt zu fliehen. Julius Bamberger schreibt später, dass er nicht einmal mehr in sein Haus in der Parkallee gegangen sei, weil er dort die Gestapo bereits vermutete.

Institut Fisher

1. April 1937

Zeugnis

Wir, die Unterzeichnenden, bestätigen hiermit, dass
Fräulein Anneliese Bamberger
vom 23. April 1936 bis heute Schülerin an unserem Institut war. Während ihres Unterrichts an unserem Institut belegte Fräulein Bamberger Kurse in Sprachen, Handarbeit und Hauswirtschaft. Bamberger hat uns sowohl in ihrem Verhalten als auch durch ihre Zuverlässigleit und ihren Fleiß während des Unterrichts stets zufrieden gestellt.

Edith C. Fisher

Julius Bamberger schildert seine Flucht:
Ich erreichte die Schweiz über Konstanz, indem ich mit Hilfe von dortigen Freunden über den Bodensee geschmuggelt wurde. In der Schweiz bekam ich einen Flüchtlings-Aufenthaltsschein für die Dauer von sechs Wochen.

Sein Ziel ist Montreux, wo die Zwillinge Englisch und Französisch lernen. Sie treffen sich, und Julius reist zunächst allein weiter nach Paris, wo inzwischen Julius' Bruder Curt wohnt, der schon früher geflohen war.

Friedel bleibt in Bremen. Warum sie nicht mit ihnen geht oder hinterher fährt, ist ebenfalls nicht bekannt. Sie ist Christin und insofern eine Person, der die Nationalsozialisten Rassenschande vorwerfen, weil sie sich mit einem Juden eingelassen hat. Ob dies für sie eine Rolle spielt und wenn ja, welche; wir wissen es nicht.

The party wants the business to be divided among the Bremen retail trade. - Stop - The party wishes to break off all negotiations. - Stop - Signed: Deputy of the Fuehrer, Hess.

Bremen Gestapo had its fingers in the game. The man from the Chamber of Commerce was accompanied by Wilhelm Parchmann, who had already arrested and interrogated Julius Bamberger in 1933. This time, he surprised Bamberger by saying:

I would like to give you some good advice. - Leave the city as quickly as possible. I will not be able to postpone your rearrest by even a day.

On the one hand, it was a total catastrophe. On the other hand, it was rather miraculous that Parchmann had just given him an opportunity to flee. Julius Bamberger later wrote that he didn't even go back to his house in Parkallee, suspecting the Gestapo might be there.

It is not documented how he got to Switzerland. His destination was Montreux, where the twins were learning English and French.

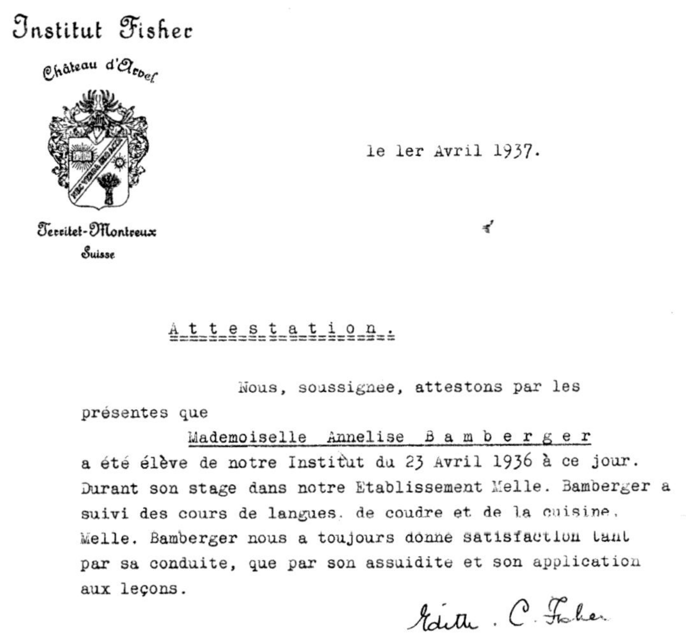
Institut Fisher
Château d'Arvel
Territet-Montreux
Suisse

le 1er Avril 1937.

Attestation.

Nous, soussignee, attestons par les présentes que
Mademoiselle Annelise Bamberger
a été élève de notre Institut du 23 Avril 1936 à ce jour. Durant son stage dans notre Etablissement Melle. Bamberger a suivi des cours de langues. de coudre et de la cuisine. Melle. Bamberger nous a toujours donné satisfaction tant par sa conduite, que par son assuidite et son application aux leçons.

Edith C. Fisher

Institut Fisher

April, 1st, 1937

Certification

We, the undersigned, hereby certify that
Miss Anneliese Bamberger
was a student at our institute from April 23rd, 1936 to the present. During her training in our institute Miss Bamberger took courses in languages, sewing and cooking. Bamberger has always given us satisfaction by her conduct, her assiduity and her applivation to lessons.

Edith C. Fisher

They reunited, and Julius initially traveled onward alone to Paris where Curt, Julius' brother, who had fled earlier, was living in the meantime.

Friedel stayed in Bremen. It is unknown why she did not accompany or follow them. She was a Christian, and in this respect, a person whom the National Socialists could accuse of racial defilement for being involved with a Jew. Whether this played a role for her or not is unknown.

Erik Uriarte

Erik ist der Sohn von Karen Uriarte, geb. Graysen. Er wurde 1978 geboren und war gerade zehn Jahre alt, als er mit seiner Familie von Los Angeles in den Norden Kaliforniens nach Sonoma County gezogen ist. Erik hat noch einen Bruder, der an diesem Buchprojekt nicht teilnehmen wollte. Ihr Vater war aus Nicaragua in die USA geflüchtet.
Erik war viele Jahre Soldat im U.S. Marine Corps, auch an einflussreichen Stellen. Das habe ihn geprägt, sagt er.
Inzwischen ist er Rabbi geworden und hat in dieser Funktion mittlerweile seine dritte Stelle angenommen. Nach einem Jahr in einer Gemeinde in Long Island, New York – dort ist dieses Interview geführt worden – ist er inzwischen mit seiner Frau Jenna nach Columbia, North Carolina gezogen und lehrt dort in der jüdischen Gemeinde.

*

Kannst du mir erzählen, wie ein normaler Tag für einen jüdischen Rabbi in New York aussieht, wenn es nicht Freitag ist?

Na ja und selbst wenn es Freitag ist, gibt es nicht wirklich einen normalen Tag. Es ist einer dieser Jobs, bei denen, und das liebe ich daran, jeder Tag anders ist. An manchen Tagen rufe ich vielleicht Leute an, die krank sind. Dann rufe ich einfach Leute an, die ich schon lange nicht mehr gesehen oder gesprochen habe. Oder ich unterrichte. Es ist also wirklich sehr schwer zu sagen, was ich jeden Tag mache, jeder Tag ist anders.

Normalerweise versuche ich einfach, der Gemeinschaft zu helfen, sich zu organisieren und zu wachsen und zu lernen und für sie da zu sein, wenn sie es braucht oder zu helfen, wenn jemand einen kranken Verwandten hat oder selbst im Krankenhaus liegt. Dann versuche ich, den Rest der Gemeinschaft zu erreichen und zu sagen: „Hey, diese Person braucht Hilfe, lasst uns tun, was wir für sie tun können."
Ich liebe die Tatsache, dass ich nicht weiß, was ich jeden Tag tue, wenn ich ins Büro komme, wenn ich überhaupt ins Büro komme, denn an manchen Tagen fahre ich herum und treffe mich mit Leuten oder arbeite von zu Hause aus. Das ist das, was ich genieße.
Früher war es eine viel größere Gemeinde, in meiner Synagoge leben etwa 135 Familien. Aber diese Synagoge hatte vor vielen Jahrzehnten noch fast 1000 Familien. Dann hat es sich verändert, weil die Leute älter wurden und wegzogen. Und nun ist dieser Teil von New York ein wichtiger Ort für orthodoxe Juden geworden. Wir hier sind Reformjuden. Wir sind also alle jüdisch, aber wir haben eine unterschiedliche Glaubenspraxis und Vorstellungen, da gibt es nicht viele Überschneidungen.
Es sind auch Leute weggezogen, da die Lebenshaltungskosten hier viel höher geworden sind, darum

Erik Uriarte

Erik is the son of Karen Uriarte, née Graysen. He was born in 1978 and just ten years old when he moved with his family from Los Angeles to Sonoma County in northern California. He has another brother who did not want to participate in this book project. Their father came to the United States as a refugee from Nicaragua.
Erik was a soldier in the U.S. Marine Corps for many years and held some influential positions there. That shaped him, he says.
Since then, he has become a rabbi and has recently accepted his third position in this career. After a year in a congregation in Long Island, New York, where this interview was conducted, he has since moved with his wife, Jenna, to Columbia, North Carolina, where he now works in a Jewish community.

*

Can you tell me what a normal day for a Jewish Rabbi in New York looks like when it's not Friday?

Well, even when it is Friday, there's not really a normal day. It's one of those jobs where, and that's the thing that I love about it, it is different every day. Some days I may be calling people who are sick. Some days I may be just calling people that I haven't seen or talked to in a while. Some days I'm teaching - I teach online on Wednesday evenings. So really, it's a very hard job to say what I do every day because every day is different.
Usually I'm just trying to help the community build and grow and learn and just be there for them when they need it and help to facilitate. If somebody has a sick relative or if they're in the hospital, then I try to reach out to the rest of the community and say, hey, this person needs some help, and let's do what we can for them.
I love the fact that I don't know what I'm doing every day when I walk into the office, if I even walk into the office, because some days I'm driving around and meeting with people or working from home. That's what I enjoy.
It used to be a much larger community. My synagogue has about one hundred and thirty-five families in it, but this synagogue used to have almost a thousand families many, many decades ago. There've just been changes in the area as people grow older and people move away. And now this part of New York has become a big place for Orthodox Jews, and we are reform Jews. So we're all Jewish, but we have different practices and ideas. And so there's not a lot of overlap. So as people have moved away, as the cost of living here has become much higher, the community has shrunk in terms of numbers.

And today is Friday. Is it a special day for you?

Yes, so tonight is Shabbat or the Sabbath. So the weekly Sabbath for Jews begins at sundown on Friday night and lasts until sundown on Saturday night. And that's our big day where people come, and we have a prayer service and there's singing and there are certain prayers. I usually will give a sermon about something that both draws from the Bible but also is relevant today, usually pulling from a current event to impart a message.
And, you know, when we're not in the middle of a pandemic, it also is the big time where the community can come together. People would bring food to share. And just to see each other and meet each other if they haven't seen them for a couple of days, weeks, months, or years, whatever. So it's a very social gathering. And the challenge has been, how do we still do that and stay safe when there's still a pandemic going on?

You have only been here for a short time, so have you had to get to know a lot of new people?

Und heute ist Freitag. Das ist ein besonderer Tag für dich?

Ja, also heute Abend ist Schabet oder Sabbat? Der wöchentliche Schabet beginnt für Juden mit dem Sonnenuntergang am Freitagabend und dauert bis zum Sonnenuntergang am Samstagabend. Das ist unser großer Tag, an dem die Leute kommen und wir einen Gebetsgottesdienst abhalten, bei dem gesungen wird und gebetet. In der Regel halte ich dann eine Predigt über ein Thema, das einerseits aus der Bibel stammt, aber auch in der heutigen Zeit relevant ist. Normalerweise greife ich ein aktuelles Ereignis auf, um eine Botschaft zu vermitteln.
Und weißt du, wenn wir nicht gerade mitten in einer Pandemie stecken würden, ist das auch die schöne Zeit, in der die Gemeinde zusammenkommen kann.
Die Leute bringen Essen mit und teilen es. Einfach nur, um sich zu sehen und sich zu treffen, wenn man sich ein paar Tage, Monate oder Jahre nicht gesehen hat. Es ist also ein sehr geselliges Beisammensein. Und die Herausforderung bestand darin, wie wir das tun und sicher bleiben können, wenn eine Pandemie im Gange ist.

Du bist erst seit kurzer Zeit hier, also musst du viele neue Leute kennenlernen?

Ja, ich bin seit Juli 2021 hier. Meine Frau und ich sind von Montana hierher gezogen. Ich war drei Jahre lang in Billings, Montana, in einer jüdischen Gemeinde. Es ist nicht üblich, dass ein Rabbiner nur ein Jahr an einem Ort bleibt, aber die Gemeinde hier hatte bestimmte Anforderungen. Also kam ich für ein Jahr dazu, um ihnen dabei zu helfen, einen Rabbiner zu finden, der für mehrere Jahre hier bleibt. Wir werden also im nächsten Sommer an einen neuen Ort umziehen, aber wo das sein wird, wissen wir noch nicht genau.
Ich liebe die Veränderung. Normalerweise sage ich, ihr könnt mich in jeder Stadt absetzen und ich werde wahrscheinlich am Ende des Tages eine Einladung zum Abendessen haben. Ich bin ein sehr zugänglicher Mensch und lerne gerne neue Orte kennen. Ich habe schon überall auf der Welt gelebt. Ich habe in Japan, Korea und Israel gelebt, ich mag es also, neue Dinge zu erleben.
Meine Frau hingegen ist eher ein Mensch, der sesshaft werden möchte und das spüre ich auch. Wir suchen also wirklich nach einem Ort, an dem wir für einige Jahre oder sogar für den Rest meiner Karriere in einer Gemeinschaft leben und ein Zuhause haben und Wurzeln schlagen können.

Du bist ein Mensch, der die Nähe zu anderen Menschen sucht?

Oh, absolut. Es ist absolut gut für meinen Job. Weißt du, etwas, das man spürt, vor allem so wie in Billings, Montana, einer Stadt mit 110.000 Einwohnern und einer jüdischen Gemeinde, in der die Synagoge nicht im selben Gebäude untergebracht ist. Das ist nur ein sehr, sehr kleiner Teil der Stadt. Aber es sind Menschen, die dort seit Generationen leben. Ich treffe den Bürgermeister und den Polizeichef und das sind Menschen, die ich als Freunde betrachte, auch sie sehen es so, weil sich unsere Gemeinschaft sehr von ihnen unterscheidet. Fast die gesamte Stadt ist christlich, aber sie sahen uns trotzdem als ihre Nachbarn an, auf die sie aufpassen wollten.
Tatsächlich, wenn man unter Billings Montana Hanukkah nachschlägt, kann man lesen, dass es dort vor 27, 28 Jahren einen Vorfall gab, bei dem weiße Rassisten und Neonazis versuchten, schwarze Kirchen, die jüdische Gemeinde und amerikanische Ureinwohner anzugreifen.
Wenn man sich heute Billings anschaut, sieht man: Das ist ein Ort, der sehr weiß und sehr christlich und konservativ ist und man würde denken: „Oh, was wird hier wohl passieren?" Die ganze Stadt hat sich zusammengerauft und gesagt: „Wisst Ihr, diese Leute sind unsere Nachbarn. Ihr seid die Außenseiter, die Ärger machen wollen, also haut ab!"
Ich finde es erstaunlich, wenn man über die Kämpfe spricht, die Juden hier und in der ganzen Welt mit Antisemitismus und schwarze Amerikaner mit Rassismus hatten, an einem Ort zu sein, an dem man so denken könnte und in der Tat dachte der Ku-Klux-Klan: „Oh, dies wird ein Ort sein, an dem wir akzeptiert werden", um dann zu erfahren, dass sie sie doch nicht haben wollten.
Eines der Dinge, die ich an meinem Job liebe, vor allem, wenn ich in kleineren Städten bin, die weit

Montana for three years at a Jewish community out there. It's not usual that a rabbi is only in a place for one year, but there are certain needs that the community here needed. So I came on board for a year to help them through some things so that they could have a rabbi who would be here for multiple years. But we're going to be moving on to a new place next summer, and where that is, we don't quite know yet.
So I love change. I usually say, you can drop me in any city and I'll probably have an invite to dinner by the end of the day. I'm a very personable individual, and I like getting to know new places. I've lived all around the world. I've lived in Japan and Korea and Israel, so I like experiencing new things. My wife, on the other hand, is more of a person who wants to settle down, and I'm feeling that too. So we're really looking for a place where we can be in a community for a number of years or even the rest of my career and have a home and put down roots.

Are you the type of person who looks for exchange with other people?

Oh, absolutely.
It's absolutely good for my job. You know, one of the things that you find, especially somewhere like Billings Montana, a city of 110,000 with a Jewish community, where the synagogue is not housed in the same building - that's a very, very small part of the city, but there are people who have lived there for generations. I met the mayor, I met the police chief, and these are people whom I consider friends. They also saw our community as being very different from theirs. Virtually the entire town is Christian, but they still saw us as being their neighbors that they wanted to look out for.
And in fact, you can actually go and look up Billings, Montana Hanukkah. And there was actually an incident that happened there about 27, 28 years ago now, where white supremacists and neo-Nazis tried to come in, and they attacked black churches, attacked the Jewish community, attacked Native Americans.
And you look at Billings and you see, oh, this is a place that is very white and very Christian and conservative, and you'd think, oh, what's going to happen here? But the entire city banded up and said, you know, these people are our neighbors. You people are outsiders trying to cause trouble. So get out, you know.
I think that's an amazing thing when you talk about the struggles that Jews have had here and all over the world with anti-Semitism, and Black Americans with racism- to be in a place where you might think, and in fact, the Ku Klux Klan thought, oh, this is going to be a place where we're going to be accepted, only to be told, we don't want you here.
So one of the things that I love about the job, especially when I'm in the smaller cities that are away from New York and Los Angeles, is that I get a chance to be a community leader. I get a chance to be an ambassador and one of the representatives of Judaism, not only in that city, but for American Jews everywhere. So I love to be able to meet with and interface with people who maybe know that the Jews are in a particular town but don't really know much about them or who they are. And just help to build the common bonds and make sure that we all consider ourselves neighbors with our differences and our similarities.

And for you personally, did you prefer living in Billings or here?

I would have liked to have stayed in Billings. I mean, I was there for three years. It was a small city, so a lot of people knew me, and I knew a lot of people. Coming out here to New York, I mean, New York City has arguably more Jews in one city than any other city in the world, including in Israel. So it's very different being here where you're just one of a number, and there are different kinds of synagogues, and people are trying to figure out where they go - versus in Billings, where there's only one synagogue.
And so everybody, though they may have different backgrounds and ideas about what it means to be Jewish, has somewhere where they can be orthodox, where they can be conservative, where they can be reformed…

weg von New York und Los Angeles liegen, ist, dass ich die Möglichkeit habe, eine gewichtige Rolle in der Gemeinde zu übernehmen. Ich habe die Möglichkeit, Botschafter und Repräsentant des Judentums zu sein, nicht nur in dieser Stadt, sondern für alle amerikanischen Juden. Ich liebe es also, Menschen zu treffen und mit ihnen in Kontakt zu treten, die vielleicht wissen, dass es in einer bestimmten Stadt Juden gibt, aber nicht wirklich viel über sie wissen oder wer sie sind und einfach dabei zu helfen, gemeinsame Bande zu knüpfen und sicherzustellen, dass wir uns alle als Nachbarn verstehen, mit unseren Unterschieden und unseren Gemeinsamkeiten.

Und ist es für dich persönlich besser, in Billings oder hier zu sein?

Ich wäre gerne in Billings geblieben. Ich meine, ich war dort drei Jahre lang und es war eine kleine Stadt, also kannten mich viele Leute, ich kannte viele Leute. Als ich hierher nach New York kam, gab es in New York City wohl mehr Juden in dieser Stadt als in jeder anderen Stadt der Welt, auch in Israel. Es ist also etwas ganz anderes, hier zu sein, wo man nur einer von vielen ist und es gibt so viele verschiedene Arten von Synagogen und die Leute müssen herausfinden, wo sie hingehen. Im Gegensatz zu Billings, wo es nur eine einzige Synagoge gibt.
Und so hat jeder, ob orthodox, konservativ oder reformiert, eine andere Vorstellung davon, was es bedeutet, Jude zu sein und mit welchem Hintergrund.

Und erzählst du mir etwas über deine Gemeinde hier?
Ist es eine besondere Gemeinde?

Ja, also diese Gemeinde gibt es schon seit über hundert Jahren. Weißt du, du kannst sehen, wenn man reingeht, dass der Tempel Israel in Lawrence absolut wunderschön ist. Ich war begeistert, als ich ihn zum ersten Mal sah und dies war wirklich eine der wichtigsten Gemeinden des Reformjudentums, einer der jüdischen Konfessionen, nicht nur in dieser Gegend, sondern in ganz New York City.

OK. Neues Thema. Bremen. Erzähl mir etwas über deinen Besuch dort.

Ich möchte etwas zurück gehen, bevor ich auf Bremen komme.
Ich trage überall, wo ich hingehe eine Kippa. Als ich in Billings war, trug ich sie die ganze Zeit. Obwohl innerhalb meiner Konfession, dem Reformjudentum, einige Rabbiner sie nur tragen, wenn sie einen Gottesdienst abhalten. Aber ich finde, es ist eine sehr wichtige Sache, es ist fast wie eine Uniform. Sie verkündet, dass ich Jude bin und dass ich keine Angst habe, Jude zu sein.
Ich hatte diesen Gedanken auch, bevor ich nach Deutschland ging und ich habe sogar mit Leuten darüber gesprochen und sie gefragt:
„Ich gehe nach Deutschland. Soll ich eine Kippa tragen? Soll ich mir einen anderen Hut besorgen? Was soll ich tun?"
Ich habe eine Entscheidung getroffen. Ich wollte mir eine Kappe nehmen, wenn ich rüber fahre. Darunter würde ich immer noch die Kippa tragen, aber ich würde mir eine Kappe nehmen und mit der Lufthansa nach Bremen fliegen. Ich trug sie die ganze Zeit, als ich auf dem Münchner Flughafen war. Ich trug sie auch als ich in Bremen ankam.
Als du Jerzy, Sonya und mich dann auf den großen Platz vor dem Rathaus mitgenommen und uns vom Roland und der Geschichte Bremens erzählt hast, dass es nämlich eine sehr offene Stadt ist – entschied ich mich zu sagen: „Ich werde die Kappe nicht mehr tragen."

And tell me a bit about your community here. Is it a special community?

Yes. So this community has been around for over 100 years. You'll see when we go in that the sanctuary is absolutely gorgeous. I was in awe when I first saw it. This was really sort of a major community in Reform Judaism, which is one of the denominations of Judaism, not only in this area but in all of New York City.

Tell me a bit about your visit to Bremen...perhaps some of the emotional parts?

I want to take you back to before I even went to Bremen.
I wear a Kippa everywhere I go. When I was in Billings, I wore it all the time. Even though within my denomination, Reform Judaism, some rabbis only wear it when they're doing religious services. But I feel like it's a very important thing. It's almost like a uniform. It announces that I am Jewish, and I'm unafraid to be Jewish.
And so I had this thought before going to Germany, and I even talked to people. I said, hey, I'm going to Germany. Should I wear a Kippa? Should I get another hat? You know, what should I do?
And I made the decision. I was going to get a cap to go over it. I would still wear this underneath, but I would get a cap. And flying out to Bremen on Lufthansa, I wore it the whole time. When I was at the Munich airport, I wore it there. When I got to Bremen, I wore it there.
And then when you took me and Jerzy and Sonya out to the big plaza in front of the government building and told us about Roland and told me about the history of Bremen and how it was a very open city, I made the decision to say, you know what, I'm not going to wear this anymore. And so when we met with the mayor, I just had my Kippa. And the entire visit there I had my Kippa on.
And so I think I had this assumption that maybe it wasn't safe for me to publicize the fact that I was Jewish. But very quickly I realized that not only was it okay, but it was also welcomed in a lot of ways. You know, here I am, a descendant of Julius Bamberger, who had a very difficult history in Bremen toward the end, and I could return as a rabbi.
Now I am a rabbi and unafraid to be Jewish, unafraid to be the thing that caused him *(Julius Bamberger, E.B.)* to have to flee the country of his birth. And so I was really taken aback in a good way by the welcoming and the warmth that I received from everybody that I met. And I made the decision that this is a place I want to come back to and visit more. I don't know that I had a lot of preconceived notions about what it would be like in Germany, but that little bit of fear that I had was totally gone with the welcome that I received.

And you saw a lot of places of the family. Which places were especially important for you?

I think seeing the government hall was incredibly special and important because of the history, because of how far back it went - to the 1500s. I had come to learn about Bremen being part of the Hanseatic League and this idea of, you know, multiethnic people from many different countries in this collection. They were very liberal because you had to get along with your neighbors.
So to see all of that history really made me understand and appreciate Bremen as the place that my family grew up in and thought of as their home and then had to be forced to leave.
It was interesting seeing the family home. It was a little bit more difficult to see that because, here is where my family lived and had to flee. And now, you know, another family was occupying it as their business. And I know that that's the nature of how things go, but still, it made me really think of how quickly we can lose things and how difficult it may be to get them back.
But honestly, seeing the Bamberger name on the front of the Volkshochschule, that was amazing because I knew that there was an intention behind rebuilding the building as it was. It wasn't just like, oh, we're going to pretend like the history of this place didn't happen. It was fully embracing it. It was an opportunity to say, this is the person who built this building. And the most incredible thing to me being in there was that this was taken away from my great grandfather.
I've seen the documentary where he was about to sell it, and then the party came in and took everything away from him and he had to flee Germany.

Und als wir uns mit dem Bürgermeister getroffen haben, hatte ich meine Kippa auf und den ganzen weiteren Besuch auch.
So war es wirklich, ich glaube, ich hatte die Vermutung, dass es vielleicht nicht sicher für mich war, öffentlich zu zeigen, dass ich jüdisch bin. Aber es wurde mir sehr schnell klar, dass es nicht nur in Ordnung war, sondern dass es sogar willkommen war. Sie wissen hier, dass ich ein Nachkomme von Julius Bamberger bin, der am Ende eine sehr schwierige Geschichte in Bremen hatte. Und ich kehrte zurück und konnte als ein Rabbiner zurückkehren.
Jetzt bin ich Rabbiner und habe keine Angst davor, Jude zu sein, keine Angst davor, das zu sein, was ihn *(Julius Bamberger, E.B.)* dazu gebracht hat, aus seinem Geburtsland zu fliehen. Ich war auf eine gute Art und Weise wirklich verblüfft, denn ich wurde von allen, die ich traf, willkommen geheißen, dass ich die Entscheidung treffen konnte: „Dies ist ein Ort, an den ich zurückkehren und ihn öfter besuchen möchte."
Ich weiß nicht, ob ich viele Bedenken hatte, wie es in Deutschland sein wird, aber die wenige Angst, die ich hatte, war mit dem Empfang, den ich erhielt, völlig verschwunden.

Und du hast viele Orte der Familie gesehen? Welcher Ort war für dich besonders wichtig?

Ich glaube, das Rathaus zu sehen, war wegen seiner Geschichte, die bis ins 15. Jahrhundert zurückreicht, unglaublich eindrucksvoll und besonders. Aufgrund dessen, was ich über Bremen als Teil der Hanse gelernt hatte, und aufgrund dieser Idee von multiethnischen Menschen aus vielen verschiedenen Ländern in dieser Zusammensetzung. Sie waren sehr liberal, weil man mit seinen Nachbarn auskommen musste.
Diese ganze Geschichte zu sehen, hat mich Bremen als Ort wirklich verstehen und schätzen gelehrt, an dem meine Familie aufgewachsen ist und den sie als ihre Heimat betrachtete, bevor sie gezwungen wurde, ihn zu verlassen.
Es war interessant, das Haus der Familie zu sehen. Aber es war auch ein bisschen schwierig, das zu sehen, denn hier hat meine Familie gelebt und musste fliehen. Und jetzt nutzt eine andere Familie das Haus für ihre Geschäfte. Ich weiß, dass das der Lauf der Dinge ist. Aber trotzdem hat es mich sehr nachdenklich gemacht, wie schnell wir etwas verlieren können und wie schwierig es sein kann, es wiederzubekommen.
Aber ehrlich gesagt, als ich den Namen Bamberger auf der Fassade der Volkshochschule sah, war das erstaunlich, weil ich wusste, dass hinter dem Wiederaufbau des Gebäudes, eine Absicht stand und es ging darum, sie voll und ganz zu akzeptieren. Es war eine Gelegenheit zu sagen: „Das ist die Person, die dieses Gebäude gebaut hat."
Und das Unglaublichste für mich war, dass es meinem Urgroßvater weggenommen wurde.
Ich habe den Dokumentarfilm gesehen, in dem gezeigt wird, wie er es verkaufen wollte und dann kam die Partei und nahm ihm alles weg und er musste aus Deutschland fliehen.
In das Gebäude hineinzugehen und so viele verschiedene Menschen aus so vielen verschiedenen Ländern zu sehen, so viele verschiedene Sprachen von Menschen zu hören, die aus Orten mitten im Krieg, mitten aus religiöser Intoleranz in der ganzen Welt geflüchtet sind, das war einfach unglaublich bedeutungsvoll – dass das Gebäude wegen Hass weggenommen worden war und es als ein Ort der Verständigung und des Zusammenkommens neu gestaltet worden ist und den Menschen die Freiheit gibt, von dem, womit sie in ihren Heimatländern zu kämpfen hatten, in ein neues Leben zu kommen.

Lass uns über den Holocaust und die nächste Generation sprechen. Julius, dein Urgroßvater, hat Schreckliches erleben müssen, seine Kinder auch. Ändert sich diese wirklich schlimme Geschichte in der nächsten Generation oder ist sie so präsent, wie sie war?

Es ändert sich definitiv. Und zur Erläuterung, ich habe meinen Universitätsabschluss, bevor ich Rabbiner wurde, in Politikwissenschaft und Geschichte gemacht. Außerdem war ich beim United States Marine Corps im militärischen Geheimdienst. Ich habe mich also mit terroristischen Gruppen und

And to go in and see so many different people from so many different countries, to hear so many different languages of people who are refugees from places in the middle of war, in the middle of religious intolerance from all around the world, I think that was just so incredibly meaningful. That the building had been taken away because of hatred but had been re-crafted as a place of understanding and coming together and giving people the freedom to come away from what they were dealing with in their home countries to a new life.

Let's talk about the Holocaust and the next generation. Julius, your great grandfather, had to experience horrible things, his children too. Does this horrible story change with the next generation, or is it present as before?

It definitely changes. Just for a little bit of context, I have a degree that I got from a university before I became a rabbi in political science and history. I also was in the United States Marine Corps in military intelligence. So I studied, you know, terrorist groups and things like that. So the way I look at a lot of these things is from the lens of history and politics and sociology and everything.
So what we're seeing, I think, is what happens with every horror and tragedy throughout history. The Holocaust is unfortunately no different. The further away you get from the people that actually experienced it and from the real visceral emotion, the more it becomes just what's in a textbook. I think people lose sight of the impact that it has. It becomes only something horrible that we read about that happened in the distant past. I mean, in a couple of decades, it'll be 100 years old. It may as well be ancient history. And I'm very dismayed at some of the studies that I read about how the younger generations don't really know what the Holocaust is. They can't identify when it happened in history. They don't know how many people, Jewish or otherwise, were killed in the camps, what the politics were behind it, or what caused it to happen.
So I think that it becomes more difficult in a very unavoidable way as more and more of the people who lived and experienced it die from old age. It becomes harder and harder to tell the story. I think that history is one part facts on the page but also the stories that can be told about it. And without the emotion of people who lived that experience, it's hard to tell the story for all of the lessons that could be learned from it. So it's definitely difficult.
I mean, my grandmother *(Anneliese Bamberger, E.B.)* never talked about it. In fact, whenever you brought up what happened in Germany before, she had to leave... She thought that the Kaiser still ran Germany. She created this whole history in her head, possibly because she couldn't come to full grips with everything that she went through in order to tell the story.
I don't fault her for that at all. I know some people who can tell the story and who go out and make it, you know, as they get older and older. Their wish is that before they pass on, they're able to tell the story to as many people as they can. But as we lose those people to time, to history, to age, it becomes so much more difficult.
I think it's vital to keep that memory alive as a warning. To not go down that road again, and unfortunately, we've gone down that road many times in many different places in the world since the Holocaust. I wish that that was the last time that we saw genocide happen in the world. Unfortunately, it's not. There were many before and there were many after.

So it's also dangerous for young people to think that it's far away.

It is, because I think that when you just look at it as history of words on the page, you miss the whole scope of it. You can think ,oh, the United States didn't even enter the war until 1941, so you don't even bother to see what happened before that... you could actually pinpoint any number of events that created the steps that led to the Holocaust. You could go back to the beer hall putsch. You can go to the enabling act of 1933. You can go to Kristallnacht. You can look at all of these events, and I think a lot of people would say, oh, I would speak out against it if it ever happened. But they're only looking at when it got really, really bad and when people were being put into trains and carted off and never came back. But it started almost fifteen, twenty years before all of the little steps. And so

ähnlichen Dingen beschäftigt. So habe ich gelernt, viele dieser Dinge durch die Brille der Geschichte, der Politik, der Soziologie zu betrachten.
Was wir hier sehen, ist meiner Meinung nach das, was bei jedem Horror und jeder Tragödie in der Geschichte passiert. Der Holocaust ist da leider nicht anders. Je weiter man sich von den Menschen entfernt, die ihn tatsächlich erlebt haben und je mehr man sich von den sehr realen Gefühlen entfernt, desto mehr wird es nur noch zu etwas, das in einem Lehrbuch steht. Ich glaube, die Menschen verlieren den Blick für die Auswirkungen, die es hat. Es wird nur noch zu etwas Schrecklichem, das in der fernen Vergangenheit passiert ist und worüber wir nur noch lesen.
In ein paar Jahrzehnten wird es 100 Jahre her sein. Es könnte genauso gut eine alte Geschichte sein. Ich bin sehr bestürzt über einige der Studien, die ich darüber gelesen habe, dass die jüngeren Generationen nicht wirklich wissen, was der Holocaust ist, dass viele nicht wissen, wann er in der Geschichte stattgefunden hat. Sie wissen nicht, wie viele Menschen, ob Juden oder andere, in den Lagern umgebracht wurden, welche politischen Hintergründe es gab und was die Ursache dafür war.
Ich denke also, dass es auf eine unvermeidliche Weise immer schwieriger wird, die Geschichte zu erzählen, je mehr Menschen, die das erlebt haben, sterben. Ich denke, dass Geschichte zum einen aus Fakten besteht, zum anderen aber auch aus den Geschichten, die darüber erzählt werden können. Und ohne die Emotionen der Menschen, die diese Erfahrung gemacht haben, ist es schwer, die Geschichte mit all den Lehren, die man daraus ziehen könnte, zu erzählen. Es ist also definitiv schwierig.
Meine Großmutter *(Anneliese Bamberger, E.B.)* hat nie darüber gesprochen. Immer wenn darüber gesprochen wurde, was in Deutschland geschehen war, musste sie weggehen. Sie dachte, dass der Kaiser immer noch Deutschland regiert, sie hat diese ganze Geschichte in ihrem Kopf erschaffen, vielleicht weil sie sich nicht darauf einlassen konnte, die Geschichte zu erzählen, die ihr passiert war.
Ich werfe ihr das überhaupt nicht vor. Ich kenne einige Menschen, die die Geschichte erzählen können und die, je älter sie werden, den Wunsch haben, dass sie, bevor sie sterben, die Geschichte so vielen Menschen wie möglich erzählen können. Aber wenn wir diese Menschen mit der Zeit verlieren, an die Geschichte, an das Alter, dann wird es viel schwieriger.
Ich denke, es ist wichtig, diese Erinnerung als Warnung am Leben zu erhalten. Dieser Weg sollte nie wieder beschritten werden, doch leider wurde er seit dem Holocaust an vielen verschiedenen Orten der Welt immer wieder eingeschlagen. Ich wünschte, das wäre das letzte Mal gewesen, dass wir einen Völkermord auf der Welt erlebt haben. Leider ist das nicht der Fall. Es gab viele davor und es gibt viele danach.

Es ist also auch eine Gefahr für junge Leute zu denken, dass es weit weg ist?

Das ist es auch, denn ich glaube, wenn man es nur als eine Geschichte von Wörtern auf einer Seite betrachtet, verpasst man das ganze Ausmaß. Man kann denken: "Oh, die Vereinigten Staaten sind ja erst 1941 in den Krieg eingetreten, also schaut man gar nicht erst, was davor passiert ist. Man könnte eigentlich eine ganze Reihe von Ereignissen aufzählen, die die Schritte zum Holocaust ausgelöst haben. Man könnte bis zum Bierhallenputsch zurückgehen. Man kann bis zum Ermächtigungsgesetz von 1933 zurückgehen. Man kann bis zur Kristallnacht zurückgehen, man kann all diese Ereignisse betrachten und ich glaube, viele Leute würden sagen: „Oh, ich würde mich dagegen aussprechen, wenn es jemals passieren würde", weil sie nur dann darauf schauen, wenn es wirklich, wirklich schlimm wurde und die Menschen in Züge gesteckt und weggekarrt wurden und nie mehr zurückkamen.
Aber das begann bald 15, bald 20 Jahre vorher mit all den kleinen Schritten. Und ohne diesen Kontext, ohne die Geschichten, wie es immer schlimmer und schlimmer und schlimmer wurde, aber nur sehr geringfügig, haben sich einige Leute einfach entschieden, es nicht zu sehen.
Es gibt also immer die Schwierigkeit, wie wir diese Sache lehren können, nicht im Sinne von: „Oh, das war schrecklich und wir sollten es nie wieder tun", sondern auch, um die Schritte zu erkennen,

without that context, without the stories of how it kept getting worse and worse, but only very slightly, you know, some people just choose not to look at it.
It becomes harder to teach it to the next generation because they may not have the sense of time. I mean, if you go to someone who's seven years old or ten years old or twelve years old and you try to tell them all of this history that happened over years that led up to the Holocaust, they might have a hard time understanding it.
So there is this difficulty of, how do we teach this thing not as, oh, this was horrible, and let's never do it again, but also to recognize the steps that led up to it and to be able to speak out when they happen.

When you look at young people today who are spending a lot of time on the internet and social media, there is a very prominent theme of hate. Is there a similarity to what happened then?

Absolutely! I think that the internet has been one of the greatest blessings and one of the greatest curses that we have in the world. We have this concept in Judaism. We don't really believe in good and evil in the same way that Christians believe in good and evil, at least not within humans. We believe in two concepts called the Yetzer Ha-Tov und Yetzer Ha-Ra *(The good and the bad, E.B.)* So you can translate it as Yetzer, which means like the inclination or the urge, and Tov means good and Ra means bad.
But whenever I teach about it, I usually teach it as one being selfless and giving to others and the other being selfish. And so this is the way that I tend to look at people, things, and everything in life. That almost 99.9% of the people and the things in this world have some benefits and come with some kind of cost. And it's the same thing with the internet.
The internet provides us access to information that we never would have had available to us. You know, we'd have to go to the library. We'd have to know where the book is. We'd have to go to university, we'd have to find a professor. But now if I want to know something, I can just google it. I can go to Wikipedia. You know, the first time I heard the story of Julius Bamberger, I was looking up his German Wikipedia page and then just hitting a button that said Translate from German to English. I couldn't have done that twenty years ago.
You know, unless I wanted to learn German or find out that it even existed in German, or find somebody who could translate it for me. But the downside is that when you have all of that available to you, it can easily be manipulated.
You google one thing and it'll come up with a whole bunch of different web pages to go and find out more about that thing. But you don't know what the bias is of the person that's telling you. You don't know if when you look up the history of Auschwitz, or Treblinka, or Theresienstadt, or something like that, if you're coming to a site that has careful accounting of the horrors and the killings that happened there, or if you're coming to a site where somebody is denying that it ever existed and saying that all of this is made up by somebody, you know, to get what they want.
And so it does become much more difficult when you have access to all of this information. And I usually try to say it's harder to find an answer when you don't even know the question. So if we can't teach the younger generation how to ask critical and good questions, then they can easily be manipulated into receiving answers that push a political agenda one way or the other.
Which is not to say that politics is bad. If I'm looking at something that's going on in Israel, I'll pull it up. I'll pull up: what does The Jerusalem Post say? What does Ha'aretz say? Because one is a right-leaning newspaper and one is a left-leaning newspaper. And I read Hebrew, so I can mix the two together and find it. Oh, this is what this side is saying, and this is what this side is saying. The facts are somewhere in the middle, but it's good to know what everybody's agenda is.

Do you think the situation here in the U.S. is the same as in Europe or in Asia or is the situation different and better?

I love to say that Julius Bamberger, my grandmother, and her brother came to America. My father is

Wenn man sich die jungen Leute heute ansieht, die viel Zeit im Internet und in den sozialen Medien verbringen, dann gibt es da heute ein wirklich großes Thema: Hass. Ist es etwas Ähnliches?

Auf jeden Fall! Ich denke, dass das Internet einer der größten Segnungen und einer der größten Flüche ist, die wir auf der Welt haben. Wir sehen das auch im Judentum. Wir glauben nicht wirklich an Gut und Böse, so wie die Christen an Gut und Böse glauben, zumindest nicht bei den Menschen. Wir glauben an zwei Konzepte, die Yetzer Ha-Tov und Yetzer Ha-Ra genannt werden. Man kann es so übersetzen, dass Yetzer so etwas wie die Neigung oder der Drang bedeutet, und Tov bedeutet gut und Ra bedeutet schlecht.
Aber wann immer ich darüber lehre, lehre ich es gewöhnlich so, dass der eine selbstlos ist und anderen das Richtige gibt und der andere egoistisch ist. Und das ist die Art und Weise, wie ich dazu neige, Menschen, Dinge, alles im Leben zu betrachten, denn fast 99,9 % der Menschen und Dinge in dieser Welt haben einen gewissen Nutzen und sind mit einem gewissen Preis verbunden. So ist es auch mit dem Internet.
Das Internet verschafft uns Zugang zu Informationen, die uns sonst nie zur Verfügung gestanden hätten. Wir hätten in die Bibliothek gehen müssen. Wir müssten wissen, wo das Buch steht. Wir müssten in die Universität gehen und einen Professor finden. Aber jetzt kann ich, wenn ich etwas wissen will, einfach googeln. Ich kann zu Wikipedia gehen.
Das erste Mal, als ich die Geschichte von Julius Bamberger hörte, habe ich seine deutsche Wikipedia-Seite aufgesucht und dann einfach auf die Schaltfläche „Vom Deutschen ins Englische übersetzen" gedrückt. Das war vor 20 Jahren nicht möglich.
Es sei denn, ich wollte Deutsch lernen oder herausfinden, dass es das Buch überhaupt auf Deutsch gibt und jemanden finden, der es für mich übersetzen kann. Aber der Nachteil daran ist, dass man das alles, was einem zur Verfügung steht, leicht manipulieren kann.
Wenn man eine Sache googelt, erscheinen eine Menge verschiedener Webseiten, auf denen man mehr über diese Sache herausfinden kann. Aber man weiß nicht, welche Voreingenommenheit die Person hat, die das schreibt. Man weiß nicht, ob man, wenn man die Geschichte von Auschwitz oder Treblinka oder Theresienstadt oder etwas Ähnliches nachschlägt, auf eine Seite stößt, die die Schrecken und das Töten, das dort geschah, sorgfältig auflistet, oder ob man auf eine Seite stößt, auf der jemand leugnet, dass es jemals existiert hat, und sagt, dass all das von jemandem erfunden wurde.
Und so wird es viel schwieriger, wenn man Zugang zu all diesen Informationen hat. Ich versuche immer zu sagen, dass es schwieriger ist, eine Antwort zu finden, wenn man die Frage gar nicht kennt. Wenn wir also der jüngeren Generation nicht beibringen können, kritische und gute Fragen zu stellen, dann können sie leicht manipuliert werden, um Antworten zu erhalten, die eine politische Agenda in die eine oder andere Richtung fördern.
Was nicht heißen soll, dass Politik schlecht ist. Wenn ich mir also etwas ansehe, was in Israel vor sich geht, dann schaue ich nach: Was steht in der Jerusalem Post? Was steht in Ha'aretz? Denn die eine ist eine rechtsgerichtete Zeitung und die andere ist eine linksgerichtete Zeitung. Und ich lese Hebräisch, also kann ich beides miteinander vermischen und es finden. Oh, das sagt diese Seite. Das sagt die andere Seite. Die Fakten liegen irgendwo in der Mitte, aber es ist gut zu wissen, was die Agenda der anderen ist.

Glaubst du, dass die Situation hier in den USA die gleiche ist, wie in Europa oder in Asien, oder ist die Situation anders und besser?

Ich liebe es zu sagen, Julius Bamberger und seine Kinder – meine Großmutter und ihr Bruder – sind nach Amerika gekommen. Mein Vater stammt aus Nicaragua, er floh vor einer politischen Revolution und kam nach Amerika. Die Vereinigten Staaten waren trotz des Antisemitismus, der im 17. und 18. und sogar im 20. und mancherorts im 21. Jahrhundert noch herrschte, für das jüdische Volk eines der freundlichsten Orte der Welt, weil es dort kein Establishment der Religionen gab.
Heute ist das Land sehr stark vom Christentum geprägt und je nachdem, wo man sich befindet, ändert

from Nicaragua, and he fled a political revolution there and came to America. The United States, even with some of the anti-Semitism that existed in the 17th, 18th, and even the 20th and in some places the 21st century, has still been one of the friendliest places to the Jewish people in the world because there was no establishment of religion.
The country is very heavily influenced by Christianity, and what Christianity is changes depending on where you are. But without, you know, this is the religion of the government. There was a lot of freedom for Jewish people to come here and build their own communities and be thought of as equals in business, government, law, and in families and communities.
Personally, I believe that this is where I want to be. I have an opportunity to apply for German citizenship. I have an opportunity to apply for Israeli citizenship. But I am a citizen of the United States. I served in the United States military. I don't fault anyone. I think it's a little ironic that there are people who have earned passports to Germany, to Spain, to Portugal, to Poland… places where their ancestors were kicked out of, and now they have the opportunity to earn citizenship and passports there.

I think it's a little ironic that there are some people who say, well, at least I have my German passport in case things get really bad here in the United States, or at least I have my Israeli passport in case things get bad in the United States.
For me, maybe this is just because I am a military person, but I would stay and try to make sure that the people who needed to flee could do so. I would fight for them, but I certainly don't look down on anybody who would want to do that.

There are a lot of people in your family who have received a German Passport over the years. They say it's like a full circle for them.

And I can certainly see that. I can certainly see the idea that it is. You know, again, where our ancestor was forced to flee with nothing, they are able to have citizenship there in return. And I definitely see the value in that. It's not the same thing for me. You know, I don't look down on anybody who makes that decision, but it's not really a decision that I want to make for myself.

Okay. Thank you very much

Thank you very much.

sich, was Christentum bedeutet. So oder so, das ist nun die Religion der Regierung. Jüdische Menschen hatten viel Freiheit, hierher zu kommen, ihre eigenen Gemeinschaften aufzubauen und in der Wirtschaft, in der Regierung, im Recht, in den Familien und in den Gemeinden als gleichberechtigt angesehen zu werden.
Ich persönlich glaube, dass ich gerne genau hier sein möchte. Ich habe die Möglichkeit, die deutsche Staatsbürgerschaft zu beantragen. Ich habe die Möglichkeit, die israelische Staatsbürgerschaft zu beantragen, aber ich bin Bürger der Vereinigten Staaten. Ich habe im Militär der Vereinigten Staaten gedient. Ich werfe niemandem etwas vor, aber ich finde es als ein wenig ironisch, dass es Menschen gibt, die sich Pässe für Deutschland, Spanien, Portugal und Polen verdient haben, für Orte, aus denen ihre Vorfahren vertrieben wurden und sie nun die Möglichkeit haben, dort die Staatsbürgerschaft und Pässe zu erhalten.
Ich finde es ein wenig ironisch, dass es Leute gibt, die sagen: „Na ja, wenigstens habe ich meinen deutschen Pass, falls die Dinge hier in den Vereinigten Staaten wirklich schlimm werden, oder wenigstens habe ich meinen israelischen Pass, falls die Dinge in den Vereinigten Staaten schlimm werden."
Vielleicht liegt das daran, dass ich ein Militärmensch bin, aber ich würde bleiben und versuchen, dafür zu sorgen, dass die Menschen, die fliehen müssen, dies auch tun können. Ich würde für sie kämpfen, aber ich sehe sicher nicht auf jemanden herab, der dies nicht tun möchte.

Es gibt viele Personen in deiner Familie, die inzwischen einen deutschen Pass haben. Sie sagen, es ist so etwas wie ein Kreis für sie.

Und das kann ich durchaus auch sehen. Ich kann diese Idee, dass es so ist, durchaus sehen. Weißt du, noch einmal, von dort, wo unsere Vorfahren gezwungen waren, mit nichts zu fliehen, können sie im Gegenzug die Staatsbürgerschaft bekommen und ich sehe definitiv einen Wert darin.
Es ist aber keine Entscheidung, die ich für mich selbst treffen möchte.

OK. Ja, ja. Ich danke dir sehr.

Ich danke dir vielmals.

Karen Uriarte, geb. Graysen

Karen ist 1952 in einem Vorort von Los Angeles geboren und dort auch aufgewachsen. Gelernt hat sie Arzthelferin und viele Jahre in einer Praxis gearbeitet, bis sie mit ihrem Mann und den zwei Söhnen in den Norden von Kalifornien, nach Sonoma County gezogen ist.
Hier hat sie auch ihre Vorliebe für Käse entdeckt. Geruch, Geschmack und auch den Flair von Käse liebt sie und hat mehr als 20 Jahre mit Begeisterung in einem Gourmet Käseladen feinste Käsesorten verkauft. Einen Lieblingskäse hat sie nicht, da gibt es für sie weltweit zu viele sehr delikate Sorten.
Auch wenn sie inzwischen im Ruhestand ist, macht es ihr immer noch Spaß ein paar Tage in der Woche dort zu arbeiten.
Heute lebt sie mit ihrem jetzigen Partner Michael Costello in einem Haus auf dem Land. Sie reisen viel und gerne, auch nach Europa.

*

Wie oft warst du in Bremen?

Zweimal. Ja, das erste Mal in 2000 und es hatte nichts mit dem Gebäude zu tun. Es hatte damit zu tun, dass die Regierung in Bremen die Leute wieder einlud. *(In den 90er Jahren gab es eine Einladung an Familien und ihre Nachkommen, die während des Nationalsozialismus aus der Stadt vertrieben wurden, E.B.)* Janet und ich, Emily und Jalena gingen auf diese Reise. Die Leute waren sehr gastfreundlich und sehr interessiert, weil wir die Töchter von Anneliese Bamberger waren. Die meisten in unserer Gruppe waren Menschen, die selbst aus Deutschland geflohen waren und nun zurückkamen. Einige hatten ihre Töchter und Söhne dabei, erwachsene Töchter und Söhne. Aber Janet und ich waren ohne Anneliese.

Das war eine nette Gruppe aus den ganzen Vereinigten Staaten. Wir machten uns mit Bremen vertraut, und mir fiel auf, wie freundlich und gastfreundlich alle waren. Wir gingen mit Günther *(Günther Rohdenburg ist der Verfasser des ersten Buches über die Flucht der Familie Bamberger aus Bremen, E.B.)* zu einem Mittagessen, das von einer Gruppe von Gymnasiasten ausgerichtet wurde, die gerade aus Israel zurückgekehrt waren.
Wenn ich mich richtig erinnere, dann ging es darum, dass die deutsche Regierung nicht wollte, dass die nächsten Generationen vergisst, was in den 30er und 40er Jahren geschah und sie wollten es weiterhin in die Geschichtsbücher schreiben und es nicht vergessen lassen.
Ich fand das sehr interessant und begrüßte es, dass sie wollten, dass die jungen Leute das immer behalten, denn bei uns versuchen sie in den Büchern, unsere Geschichte umzuschreiben und unsere ganze Geschichte mit der Revolution *(die Studentenunruhen in den 1960er Jahren, E.B.)* und all dem herauszunehmen.

Karen Uriarte, née Graysen

Karen was born 1952 and raised in a suburb of Los Angeles. She trained as a physician's assistant and worked in a doctor's office for many years until she moved to Sonoma County in northern California with her husband and two sons.
It was here that she discovered her love of cheese. She loves the smell, taste, and also the flair of cheese and enthusiastically sold the finest cheeses in a gourmet cheese store for more than twenty years. She does not have a favorite cheese, as there are too many very delicate varieties for her worldwide. Even though she is now retired, she still enjoys working there a few days a week.
Today she lives in the country in a beautiful house together with current partner Michael Costello. They enjoy traveling a lot, also to Europe.

*

How many times have you been to Bremen?

Twice. I was there the first time in 2000, and it had nothing to do with the Bamberger building. It had to do with the government inviting people back.
I can't remember what that appointment was called. So actually, Janet, myself, Emily, and Jalena came on that trip, and it was a very welcoming feeling. People were very interested in us because we were the daughters of Anneliese Bamberger instead of returnees, because most of the people in our group were people who had had to leave Germany and had come back.
And some of the people had daughters and sons with them, grown daughters and sons. But Janet and I were without Anneliese.
The group was a nice group of people from all over our country, all over the United States, familiarizing themselves again with Bremen. The thing that stood out to me was how friendly and welcoming everyone was. And we had gone to a luncheon with Günther *(Günther Rohdenburg is the author of the first book about the escape of the Bamberger family from Bremen, E.B.)* that was hosted by a group of high school students who had just returned from Israel.
And if my memory recalls correctly, since it was a long time ago, the German government did not want the next generations to forget what happened in the thirties and forties. They wanted to continue to write it in the history books and not let it be forgotten.
I found that very interesting and wonderful to see that they wanted the young people to still have this because here, our history books are trying to rewrite our history and take all of our history out with the revolution *(of the student revolts in the 1960s, E.B.)* and all that.
That was one thing that stood out in my mind. Another was that I had gone across the street from our hotel to a little souvenir shop. I walked in and I was looking around, and the person that was working there had asked me if I needed help. I was looking for a beer stein for Erik because he asked me to bring him one, and the young person was very interested. I said I don't speak German, and they said they spoke English and asked me what I was doing visiting. I told him why we were there and that I was the granddaughter of Julius Bamberger. And this young person, I would say in their 30s, maybe knew who that was and was very interested in knowing about that.
I just assume that it's because when you're in Bremen, the name Bamberger is in the sky, it is on the building, so everybody knows that name.
Another memorable thing was when we visited a woman who had gone to school with Anne. It was also very interesting to meet her. She remembered her as being funny and bubbly and having an outgoing personality. And, you know, kind of the light of the school of that group of girls.

Did you talk to your mother about this visit?

No, no. When I left Southern California, I didn't connect with my mother very much, very often. I didn't have a great relationship with my mother, and she was not available emotionally for me, being

Das war also eine Sache, die mir besonders im Gedächtnis geblieben ist. Und dann war ich auf der anderen Straßenseite von unserem Hotel zu einem kleinen Souvenirladen gegangen. Ich ging hinein und schaute mich um und der Mann, der dort arbeitete, hat mich gefragt, ob ich Hilfe bräuchte. Ich war auf der Suche nach einem Bierkrug für Erik, weil er mich gebeten hatte, ihm einen mitzubringen. Der junge Mann war sehr interessiert und ich sagte, ich spreche kein Deutsch. Und er sagte, er spricht Englisch und fragte mich, warum ich hier in Bremen bin. Ich sagte ihm, warum ich hier bin und dass ich die Enkelin von Julius Bamberger bin. Diese junge Person, ich glaube um die 30 Jahre alt, wusste gleich, wer das war und war sehr daran interessiert.
Ich nehme an, das liegt daran, dass in Bremen der Name Bamberger in den Himmel geschrieben steht, er steht oben an dem Gebäude, also kennt jeder diesen Namen. Ein weiterer denkwürdiger Moment war, als wir eine Frau besuchten, die mit Anne zur Schule gegangen war. Es war sehr interessant, sie zu treffen, und sie erinnerte sich an sie. Sie erinnerte sich daran, dass sie lustig und lebhaft war und eine aufgeschlossene Persönlichkeit hatte, sie sei so etwas wie das Licht dieser Gruppe von Mädchen gewesen.

Hast du mit deiner Mutter über diesen Besuch gesprochen?

Nein, nein. Als ich aus Südkalifornien weggezogen bin, hatte ich nicht sehr viel Kontakt zu meiner Mutter, nicht sehr oft. Ich hatte keine gute Beziehung zu meiner Mutter, sie war emotional nicht für mich erreichbar, ich war die Jüngste von den drei Schwestern.
Wenn ich kam, war sie nicht mehr so präsent wie früher. Ich habe also nie eine Verbindung oder Bindung aufgebaut, aber ich habe versucht, sie zu sehen, und – nein, ich habe nie mit ihr darüber gesprochen, weil uns immer gesagt wurde, dass wir das nicht dürfen. Ich weiß nicht einmal, ob sie wusste, dass ich dort gewesen bin, oder dass irgendjemand von uns nach Bremen gereist war, vielleicht hatte Lynne ihr davon erzählt.
Lynne hatte die stärkste Beziehung, die Stärke der Beziehungen mit meiner Mutter staffelt sich so: Lynne, Janet, Karen, immer und egal in welcher Phase unseres Lebens.
Janet zog dann weg. Als sich dann alle irgendwie zerstreuten und erwachsen wurden und ihr eigenes Leben führten, war das irgendwie auch nicht mehr der Fall. Ich habe sie angerufen. Wir haben telefoniert, wir haben miteinander gesprochen, wir haben sie gesehen. Lynne hat für sie Geburtstagsfeiern in ihrem Haus ausgerichtet und wir kamen zu diesen Feiern und so weiter. Aber auf einer alltäglichen Grundlage oder auf der Grundlage einer wirklichen Mutter-Tochter-Beziehung war da nichts.

Du hast nicht mir ihr über ihre Vergangenheit gesprochen.

Nein, uns wurde gesagt, dass wir das nicht sollten. Das war nicht gut, weil es sie beunruhigen könnte und dazu führen würde, dass sie die Fassung verliert.

Lass uns noch über den Holocaust sprechen. Erinnerst du dich, wann du das Wort Holocaust zum ersten Mal gehört hast als du jung warst?

Oh, ich kann mich nicht mehr genau erinnern, aber ich bin mir sicher, dass es in der Religionsschule war. Ich ging in die Sonntagsschule und ich bin sicher, dass es dort war. Ich kann mich nicht daran erinnern, dass jemals in meiner Familie darüber gesprochen wurde. Und ich kann mich nicht einmal daran erinnern, dass ich viel darüber erfahren habe, was meine Mutter durchgemacht hat, bis später und fast bis zu dem Zeitpunkt, als das alles anfing und wir das erste Mal nach Deutschland eingeladen wurden. Ich habe das Gefühl, wenn ich heute zurückgehen könnte, würde ich es wahrscheinlich anders machen.

the youngest of the three. By the time I came around, she was not as present as she was with them. So I really never made a connection or a bond, but I would try to see her. I really never had any conversations with her about any of this because we were always told not to.
I don't even know if she knew that I or any of us had been traveling to Bremen, maybe Lynne had told her about that. Of all of us, I think Lynne was closest to her. The relationship went Lynne, Janet, Karen with my mother. Always, no matter what stage of our lives.
Janet moved away, so when everybody sort of dispersed and became adults and had their own lives, it just sort of didn't happen. You know, I called her, we talked on the phone, we'd see her. Lynne would have birthday parties for her at her house, and we'd come down for that. That kind of thing. But on a day to day basis or on a basis of having a mother-daughter relationship, it just wasn't there.

Did you talk with her about her past?

You know, we were instructed not to. That wasn't a good thing to do because it would set her off and cause her to not be in a good place.

Let's talk about the Holocaust. Do you remember the first time you heard the word Holocaust? Perhaps when you were young?

Oh, I don't remember an exact time, but I'm sure that it was in religious school. I went to Sunday School, and I'm sure that it was there, but I don't have a vivid recollection of ever having conversations about it in my family or being told about it. I don't even recall getting very much information about what my mother went through until later on when all of this started, being invited back to Germany the first time.
Yeah. You know, I feel like now, if I could go back, I would probably do it differently.

Do you talk with young people about the Holocaust today?

It's never gone from my mind, but it's not something that I discuss with anybody. If I'm having a conversation with someone about my mother, I will say my mother was a victim of the Holocaust.
Well, then, there's also the situation where you think about how they got out, they were lucky and that there are so many people who weren't that lucky.
And so when you think about groups of people my age who had family members who never made it out, or the children were sent ahead and their parents never made it, it makes me think, well, I was pretty lucky.
And then for me, it was the emotional damage to my mother that made it emotional damage to me. It should never be forgotten, that's for sure. But I'm kind of isolated here, with the pandemic starting and me retiring from my job and not really being in the public much.
I'm trying to remember if I discussed it with many people. It's not something that you just bring up in conversation. It's something that has to be opened to, you know. You don't just sit there and say, oh, well, my mother was a victim of the Holocaust. What do you think about the Holocaust? So no, I don't really talk very much about it.
But I can never forget because the scars are there.

But it's also about passing on the story to young people to make them aware of what can happen.

I mean, Erik is obviously very aware of it given what he does for work. My younger son is not as aware of it. I don't think that he really thinks about it much. Unfortunately, my younger son is also mentally ill, so he is kind of off in his own direction. I mean, he knows his grandmother's story. He thought grandma was really funny all the time. She made him laugh, and my kids really loved her. But we moved away from there, and so there wasn't the connection there as deeply as, say, Lynne had with her kids and the connection later on with Emily.

Sprichst du heute mit jungen Leuten über den Holocaust?

Es geht mir nie aus dem Kopf, aber ich spreche mit niemandem darüber. Allerdings, wenn ich mit jemandem über meine Mutter spreche, würde ich immer sagen, dass meine Mutter ein Opfer des Holocausts war. Nun, dann ist da noch die Situation, dass sie entkommen sind. Sie hatten Glück, und es gab so viele Menschen, die nicht so viel Glück hatten.
Wenn ich an Menschen in meinem Alter denke, die Familienmitglieder hatten, die es nicht geschafft haben – manchmal wurden deren Kinder vorausgeschickt und die Eltern haben es nicht geschafft haben, dann denke ich: Na ja, ich hatte ziemlich viel Glück! Der emotionale Schaden, den meine Mutter erlitten hat, der hat auch einen emotionalen Schaden für mich verursacht hat.
Nein, das sollte nie vergessen werden, das ist sicher. Aber ich lebe hier ziemlich abseits und seit dem Beginn der Pandemie und mit meinem Ausscheiden aus dem Beruf bin ich nicht wirklich viel in der Öffentlichkeit.
Ich weiß gar nicht, ob ich mit vielen Leuten darüber gesprochen habe. Es ist ja nichts, was man einfach so in ein Gespräch bringt. Man muss sich dafür erst öffnen, man kann nicht einfach sagen: Oh, meine Mutter war ein Opfer des Holocaust. Was denkst du über den Holocaust. Also ich spreche nicht mehr so viel darüber. Aber ich werde es nie vergessen können, die Narben sind schließlich noch da.

Es geht ja auch darum, es jungen Leuten weiter zu geben, was alles passieren kann.

Erik ist sich offensichtlich sehr bewusst, bei allem, was er tut. Kevin, mein jüngerer Sohn ist sich dessen nicht so bewusst. Ich glaube nicht, dass er wirklich viel darüber nachdenkt. Er geht deshalb irgendwie seinen eigenen Weg. Er kennt die Geschichte seiner Großmutter. Er fand Oma immer sehr lustig. Sie brachte ihn zum Lachen. Meine Kinder haben sie wirklich geliebt.
Aber wir sind dann von dort weggezogen. Darum gab es keine so tiefe Verbindung zu ihr, wie Lynnes Kinder sie hatten oder später auch Emily. Sie hatte das Glück, ihre Zeit zu opfern und in den letzten Jahren tatsächlich bei ihr zu leben. Das war eine ganz besondere Erfahrung für sie. Und sie wird dir sicher alles darüber erzählen, da bin ich mir sicher.

Denkst du, dass der Holocaust in der nächsten Generation einen immer kleiner werdenden Einfluss haben wird?

Die einzigen jungen Leute, die ich wirklich mal treffe, sind Jerzy und Jalena, und sie sind sehr engagiert. Sie engagieren sich sehr für die jüdische Gemeinschaft. Ich glaube, wenn mein Sohn hier Rabbiner wäre und nicht in New York, würde ich mich mehr für die jüdische Gemeinde engagieren. Das ist eine große Sache in den Vereinigten Staaten, die wahre Geschichte aus unseren Geschichtsbüchern zu entfernen; von den amerikanischen Indianern über die Sklaven bis hin zu den Flüchtlingen. Sie versuchen, sie zu beschönigen. Damit es verschwindet. Also, der Holocaust... Ich habe seit meiner Highschool-Zeit kein Geschichtsbuch mehr in die Hand genommen, also weiß ich nicht wirklich, was da los ist.
Ich werde es jedenfalls nie vergessen. Ich denke, oberflächlich betrachtet versuche ich, nicht daran zu denken, weil es so viel Schaden angerichtet hat.

Und denkst du, dass die Geschichte jungen Menschen die Augen öffnen kann, um zu sehen, was heute ist, worum wir uns kümmern müssen?

Das hoffe ich natürlich. Ich bin mir aber nicht ganz sicher, ob die jungen Leute das wirklich interessiert. Ich habe das Gefühl, dass die jungen Leute heute sehr Ich-bezogen sind und nicht zurück denken in die Geschichte und was in der Welt passiert.

Emily was fortunate enough to be able to give her time and actually live there in those last few years. That was quite an experience for her, and she'll tell you all about it, I'm sure.

Do you think the Holocaust will have less of an influence on the next generation or not?

I do. I do, because it's not in my life with being around young people. The only ones that I can really connect to about it are Jerzy and Jalena, and they are very much involved in it and involved with the Jewish community. And I think that if my son were a Rabbi here rather than in New York or if I was where he was, I would be more involved with the Jewish community. This is a big thing in the United States - taking true history out of our history books and from all angles, from the American Indians to the slaves to the refugees. They try to whitewash it, you know, make it go away.
So about the Holocaust, I haven't picked up a high school history book since I was in high school, so I don't really know what is going on.
I won't forget it ever. But I guess, on the surface, I tend to try not to think about it because of the damage that it has done.

Do you think history can open the eyes of young people to see what's going on today and what we should really care about?

Well, I certainly hope so. I'm not quite sure if the population of young people really care. I feel like young people today are are becoming very self-centered, you know, and not thinking back about the history of what's going on in the world.

Karen and her sisters Lynne (left) and Janet

You know that hate is a very big topic on the internet and on social media these days. What do you think about that?

I think the hate that's going on on the internet is being fueled by the people who want to continue the hate and not so much by the people who want to stop the hate, unfortunately.

Heute im Internet und in den sozialen Gemeinschaften ist Hass eine sehr große Geschichte. Wie denkst du darüber?

Ich denke, dass der Hass, der im Internet entsteht, von den Leuten geschürt wird, die den Hass fortsetzen wollen, und nicht so sehr von den Leuten, die den Hass stoppen wollen. Leider!

Letztes Thema. Du hast die deutsche Staatsbürgerschaft bekommen. Was bedeutet das für dich?

Ja, meine Schwestern und ich, wir haben sie bekommen. Der eine Teil der Bamberger Familie hat sie seit einiger Zeit. Lynne hat die Einbürgerungspapiere schon bekommen. Janet und ich, wir warten noch drauf.
Meine Schwestern und ich haben uns zusammen getan und füllten den ganzen Papierkram aus und reichten ihn ein. Es hat also fast zwei Jahre gedauert, bis das passiert ist.
Und was bedeutet das für mich? Nun, eine Menge verschiedener Dinge.
Das erste, was mir in den Sinn kommt, ist ein Fluchtweg aus den Vereinigten Staaten, falls das angesichts der Verrücktheit, die hier herrscht, jemals notwendig sein sollte.
Zweitens weiß ich, dass einige Leute sagen werden: Warum willst du jemals dorthin zurückkehren, nach allem, was passiert ist? Und die wenigen Male, die ich in Bremen war, habe ich es wirklich genossen. Ich habe die Stimmung gespürt, die Menschen waren so einladend und sehr freundlich. Es fühlt sich auch so an, als würde sich ein Kreis schließen. Der Kreis ist geschlossen.
Da sind meine Wurzeln. Obendrein stammte die Familie meines Vaters ursprünglich aus Osteuropa. Es ist also so, als würde man zu seinen Wurzeln zurückkehren.

Ich danke dir. Ich danke vielmals.

Danke schön. Sind wir fertig? Oh Gott, das war einfach.

Last topic. You have received German citizenship. What does that mean for you?

Yeah, my sisters and I just got it. The Bambergers got it a long time ago. Lynne got the naturalization paper. I haven't had a chance to do that yet. All of my sisters and I got together and filled out all the paperwork and submitted it. It took almost two years for that to happen. So what does that mean to me? Well, a lot of different things. The first thing that comes to my mind is an escape route from the United States, if that's ever necessary with the craziness that goes on here. The second thing is, I know that some people will say, why would you ever want to go back there with what has happened? And I'd like to give a chance for people to make up. And the few times I've been to Bremen, I've really enjoyed it. I felt the vibe. The vibes from the people were very welcoming and very friendly. So, I just think that it almost feels like it's closing the circle. The circle is completed. This is where my roots are. Also, my father's family was from Eastern Europe originally, so it's like going back to your roots.

Thank you. Thank you very much.

Thank you. Are we done? Oh gosh, that was easy.

Michael Costello

Michael Costello ist 1945 geboren und in Pasadena nahe Los Angeles aufgewachsen. Zum Studieren ging er nach Berkley/ San Francisco und hat die Studentenbewegung mit vielen Protestmärschen von manchmal hunderttausenden Studenten begeistert mitgemacht. Gleichzeitig hat der Rock 'n' Roll ihn nicht mehr losgelassen.
Michael hat Makrobiotik studiert, später aber lieber als Bauunternehmer gearbeitet und nördlich von San Francisco viele Häuser gebaut.
Dort wohnt er auch heute noch, inzwischen zusammen mit Karen Uriarte in dem alten Haus seines Vaters. Dies hat er zerlegt, über viele hundert Meilen hierher transportiert und wieder aufgebaut.

*

Du bist mit Karen in Bremen gewesen. Es ist für dich natürlich eine ganz andere Geschichte als für sie, dorthin zu gehen. Was war für dich wichtig auf der Reise?

Na ja, ich bin hingefahren, um sie zu begleiten und auch, um Bremen zu sehen. Und ich kannte ja einiges von der Geschichte. Wir waren erst seit sechs Monaten ein Paar. So erfuhr ich viel mehr darüber, was mit ihrer Mutter und Julius passiert war. Über die Geschichte der Familie, von der ich nach meinem Besuch in Bremen noch mehr erfuhr, aber ich wusste im Grunde, was passiert war.

Ich wusste von ihrer Flucht durch Frankreich und wie sie mit dem Schiff nach New York kamen und schließlich in Kalifornien landeten.
Ich kannte also diese Geschichte. Nicht in allen Einzelheiten, aber im Wesentlichen. Und ich wusste auch, dass Karens Mutter durch ihre Erlebnisse schwer geschädigt worden war und dass dies Auswirkungen auf Karen hatte, als sie klein war.
Aber ich bin wirklich nach Bremen gefahren, um zu sehen, wo ihre Familie herkommt und um die Reise nach Bremen mit ihr zu genießen.
Ich fühlte mich zu Karen hingezogen, weil sie sehr realistisch ist. Sie ist sehr ehrlich und gerade heraus. Die Dinge, die ihr in ihrer Jugend widerfahren sind, haben sie – ich will nicht sagen beschädigt – aber es war schwierig für sie. Und ich kann mir vorstellen, dass das einer der Gründe ist, warum sie mir sehr realistisch vorkommt. Sie hat keine Hemmungen. Sie hat nicht diese sozialen Hemmungen, die viele Leute haben.

Hat die Bamberger Geschichte etwas daran geändert, wie du heute über den Holocaust denkst?

Ich glaube nicht, dass ich mehr darüber gelernt habe. Ich wusste eine Menge über den Holocaust, weil ich diese Zeit und die Geschichte studiert habe. Ich wusste ziemlich genau über Hitler Bescheid und wie er die Bevölkerung beeinflusst hat. Und wie er die Juden behandelt hat. Nicht nur die Juden, sondern auch die Sinti und die armen Leute.
Es gab also diese Tendenz in Überlegenheit und Unterlegenheit zu denken. Das war es, womit Hitler

Michael Costello

Michael Costello was born in 1945. He grew up in Pasadena near Los Angeles. Michael went to Berkley San Francisco to study and participated wholeheartedly in the student movement - there were many protest marches of up to several hundred thousand students. To this day, Rock 'n' Roll has never left him.
Michael studied macrobiotics but later worked as a contractor, building many houses north of San Francisco.
He still lives there now with Karen Uriarte in his father's old house, which he disassembled, transported many hundreds of miles, and rebuilt.

*

You were with Karen in Bremen. For you, it's of course a very different experience to go there as it is for her. What was important to you on that trip?

Well, I went to accompany her and also to see Bremen. And I knew some of the stories. We had only been a couple for six months, so I learned more about what had happened with her mother and Julius and the family's story. I learned more of after my visit to Bremen than I knew beforehand, but I knew basically what had happened.
I knew about their escape through France and getting on the boat to New York and ending up in California.
So I knew that story. Not in great detail, but basically. I also knew that Karen's mother had been severely damaged by her experiences and that it had an effect on Karen when she was small. But I really went to Bremen to see where her family had come from and to enjoy Bremen with her.
I was attracted to Karen because she's very real. She's very honest and straightforward. So the things that have happened to her in her youth that made her, I don't know, I don't want to say damaged, but, you know, it's difficult for her. And I don't know if that's one of the reasons why she seems to be more real to me. You know, no inhibitions. She doesn't have those social inhibitions that a lot of people do.

When you think about the Holocaust now, does the Bamberger story have an influence?

I don't think I learned any more about it. I knew a lot about the Holocaust because I was a student and I studied the situation and the history. I knew in pretty good detail about Hitler, the way he influenced the population, and the way they treated the Jews. Not just the Jews, I mean the gypsies and poor people.
So there was the superiority inferiority issue, and that's what Hitler played on. So I understood all that pretty well. So, I don't think I learned much more about it by going to Bremen than I already knew about the basic situation, you know, with the treatment of the Jews.
Knowing someone who had suffered from that situation, it's interesting. We know that the effects of that do transfer from generation, to generation and I know that Jules's father was very similarly damaged, psychologically. And I have to assume that most Jews were psychologically damaged in that way.
You know, ironically, I can't help but think about what's going on in this country right now. The influence that our last president had *(meant is Donald Trump, E.B.)* and the way he sort of awakened and approved of latent prejudices in this country, of racism and classism. It's frightening to see that happening here. And I can't help but relate it to what happened in Germany in the thirties, and it is really quite a big issue for me.
I think that it's basically a seed that exists in the human being. And if that seed is fed, apparently, a lot of people are ready to express prejudice and racism and that feeling of superiority again. You know, the inferior people and the superior people.

spielte. Ich verstand das also alles ziemlich gut. Ich glaube also nicht, dass ich durch die Reise nach Bremen viel mehr darüber gelernt habe, als ich ohnehin schon über die grundlegende Situation wusste, was die Behandlung der Juden angeht.
Wenn man jemanden kennt, der unter dieser Situation gelitten hat, ist das interessant. Wir wissen, dass sich die Auswirkungen von Generation zu Generation übertragen, und ich weiß, dass Jules Vater in ähnlicher Weise geschädigt war. Psychologisch. Ich muss davon ausgehen, dass die meisten Juden auf diese Weise psychologisch geschädigt waren.
Weißt du, ironischerweise kann ich heute gar nicht anders, als über das nachzudenken, was in diesem Land gerade passiert, wirklich! Der Einfluss, den unser letzter Präsident hatte und die Art und Weise, wie er latente Vorurteile in diesem Land, also Rassismus und Klassengesellschaft, geweckt und bestätigt hat. Es ist erschreckend zu sehen, wie das in diesem Land geschieht. Und ich kann nicht anders, als mich an das zu erinnern, was in Deutschland in den 30er Jahren passiert ist, das ist wirklich ein großes Thema für mich.
Ich denke, dass es im Grunde ein Samen ist, der im Menschen existiert. Wenn diese Saat genährt wird, sind offenbar viele Menschen bereit, wieder Vorurteile und Rassismus und das Gefühl der Überlegenheit zu empfinden. Du weißt schon, die Unterlegenen und die Überlegenen.
Ich glaube, dass Trump das in vielerlei Hinsicht gefördert hat. Und ich traue ihm nicht einmal zu, dass er wirklich wusste, was er da tat. Ich glaube, er hatte Leute um sich herum und hinter sich mit speziellen Interessen, die ihn dazu brachten, Dinge zu sagen, Reden zu schreiben, die er lesen sollte. Aber er hat eine Persönlichkeit, die vielleicht – ich weiß nicht wirklich, wie Hitlers Persönlichkeit aussah, außer aus einigen Filmen von ihm, aber er hatte eine Art, Menschen anzusprechen, die der von Mussolini ähnlich war. Das war damals sehr überzeugend und ich sehe, wie sich die Menschen diesem Einfluss beugen.
Jedenfalls kann ich nicht anders, als in meinem Unterbewusstsein eine Verbindung zwischen den Ereignissen in Deutschland in den 30er Jahren und dem Aufstieg der Nazis und des Faschismus und dem herzustellen, was jetzt in diesem Land passiert. Das ist sehr beängstigend für mich.
Wenn man sieht, wie viel Prozent der Menschen in diesem Land Trump oder seine Ideen unterstützen, dann ist das wirklich erschreckend. Ich hätte das nie für möglich gehalten.

Glaubst du, dass junge Menschen, wenn sie viel über den Holocaust wissen, ihre Augen oder ihren Verstand besser nutzen können, um zu sehen, was ist und was passiert ist?

Nun, in den Schulen scheint es heute nicht viel Aufklärung über den Holocaust zu geben. Es ist kein Thema. Ich bin 1945 geboren, also bei mir war das Thema in der Schule noch ziemlich frisch. Ich habe also von klein auf viel darüber gelernt. Ich habe viel darüber gelesen. Je älter ich wurde, desto mehr verstand ich, warum es passiert ist.
Aber heute scheint das in den Schulen kaum noch ein Thema zu sein. Weißt du, die Geschichte des Holocaust und das Verständnis dafür, wie er sich in den 30er Jahren und der Depression entwickelte, und was zum Aufstieg des Nationalsozialismus führte, ich glaube nicht, dass Kinder und junge Menschen das heute wirklich gut verstehen.
Das gilt vielleicht nicht für Jerzy und die Kinder, die direkt mit der Situation zu tun haben, wie Karens Kinder und Jules Kinder und Jenifers Kinder, denn sie haben die Geschichte ja persönlich erlebt. Aber ich würde denken, selbst meine eigenen Kinder sind sich dessen nicht bewusst. Meine Tochter ist Lehrerin und sehr gebildet. Mein Sohn ist sehr gebildet, aber ich glaube nicht, dass einer von ihnen viel mit der Geschichte dieser Zeit in Berührung gekommen ist. Ich bin sicher, dass sie über den Holocaust Bescheid wissen. Ich bin auch sicher, dass sie wissen, was im Grunde genommen passiert ist, aber ich glaube nicht, dass sie das, was heute in diesem Land passiert, mit dem vergleichen, was damals in Deutschland passiert ist. Ich glaube nicht, dass sie in dieser Hinsicht das Verständnis haben. Weißt du, was ich meine? – Also, die Dinge verblassen.
Das ist wie mit der Behandlung der Ureinwohner dieses Landes durch die ersten Siedler aus Europa. Und jetzt haben wir Thanksgiving mit dieser Geschichte, wie wir dieses große Abendessen mit den Indianern hatten und oh, es war wunderbar.

And I think that Trump encouraged that in many ways. And I don't give him credit for knowing what he was doing, really. I think that he had people around him and behind him, special interests that led him to say things and wrote speeches for him to read.
But he had a personality that maybe – I don't know what Hitler's personality was like, except from some motion pictures of him – but he had a way of addressing people that was like Mussolini. Similar, you know. That was very persuasive then, and I could see how people would just bend to that influence.
So anyway, I can't help but relate in my mind, subconsciously, what happened in Germany in the thirties, the rise of Nazis and fascism, to what's going on in this country right now. It's quite frightening to me.
You know, when they get down to the percentages of people in this country who support Trump or the ideas that he put forward, it's frightening. I never would have believed it.

Do you think that when young people know a lot about the Holocaust, they can open their eyes and minds better in order to see it for what it was and what happened?

Well, there doesn't seem to be a lot of education about the Holocaust in schools today. It doesn't seem to be a point. I mean, I was born in 1945, so when I was in school it was quite fresh. You know, so I learned a lot about it from an early age. I read a lot about it. And as I got older, I understood more.
But it doesn't seem to be an issue in schools today very much at all. You know, the history of the Holocaust and an understanding of how it grew from the thirties and the depression, coming out of a depression, and what led to the rise of Nazism - I don't think that kids, young people today, understand that very well.
I mean, that may not be true of Jerzy and children that are directly related to the situation, like Karen's children and Jules's children and Jenifer's children, because they know the story quite well. But I would think, I mean, even my own children are not as aware. My daughter is a schoolteacher and well-educated. My son is well-educated, but I don't think that either of them encountered very much history of that time. I'm sure they know about the Holocaust. I'm sure they know basically about what happened, but I don't think that they compare what's happening today in this country to what was happening in Germany at that time. I don't think they're that sophisticated in that education. So things fade.
It's like the treatment of the indigenous people in this country by the first settlers from Europe. And now we have Thanksgiving with this story about how we had this big dinner with the Indians and oh, it was wonderful. – What was taught in early schooling for me was that the native inhabitants of this continent were grateful that the Pilgrims had come from Europe and settled in their areas. The story goes that they set up a big feast and invited the Europeans to eat with them in a sort of celebration. Everyone was happy and thankful.
In reality, the indigenous peoples who were living here were slaughtered and their property stolen from them - very tragic and shameful.

In Germany, there are more and more people who say we have to stop talking about it, we shouldn't continue to remember.
Can't you better look to the future when you know what happened in the past?

Well, sure. Yeah, well, that's true of all history, right? Yeah, but it's just unfortunate that there's such a large percentage of people who are just not curious about that, or, I hate to say they are ignorant, but basically, I'm afraid that's true. And the educational system in this country has gone downhill a lot since I was in school.
And there are a lot of things that they don't deal with. There used to be a class called social studies. In social studies, you studied society, and you understood the aspects of society and poverty and wealth and the different aspects of how they all work together and what it meant. That's gone. They

Indianern hatten und oh, es war wunderbar... Mir wurde in meiner Schulzeit beigebracht, dass die Ureinwohner dieses Kontinents dankbar waren, dass die Pilgerväter aus Europa sich bei ihnen niederließen und sie hätten die Europäer zu einem großen Festmahl eingeladen.
Alle seien glücklich und dankbar gewesen.
In Wirklichkeit wurden die Ureinwohner, die hier lebten, abgeschlachtet und ihres Eigentums beraubt. Sehr tragisch und beschämend.
Aber diese Geschichte verschwindet. Die Fakten verschwinden mit der Zeit, denke ich.

In Deutschland gibt es immer mehr Leute, die sagen, wir müssen aufhören, darüber zu reden, wir müssen aufhören, dass wir immer wieder daran erinnern. Aber kann man vielleicht besser in die Zukunft sehen, wenn man weiß, was in der Vergangenheit gewesen ist?

Na ja, klar. Ja, das gilt für die ganze Geschichte, richtig? Aber es ist einfach bedauerlich, dass es so viele Leute gibt, die einfach nicht neugierig sind, – also ich hasse es zu sagen, dass sie unwissend sind, aber im Grunde genommen befürchte ich, dass das wahr ist. Das Bildungssystem in diesem Land hat sich, seit meiner Schulzeit, sehr verschlechtert.
Es gibt viele Dinge, mit denen sie sich nicht beschäftigen. Früher hatte man Sozialkunde und Sozialkunde war ein Fach, in dem man sich mit der Gesellschaft beschäftigte und die Aspekte der Gesellschaft verstand, wie Armut und Reichtum und wie die verschiedenen Einflüsse zusammenwirken und was sie bedeuten. Das gibt es nicht mehr. Es gibt keinen Sozialkundeunterricht mehr.
Seit Reagan in den 80er Jahren Präsident war, ist alles Problematische in der Bildung immer mehr in den Hintergrund getreten ist. Und jetzt geht es um die Rassenproblematik in diesem Land.
Die Republikaner, die konservativen Leute, wollen nicht, dass das in der Schule gelehrt wird. Sie wollen nicht, dass die Kinder etwas über die Geschichte des Rassismus lernen oder sogar darüber, was heute mit dem Rassismus passiert. Wir haben es also mit derselben Sache zu tun, mit derselben Art von gesellschaftlichem Druck.
Wenn ich also all dies historisch betrachte und wie es sich zu wiederholen scheint, muss ich eine gewisse Verletzlichkeit, oder ich würde fast sagen Schwäche in den Menschen sehen, die es ihnen erlaubt, unmoralisch zu sein.
Ich muss das akzeptieren, ich muss diesen Keim auch in mir haben, aber irgendwie hatte ich das Glück, das zu verdrängen und konnte versuchen, ein moralischer Mensch zu werden. Aber ich kann nicht erwarten, dass jeder so viel Glück hat wie ich. Ich muss also akzeptieren, dass der Mensch eben so ist, wie er ist.
Wenn ich mir die Statistiken über die Republikaner in diesem Land anschaue, die mich überraschen, dann war es früher nicht so, als meine Eltern Republikaner waren. Aber heute scheinen sich die Republikaner wirklich über diese Themen zu definieren. Und ich würde sagen, dass es ihnen an grundlegender Moral mangelt. Du weißt schon, was richtig und falsch ist und wie sie andere Menschen behandeln.

Und was denkst du über den Einfluss der modernen Kommunikation wie Internet oder soziale Medien?

Nun, ich weiß, dass es eine Menge Dinge gibt, die in den sozialen Medien kursieren und die negative soziale Gefühle schüren. Ich bin damit persönlich nicht wirklich vertraut. Ich verbringe ein wenig Zeit auf Facebook, aber das liegt hauptsächlich daran, dass meine Tochter und meine Enkelkinder und mein Sohn und ich mit einer gewissen Anzahl von Freunden in Kontakt bleiben. Aber nirgendwo habe ich etwas von diesem Hass gelesen. Aber ich weiß, dass es viel davon auf anderen Seiten als Facebook gibt, und es scheint, und ich vermute, dass das Absicht ist.
Und ich weiß, dass es in diesem Land Leute gibt, die das absichtlich verbreiten und versuchen, die Menschen so sehr wie möglich zu stören. Unglücklicherweise gibt es ein großes Publikum für diese Leute.
Wenn man dem Ganzen auf den Grund geht, gibt es Leute, die die bizarrsten Dinge glauben,

don't have social studies anymore.
And I know that really, since Reagan was president in the 80s, there's been a de-emphasis of anything that's unpleasant in education. And now they're dealing with racial issues in this country.
The Republicans, the conservative people, don't want that taught in school. They don't want children to learn about racial history or even what's going on today with racism. So, we're up against the same thing, the same kind of societal pressure.
So, when I regard all of this historically and how it seems to repeat, I have to look at there being a certain level of vulnerability, or I would almost say weakness, in a human being that allows them to be immoral.
I have to accept that I must have that seed in me as well, but somehow I was fortunate enough to repress that and try to be a moral person. But I can't expect that everybody would be as fortunate as I am in that way, you know. So I have to accept that this is the human being - the way it is.
And when I look at the statistics of the Republicans in this country who are surprised, it didn't use to be like that. My parents were Republicans. But now Republicans really seem to be defined by these issues. And I would have to say they have a lack of basic morals, you know, of right and wrong and the way they treat other human beings.

And what do you think about the influence of modern things like the internet and social media?

Well, I know that there are a lot of things that go around on social media that feed negative social feelings. I'm not really personally familiar with that at all. I spend a little time on Facebook, but

that's mostly because of my daughter and my grandchildren, and my son, plus I keep in touch with a certain number of friends. But nowhere have I encountered any of this hate stuff. But I know that there's a lot of it on other sites besides Facebook, and I suspect that it's intentional.
And I know there are people in this country that feed it intentionally and try to disturb people as much as they can. And unfortunately, there's a whole audience for that.

von denen jeder sagen würde, dass sie unmöglich sind. Du weißt schon, die Theorie, dass die Demokraten Babys essen, es gibt einen Haufen Leute, die das glauben. Was soll man damit machen? Wo soll man damit hin?

Wie auch immer, ich würde sagen: Ja, die sozialen Medien scheinen wirklich ein großer Teil des Problems zu sein. Und doch sehe ich auch hier keine Möglichkeit, sie zu kontrollieren. Es gibt keine Möglichkeit, sie auseinanderzunehmen. Ich meine, die Regierung könnte nichts dazu sagen oder etwas dagegen tun, denn sie können die Leute nicht einmal dazu bringen, sich impfen zu lassen, weil man all diese Paranoia und irrationalen Ängste hat.

Du weißt, ein sehr wichtiger Teil meines Lebens waren die 60er Jahre, die Mitte der 60er Jahre, und ich hatte das Glück, zu dieser Zeit in San Francisco zu sein. Es gab eine regelrechte Revolution, eine psychologische Revolution, die im Grunde genommen zum Ziel hatte, dass es keinen Krieg mehr geben sollte, und dass es um die Liebe ging.

Das hatte einen sehr großen Einfluss auf mich, denn ich war zu dieser Zeit mittendrin, ich nahm LSD, als es zum ersten Mal auftauchte, weißt du, und viele Male, und es hatte eine Wirkung auf mich, von der ich glaube, dass sie mich zu einem liebevolleren Menschen machte, als ich es zuvor gewesen war.

Ich komme also aus der Illusion, die ich in den 60er Jahren hatte, dass dies eine Revolution sei und die Welt verändern würde und dass die Liebe universell werde und der Krieg verschwinden würde. Ich hatte diese Überzeugungen und ich habe natürlich gelernt, dass sie letztlich nicht ganz zutreffend war. Ich meine, weißt du, ich habe in San Francisco gegen den Einmarsch in den Irak demonstriert, ein halbes Dutzend Mal. 500 000 Menschen liefen mitten auf der Market Street in San Francisco. Und was hat es gebracht? Es hat uns gut getan, wir haben uns gut gefühlt, aber sie sind im Irak einmarschiert, oder etwa nicht?

Nun, aber ich bin immer noch politisch so aktiv, wie ich es nur sein kann. Bis vor kurzem war ich an der Herausgabe von Newslettern und verschiedenen Gruppen in Sonoma County beteiligt, die politisch aktiv waren – das ist weniger geworden.

Ich weiß nicht, ob ich besiegt oder entmutigt bin – jedenfalls alt.

Also ich denke, dass das vielleicht auch daran liegt, dass ich mit zunehmendem Alter etwas an Kraft verliere. Aber ich kümmere mich immer noch, ich unterschreibe immer noch viele Online-Petitionen, weil ich mich dadurch gut fühle.

Wunderbar. Vielen Dank.

Ja, sicher. Ich danke dir. Gerne geschehen.

And when you get down to the bottom of all this, there are people who believe the most bizarre things, which anyone would say is impossible. You know, the theory that the Democrats eat babies. There are a bunch of people that believe that. What do you do with that? Where do you go with that? So anyway, I would have to say, yes, social media does seem to be a large part of the problem. And yet it's another thing that I don't see any way to control. There's no way you can take it apart. I mean, the government couldn't say anything about it or do anything about it, because, look, they can't even get people to take a simple vaccination because you've got all this paranoia and irrational fears.
You know, a very important part of my life was the sixties, the mid-sixties, and I was fortunate enough to be in San Francisco at that time. And there was an honest to God revolution, a psychological revolution. It had to do with basically no more war and that love was where it was at.
That had a very big impact on me because I was right in the middle of it at this time. I took LSD when it first appeared, you know, many times, and it had an effect on me that I think made me a more loving person than I had been before.
So, I come from the illusion that I had in the sixties, that this was a revolution, and that this was going to change the world, and that love would become universal, and war would go away. I had these beliefs, and I've, of course, learned that they were not entirely correct.
I mean, you know, I demonstrated in San Francisco against the invasion of Iraq half a dozen times. Five hundred thousand people walking down the middle of Market Street in San Francisco. And what good did it do? It did us good, we felt good, but they invaded Iraq, didn't they?
But I'm still as politically active as I can be. I was involved, until fairly recently, in publishing some newsletters and in various groups in Sonoma County that were, you know, politically active – not so much now. I don't know if I'm defeated, discourage, old.
So, I think maybe part of that is I lose a certain amount of steam as I age now because it's, you know. But I still care. I still sign a lot of petitions online for what good that does. It makes me feel good.

Wonderful. Thank you

Yeah, for sure. Thank you. You're welcome.

Kapitel 5

Eine neue Existenz in Paris – Und wieder alles konfisziert

Paris ist 1937 eine pulsierende Weltstadt, in der Nazi-Deutschland unendlich weit weg erscheint. Anneliese und Egon kommen aus der Schweiz nach und wohnen bei ihrem Vater. Sie sind gerade sechzehn Jahre alt!

Nunmehr Emigrant, versucht Julius Bamberger mit einem Bekleidungsgeschäft ein neues Leben aufzubauen. Es heißt „La Sportive – Maison de Bonneterie et Confection" und befindet sich in der 3, Rue Turgot, Vis-a-vis der Basilika Sacré Cœur.

Anneliese erinnert sich:
Das war am Montmartre, nahe der Metro-Station, da war das Geschäft. Die Schaufenster hatten Gardinen, damit die Waren geschützt sind. Es gab Unterwäsche für Frauen und einen Raum, in dem die Kunden sitzen konnten. Ehemänner konnten für ihre Frauen Wäsche kaufen, und die wurde ihnen nach Hause geschickt, und sie haben bezahlt, wenn der Postbote es gebracht hat.

Anneliese hat vor allem positive Erinnerungen an die Pariser Zeit. Die Zwillinge helfen im Laden, sind aber auch beide zu Vorlesungen in der Sorbonne eingeschrieben, Egon für Malerei.

Bremen ist inzwischen fest im Griff der Nazis. Das Rathaus, die Handelskammer, das gesamte öffentliche Leben steht unter dem Hakenkreuz. Der Kaufvertrag wäre von Julius Bamberger nicht gerichtlich durchsetzbar gewesen.
Die Vereinbarung hätte ihm, nach seinen Angaben, nach Abzug der Schulden immerhin 200 000.- Reichsmark gebracht – ein gutes Startkapital für eine neue Existenz außerhalb des Reichsgebietes. Alles ist weg.
Das konfiszierte Kaufhaus erwirbt die Hypobank in einer Zwangsversteigerung.

Die Hitlerjugend marschiert vor dem Bremer Rathaus

Kurz nach Bambergers Flucht zieht bereits der stadtbekannte Nazi Walther Többens als Mieter ein; er handelt mit Kleidung.

Zynismus und Menschenverachtung, Revanchismus und Eroberungswahn gipfeln zwei Jahre später in einem nächsten Höhepunkt, dem Beginn des Zweiten Weltkrieges. Der Überfall der deutschen Truppen findet zwar zunächst nur im Osten und gegen Polen statt, aber seit Kriegsbeginn, dem 1. September 1939, gelten Deutsche in Frankreich als Staatsfeinde – auch wenn sie deutsche Juden sind. Als die Wehrmacht im Mai 1940 auch in Frankreich einmarschiert, sind deutsch-jüdische Emigranten längst von der französischen Verwaltung in Lagern untergebracht. Julius Bamberger ebenso wie Anneliese und Egon.

Chapter 5

A New Existence in Paris – And Everything Confiscated Again

In 1937, Paris was a vibrant cosmopolitan city where Nazi Germany seemed infinitely far away. Anneliese and Egon went from Switzerland to live with their father. They were only sixteen years old!

Now an emigrant, Julius Bamberger tried to build a new life with a clothing store. It was called „La Sportive - Maison de Bonneterie et Confection" and was located at 3, Rue Turgot, vis-a-vis the Sacré Cœur Basilica.

Anneliese remembered:
It was in Montmartre, near the Metro station, that's where the store was. The shop windows had curtains to protect the merchandise. There was lingerie for women and a room where customers could sit. Husbands could buy lingerie for their wives. It was sent to their homes, and they paid when the mailman brought it.

Anneliese had mostly positive memories of the Paris days. The twins helped out in the store but were also both enrolled in lectures at the Sorbonne, Egon for painting.

Bremen was now firmly in the grip of the Nazis. The town hall, the chamber of commerce, and all public life were under the swastika.

Here, Julius Bamberger's signed purchase agreement would not have even been enforceable in court. According to his information, the agreement would have earned him 200,000 Reichsmark after deducting the debts - a good starting capital for a new existence outside Germany. Everything was gone.

The confiscated department store in Bremen was sold by forced auction to the Hypobank. Shortly after Bamberger's escape, Walther Többens, a well-known Nazi, moved in as a tenant, trading in clothing.

Cynicism, contempt for humanity, revanchism, and the mania for conquest culminated two years later in the next climax, the beginning of the WWII. The invasion of German troops initially took

Das Schlimmste aber ist, dass alle drei die Lager ständig wechseln müssen und auch jüdische Hilfsorganisationen bald nicht mehr wissen, wer von ihnen sich gerade wo aufhält.

Die neue Existenz in Paris geht genauso verloren wie der vorherige Besitz in Bremen. Inzwischen hatte das Geschäft nach Bambergers Angaben inzwischen einen Wert von 100 000.- Franc.

Das Apartment, das ihm sein Bruder Curt kurz vor dessen Tod *(Suizid, E.B.)* geschenkt hat, wird ebenfalls beschlagnahmt. Später schreibt er, dass ihn die französische Polizei um fünf Uhr morgens verhaftet, verhört und später auch misshandelt hat.

Frankreich ist zu dieser Zeit das größte Exilland in Europa. Mehr als 150 000 Emigranten halten sich hier auf, etwa 80 % von ihnen sind Juden.

Curt Bamberger mit seiner Schwester Selma (links) und Friedel Bamberger auf einer beschädigten Fotografie, vermutlich Anfang der 30er Jahre

place only in the East and against Poland, but on September 1st, 1939, the start of the war, Germans in France were considered enemies of the state – even if they were German Jews. By the time the Wehrmacht invaded France in May 1940, German-Jewish emigrants had long since been placed in camps by the French administration. This included Julius Bamberger as well as Anneliese and Egon.

The worst thing, however, was that all three had to change camps frequently, and eventually even Jewish aid organizations no longer knew which of them were in which camp.

The new existence in Paris was a lost cause just as it was a few years earlier in Bremen. According to Bamberger, the business was now worth 100,000 francs. The apartment, given to him as a gift by his brother shortly before his death *(suicide, E.B.)*, was also confiscated. Later, he wrote that the French police arrested him at five o'clock in the morning, interrogated him, and later mistreated him.

France was the largest country of exile in Europe at that time. More than 150,000 emigrants were living there, 80% of whom were Jews.

Photo on the left:

Curt Bamberger with his sister Selma (left) and Friedel Bamberger on a damaged photo, probably taken in the early 1930s

Jerzy Bamberger

Jerzy Bamberger ist im Jahr 1982 geboren. Er ist in Santa Rosa, Kalifornien aufgewachsen und hat in San Franzisco studiert. Heute arbeitet er als Landschaftsarchitekt für eine Firma, die sich auf Wohnlandschaften spezialisiert hat.
Zuhause kocht Jerzy gerne und spielt Gitarre. Er ist mit Sonya, geb. Garzouzi verheiratet. Beide waren 2019 zum ersten Mal auf Einladung des neuen Bamberger Eigentümers Uwe Hollweg in Bremen. Anlass war die Feier zur 100 jährigen Gründung der Bremer Volkshochschule.
Im Spätsommer 2022 haben Sonya und Jerzy ihr erstes Kind bekommen: Chloé Bamberger.

*

Als du vor zwei Jahren in Bremen warst, was war besonders beeindruckend für dich?

Im Bamberger-Gebäude zu sein, das war natürlich sehr emotional, auf dem Dach zu stehen mit der Bamberger-Schrift und über Bremen zu schauen. Das war schon sehr emotional für mich, ich habe das Gewicht des Ortes gespürt! – Die ganze Geschichte.

Ich konnte die Geschichte meiner Familie spüren. Ich konnte real in die Parkallee gehen, natürlich das Haus und die Stolpersteine sehen. Das hat mir noch mehr die Augen geöffnet. Und da ich zum ersten Mal in Bremen war, hat sich für mich auch ein Kreis geschlossen. Wie eine Art Heimkehr.

Weißt du, was alles in der Zeit vor 90 Jahren mit deiner Familie, mit deinem Urgroßvater passiert ist?

Ja, ja. Es ist zutiefst erschütternd, und ich fühle mich sehr glücklich, ein überlebender Nachfahre aus dem Holocaust zu sein. Viele Menschen haben es nicht geschafft und viele Menschen haben viel verloren, auch unsere Familie. Wir haben ein riesiges Vermögen, unseren Besitz und unser Kaufhaus verloren. Und so ist es, obwohl es sich wie eine Art Heimkehr anfühlt, es fühlt sich definitiv auch traurig an.

Bist du auch wütend?

Ja, ein bisschen wütend schon. Und ich fühle mich auch einfach verpflichtet, darüber zu sprechen.

Jerzy Bamberger

Jerzy Bamberger was born in 1982. He grew up in Santa Rosa, California and studied in San Francisco. Today, he works as a landscape architect for a firm specializing in residential landscapes.
At home, Jerzy enjoys cooking and playing guitar. He is married to Sonya, née Garzouzi. Both were in Bremen for the first time in 2019 at the invitation of Bamberger's new owner, Uwe Hollweg. The occasion was the celebration of the 100th anniversary of the founding of the Bremen Volkshochschule. In the late summer of 2022, Sonya and Jerzy had their first child: Chloé Bamberger

*

When you were in Bremen two years ago, what was a particularly impressive for you?

Being in the Bamberger building, of course. It was so emotional being on the rooftop with the Bamberger sign looking out over Bremen. It was very emotional for me. I could feel the weight of the place, of all the history.

Not only the history of the town but also the history of your family.

Yeah. I could feel the history of my family. Going to the house on Parkallee, of course, and seeing the stumbling stone, it was very eye-opening for me. And it was my first time in Bremen, so it felt like full circle, kind of like a homecoming.

Do you know about what happened 90 years ago with your family, with your great-grandfather?

Yeah, yeah. It's deeply upsetting, and I feel very fortunate to be a survivor of the situation of the Holocaust. A lot of people didn't make it, and a lot of people lost a lot, including our family. We lost a huge fortune and property and our whole home, so even though it feels kind of like a homecoming, it definitely feels sad.

Are you also angry?

A little bit. Yeah, a little bit angry. I feel an obligation to speak about it because these things still go on all the time. There are many cultures that this happens to, and they never say anything and they become forgotten.

Do you think about things like the Holocaust in Bremen even in your life here in the U.S.?

Yeah. Not specifically in Bremen, but the Holocaust in general. Here, we were raised to never forget the Holocaust, and we had a lot of traumatic stories that we were shown or told. There is a lot of inherited trauma, whether it was learned from a young age or just inherited trauma from what our family went through.
So growing up with that trauma, it's very heavy.
But on the other side, we grew up here in California where it's all sunshine and beaches, so there's not a direct connection to what it feels like for something like that to happen. We've never experienced it here, only through stories.

Do you remember the first time you heard about the Holocaust when you were young?

Yeah, I feel like I read a book. I was always told stories about it by my parents, but then I read a few books. One was called *The Long Walk*. It was a Holocaust book about Jews being marched into Siberia behind a tractor. And that was very effective, it affected me a lot.

Denn diese Dinge passieren immer noch und es gibt viele Kulturen, denen so etwas passiert, die nie etwas sagen und in Vergessenheit geraten. Ich denke also, dass es wichtig ist, darüber zu sprechen.

Denkst du, in deinem Leben hier in den USA, über Dinge wie den Holocaust in Bremen nach?

Ja, nicht speziell in Bremen, den Holocaust im allgemeinen. Hier wurden wir dazu erzogen, den Holocaust nie zu vergessen und es gab viele traumatische Geschichten, die uns gezeigt oder erzählt wurden. Es gibt viele vererbte Traumata, die unmittelbare Folge dessen sind, was unsere Familie durchgemacht hat.
Mit diesem Trauma aufzuwachsen, ist also sehr schwer.
Aber auf der anderen Seite sind wir hier in Kalifornien aufgewachsen, wo es nur Sonnenschein und Strände gibt, so dass wir keine direkte Verbindung zu dem Gefühl haben, wie es sich anfühlt, wenn so etwas passiert. Wir haben es hier nie erlebt, nur durch Erzählungen.

Kannst du dich daran erinnern, als du jung warst und zum ersten Mal vom Holocaust gehört hast?

Ja, ich erinnere mich. Es ist, wie ein Buch zu lesen. Meine Eltern haben mir immer Geschichten darüber erzählt, aber dann habe ich auch selbst ein paar Bücher gelesen. Eines hieß: Der lange Weg. Es war ein Holocaust-Buch über Juden, die hinter einem Traktor nach Sibirien marschierten. Das war sehr ergreifend und hat mich sehr beeindruckt.
Und dann habe ich in der hebräischen Schule einige Holocaust-Filme gesehen, und einige der Bilder von den Bulldozern, die die Leichenberge in die Gräben geschoben haben. Die Massengräber waren für einen kleinen Jungen sehr bewegend und erschütternd.
Diese Art von Trauma ist also ziemlich furchtbar. Aber es ist auch schwer zu begreifen, was das wirklich bedeutet. Weiß man, was es wirklich bedeutet, aus seiner Gemeinschaft herausgerissen und in ein Lager verfrachtet zu werden und alles zu verlieren? Man kann nicht wirklich wissen, was das bedeutet. Wirklich nicht.

Und vermischt es sich in so einem Moment, wenn du die Stadt Bremen besuchst?

Ja. Als wir das erste Mal dort waren, war es sehr aufregend, das Bamberger Gebäude zu sehen, und es war ein wunderbarer Empfang in der Stadt.
Aber da ist auch immer diese grausame Vergangenheit, die tatsächlich passiert ist, und das zusammen zu erleben, verändert alles und ist erschütternd.

Denkst du, dass es für dich und für deinen Vater unterschiedlich ist, wenn ihr Euch daran erinnert?

Ja. Also, – sein Vater war direkt im Holocaust, er entkam als 20-Jähriger, also wuchs mein Vater dann in Kalifornien auf, im kalifornischen Hippie-Lebensstil, er wollte irgendwie nicht darüber reden, aber er sah die Auswirkungen des Traumas von seinem Vater, was für seinen Vater sehr schrecklich war.
Er wurde mitten in der Nacht geweckt, nach unten gebracht, um mit zu weinen, während sein Vater Holocaust-Filme und solche schrecklichen Dinge ansah. Meine Tante hat mir noch vor kurzem erzählt, dass sie einen Wandschrank mit einem tiefen hinteren Bereich hatten und sie übte mit meinem Vater, sich dort zu verstecken. Für den Fall, dass sie wieder kommen, – was immer passieren kann, irgendwann, oder?

Und so ist es jetzt auch für dich?

Ja. Oh, ich glaube, worauf ich hinauswollte, war, dass es eine aktive Zurückweisung von Angst und Furcht gab, ein Gefühl des im Hier und Jetzt von meinem Vater, glücklich zu sein und zu genießen, wo wir im Moment sind. In seiner Generation herrschte also eine Art romantische, euphorische

And then I saw some Holocaust films in Hebrew school. And the visuals of the bulldozers pushing the piles of bodies into the trenches and the mass graves were profoundly effective and upsetting for a young boy.
So this kind of trauma – it's pretty horrible. But also, contextually, it's hard to grasp what it really meant to be ripped out of your community and shipped off to a camp to lose everything. You can't really know what that means, really.

And did it all come together for you while visiting Bremen?

Yeah. When we first came there, I think it was very exciting to see the Bamberger building, and there was a wonderful welcome from the community.
But there was the gruesome past of what actually happened, and to confront that is different and upsetting.

Do you think that it's a different experience for you than it is for your father when you remember it?

Yes. So – his father was directly in the Holocaust. He had escaped and survived as a 20-year-old boy. And my father grew up in California with the California hippie lifestyle, kind of not wanting to talk about it, but seeing the effects of the trauma from his father. For his father, it was very traumatic and emotional. He would be woken up in the middle of the night and go downstairs to his crying father watching Holocaust films and terrible things like that. In fact, my aunt told me recently that there was a closet that had a deep back area, and she would take my father and practice hiding in the back of the closet in case they came again. – Right? Which, they always come again, eventually.

And is it the same for you now?

I think what I was getting at was, I think there was an active rejection of that fear and a rejection of the feeling of being here and now from my father, of being happy and enjoying where we are in the moment. So there was sort of a bucolic, euphoric energy about his generation of, you know, let's be peaceful, peace and love, and let's move on from that and have a peaceful lifestyle.
Whereas my generation, I feel like we are revisiting this. We are upholding the commitment to never forget that it happened. And then we see a lot of other modern things that are happening from the time of the last president.

So the fear is not decreasing?

It's more like, we're on guard, that it's always going to happen again, and we have to be careful.
And something I think a lot about in the difference between what happened in the Holocaust in Germany and other genocides around the world is that, the Holocaust was more of a governmental machine-based killing situation. As opposed to, over here, just a guy with a machete, you know, chopping people up. This is a machine situation where people were just following orders. I suppose it's more dangerous when you have a government-sponsored killing because no one is accountable, and it's just the machine.
And these days, with the internet and the tech stuff and various other things like that, we have to be careful, I think, about countries that are just following orders and what can happen in that situation.

Is this a topic you talk about with your family?

Yeah, we talk about it in our family. I feel like certain people in our family, mostly my parents' generation, have been dealing with the trauma so long in their life. All the time stories, revisiting trauma - a lot of psychological work that they've had to face because of it.
And they're at a place where they think, I don't want to think about this anymore. You know, they don't

Energie, die besagte, lass uns friedlich sein, Frieden und Liebe haben und uns davon lösen und einen friedlichen Lebensstil führen.
Bei meiner Generation dagegen habe ich das Gefühl: Wir besinnen uns darauf und halten die Verpflichtung aufrecht, niemals zu vergessen, dass es passiert ist, und dann sehen wir eine Menge anderer und neuer Dinge, die passieren, die schon wieder ganz ähnlich sind.
Du weißt schon, verschiedene Vorfälle aus der Zeit des letzten Präsidenten.

Die Angst wird also nicht weniger?

Es ist mehr ein auf der Hut sein ist, dass es immer wieder passieren kann und wir müssen vorsichtig sein. Ich denke viel über den Unterschied zwischen dem Holocaust in Deutschland und anderen Völkermorden in der Welt nach. Darüber, dass der Holocaust eher ein staatlicher, maschineller Mord war, im Gegensatz zu dem, was hier manchmal passiert, wenn ein Mann mit einer Machete die Menschen zerhackt.
Dies ist wie eine maschinelle Situation, in der die Leute einfach nur Befehle befolgen. Ich finde, das ist gefährlicher. Ich denke, dass es viel gefährlicher ist, wenn eine Regierung das Töten fördert, weil niemand zur Rechenschaft gezogen wird und es nur diese Automatik hat.
Heutzutage, mit dem Internet und den technischen Möglichkeiten und vielen anderen Dingen, müssen wir vorsichtig sein mit Ländern, in denen nur Befehle befolgt werden. Was kann alles in einer solchen Situation passieren?

Ist das ein Thema, über das ihr in eurer Familie sprecht?

Ja, wir sprechen darüber in unserer Familie. Ich habe das Gefühl, dass einige Leute in unserer Familie, vor allem die Generation meiner Eltern, schon sehr viel Zeit in ihrem Leben mit dem Trauma zu tun hatten, immer wieder. Mit den Geschichten und Wiederholungen des Traumas. Sie mussten eine Menge psychologischer Arbeit leisten, um es zu verarbeiten.
Und sie sind manchmal an einem Punkt, an dem sie denken: Ich will nicht mehr darüber nachdenken. Sie wollen es nicht wieder und wieder durchmachen. Sie wollen sich die schrecklichen Narben nicht noch einmal ansehen und die Wunden wieder aufreißen.
Deshalb fühle ich mich als nächste Generation verpflichtet, die Fackel weiter zu tragen und zu sagen: OK, wir sind jetzt diejenigen, die nicht vergessen. Und ihr könnt euch eine Pause gönnen und euch einfach nur amüsieren, und wir werden die Wache übernehmen. Das gilt nicht nur die Juden, sondern auch alle anderen, die in Lager gesteckt werden.
Jetzt waren es die Mexikaner, die an der Grenze in Lager geworfen wurden, nicht wahr! Sie haben ihre Kinder von ihren Familien weggenommen, gerade in der jüngsten Geschichte. Es passiert also ständig wieder. Wir müssen darauf achten, dass wir uns davor schützen. Ich denke, das ist unsere Aufgabe und ich denke auch, dass das etwas ist, worauf auch das deutsche Volk achten sollte.

Das bedeutet, dass man sich nie sicher fühlen kann?

Richtig. Ja, also, das Leben ist immer riskant, überall, oder?
Also ich meine, wer kann sich wirklich sicher fühlen? Es kann jederzeit alles passieren. Ich denke, es besteht immer die Gefahr, dass Faschisten die Kontrolle über ein Land erlangen könnten. Das wäre mit dem letzten amerikanischen Präsidenten fast passiert. Das hätte sehr leicht passieren können. Es war kurz davor. Und ich fühle mich, ja tatsächlich, ich fühle mich insofern auf der Hut.

Glaubst du, dass das auch in nicht-jüdischen Gemeinden ein Thema ist, oder generell in den Schulen? Sprechen sie dort darüber?

Ich denke, die jüdische Gemeinschaft ist verpflichtet, darüber zu sprechen und sich zu erinnern, was passiert ist. Wir leben heute in einer Welt, in der es eine Apathie und eine kollektive Amnesie

want to go through it again. They don't want to revisit the horrible scars and reopen the wounds. So I feel obligated, as the next generation, to carry the torch and say, okay, we're now the ones that are not forgetting. You can take a break and just enjoy yourself, and we'll take over being on guard. Not just the Jews, but whoever else is being thrown in camps.
Recently, it was the Mexicans that were being thrown into camps at the border, right? So they were taking their children away from their families just, you know, in recent history. So it's always happening again. We just have to be aware of it, to be on guard. And that, I feel, is our job. And I also feel like that's something that the German people should be really focused on.

But that means you can never feel secure, right?

Right. Yeah, well, there's always risk in life everywhere, right?
So I mean, who really feels secure? Anything could happen at any time. I think there's always a danger out there that fascists could gain control of a country. It almost happened here with the last president. That could have easily happened again, and I feel on guard about it.

Do you think it's a topic also among non-Jewish communities, or generally in schools or in high school? Do they talk about that?

I feel the Jewish community has a commitment to talk about it and remember what happened. Because we live in a world today where there's apathy and a collective amnesia about the past and things. And that's dangerous because then things happen again. But Jewish people talk about it, and that's why it's remembered. If they didn't say anything about it, it would be forgotten like in a lot of other cultures that haven't been as vocal about their genocides, whether it's Africans or Afghanistan, or wherever. So I think it's important, and I feel like there should be an obligation to address other genocide in the world.

Do other people who are not Jewish also see this danger? Does this apply in schools or for young people in high school?

Probably not as much. Yeah, I remember a moment where we were in California, and it was before Trump got elected. I remember seeing a small boy waving a Trump flag at a fair, and I thought, this is the same as the Hitler Youth. It's happening again, you know. So, I think people are aware, but we live out here, it doesn't happen out here. They don't know the direct connection.

OK. What can we do about that?

I think that the German community should, first of all, face what happened and say, this was a gross thing that happened and we're all very ashamed of this. Then say, what can we do to take action, to educate the world about mechanical genocide and these kinds of fascist dictators?
I think that's the most important thing, just education. Or else people will think that it was all made up or something, you know, they don't believe it. It's hard to believe it. It's hard to believe that they would come and round everybody up and put them in camps. It's just hard to believe that it could happen. So I think your average person or your average young person doesn't have the context to believe that, and cognitively, it's difficult to understand that.

When you think about the life of your grandfather and your great grandfather and your grandmother, are there things you would like to know more about?

Yeah, some parts I'd like to know more about.
Yes, I'd like to have a clearer picture of the department store and the involvement in the Bremen

gegenüber der Vergangenheit gibt. Das ist gefährlich, denn dann passieren die Dinge wieder.
Aber jüdische Menschen sprechen darüber und so erinnert man sich daran. Wenn sie nicht darüber sprechen würden, könnte es in vielen anderen Kulturen auch vergessen werden, egal ob in Afrika oder Afghanistan oder wo auch immer. Ich denke also, dass es wichtig ist, und ich denke, dass es eine Verpflichtung gibt, auch andere Völkermorde in der Welt anzusprechen.

Sehen andere Menschen, die nicht jüdisch sind, auch diese Gefahr? Gilt das auch für Schulen, für junge Leuten in Hochschulen?

Wahrscheinlich nicht so sehr. Ich erinnere mich an einen Moment, in Kalifornien bevor Trump gewählt wurde. Ich sah auf einem Jahrmarkt einen kleinen Jungen, der eine Trump-Flagge schwenkte. Und ich dachte: Das ist dasselbe wie bei der Hitlerjugend.
Es passiert wieder, nicht wahr! Ich denke, die Leute glauben: Wir leben hier draußen und hier bei uns passiert so etwas nicht. Sie können sich eine direkte Verbindung nicht vorstellen.

OK. Was können wir dagegen tun?

Ich denke, dass sich die deutsche Gesellschaft zuerst dem, was passiert ist, stellen sollte. Und sie sollte sagen, dass das eine schlimme Sache war und wir uns alle sehr dafür schämen sollten!
Dann sollte sie sagen, was können wir tun, um die Welt über einen seelenlosen Völkermord von faschistischen Diktatoren aufzuklären.
Ich denke, das ist das Wichtigste, also Aufklärung. Sonst denken die Leute, das sei alles erfunden, sie glauben es nicht. Es ist schwer, das zu glauben. Es ist schwer zu glauben, dass sie wieder alle zusammentreiben und in Lager stecken würden. Es ist einfach schwer zu glauben, dass so etwas wieder passieren könnte. Ich glaube, ein durchschnittlicher junger Mensch hat nicht die Erfahrung, um das zu glauben, und nur mit dem Verstand ist es schwierig, das zu verstehen.

Wenn du an das Leben deines Großvaters und deines Urgroßvaters und deiner Großmutter denkst, gibt es Punkte, über die du gerne mehr wissen möchtest?

Ja, es gibt einige Teile, über die ich gerne mehr wissen würde. Und ja, ich würde auch gerne ein klares Bild von dem Kaufhaus und dem Engagement in der Bremer Gemeinde haben und ein genaueres Bild darüber, was passiert ist, nachdem sie nach Amerika kamen.
Aber ich habe auch das Gefühl, dass ich schon ein ganz gutes Verständnis habe. Ich würde auch gerne mehr darüber wissen, wie Julius Bamberger als Mensch war.

Ich weiß nicht, wie viele aus deiner Familie vor einigen Jahren die deutsche Staatsbürgerschaft bekommen haben. – Warum wollt ihr das und wie ist das entstanden?

Ja, das ist eine gute Frage. Es ist wirklich von meiner Tante Jenifer angestoßen worden und es gibt unterschiedliche Aspekte.
Ich habe mich gefragt, warum soll ich das tun? Warum?
Der Hauptgrund ist wohl, die Staatsbürgerschaft wiederzuerlangen, die uns genommen wurde und zwar von einem Heimatland, das uns auch genommen wurde. Es ist insofern ein Teil einer Chance. Also so eine Art von Zurückeroberung.
Dann ist da noch ein anderer Aspekt. Das Gefühl von: Man weiß nie, wann man wieder weglaufen, fliehen oder kämpfen muss! Mein Großvater Johnny kam durch seine Flucht nach Amerika. Er meldete sich hier zum Militär und ging zurück, um zu kämpfen.
Es kann also sein, dass du fliehen musst. Vielleicht musst du zurückgehen und kämpfen. Man kann es nie wissen. Für den Fall, dass wir hier einen faschistischen Präsidenten bekommen, könnten wir nach Deutschland gehen. Es soll uns nicht wieder passieren. Ich meine, nicht mit uns. Wir lassen das nicht mehr zu.

community and a clearer picture of what happened after they got to America. But I feel like I have a good understanding. I'd love to hear more stories about what Julius Bamberger was like as a person.

I don't know how many people in your family have received German citizenship over the last years. Why do you all want German citizenship, and how did that idea come about?

Yeah, that's a good question. It really was initiated by my aunt Jenifer, and there are some aspects of that.
I've wondered, oh, why do that? Right?
One is, of course, to regain citizenship that was taken away and a homeland that was taken away. We have that opportunity again through that. So some kind of retribution.
And then another aspect is, the feeling of, you never know when you're going to have to run away again or escape again, right? Or fight, you know. Because my grandfather, Johnny, when he escaped to America, he enlisted in the military here and went back to fight.
So, you know, you might have to escape. You might have to go back and fight. You never know. So in case we have a fascist president here, maybe we can go to Germany. Because it's not going to happen again. I mean, not to us. We're not going to let it happen to us again.
I'm happy to have dual citizenship because it just provides more global opportunities. We live in a global world, and I personally love Germany. I really love it. I love the culture, I love the people, and I don't harbor a lot of animosity about the culture. I feel like the Germans are doing a lot to reconcile, and I feel like it's a good gesture from the German people.
But there's still a lot of work to do, right? And it's not over by any means. It's an ongoing thing. And I think that the German people should look at it like that. It's an ongoing fight against fascism, against genocide. So I don't think it's over by any means, and I don't think it will ever be over.

Klaus Hübotter and Jerzy Bamberger

And which passport do you use when you go back to Germany?

I use the German one, the 'Reisepass'.

Your grandmother never wanted to go back to Germany.

Well, I feel like a lot of people in the older generation… haven't they seen enough?
They don't want to be exposed to old wounds, so I can understand that.

Do you meet with others here that are in the same situation? Do you talk about it?

My father is part of a Holocaust survivors group. I'm not, but I do share stories occasionally with friends that have been in similar situations, and we definitely hear a lot of stories. Sometimes it can be overwhelming. With the amount of stories sometimes you can feel like, wow, this is too much, you know.
But it's our turn to hold the torch and hold the weight of this because we can't forget about it.

Thank you very much.

Ich bin froh, eine doppelte Staatsbürgerschaft zu haben, weil es einfach weltweit mehr Möglichkeiten gibt. Wir leben in einer globalen Welt, und ich persönlich liebe Deutschland, ich liebe es wirklich. Ich liebe die Kultur, ich liebe die Menschen, und ich hege keine Feindseligkeit gegenüber der Kultur. Ich habe das Gefühl, dass die Deutschen viel für die Versöhnung tun, und ich finde, das ist eine gute Geste des deutschen Volkes.
Aber es gibt noch viel zu tun, oder? Und es ist noch lange nicht vorbei. Es ist eine fortdauernde Sache. Ich denke, das deutsche Volk sollte es auch so sehen, dass es einen andauernder Kampf gegen Faschismus und gegen Völkermord ist.
Ich glaube also nicht, dass es vorbei ist, und ich glaube auch nicht, dass es jemals vorbei sein wird.

Und welchen Pass benutzt du, wenn du wieder nach Deutschland fährst?

Ich benutze den deutschen, den Reisepass.

Deine Großmutter wollte nie zurück nach Deutschland gehen.

Nun, ich habe das Gefühl, dass viele Leute der älteren Generation so denken. Haben sie nicht genug erlebt? Sie wollen nicht mit alten Wunden immer wieder konfrontiert werden.
Also, ich kann das verstehen.

Triffst du dich hier mit anderen, die in derselben Situation sind? Und ihr redet darüber?

Mein Vater ist Teil einer Gruppe von Holocaust-Überlebenden. Ich nicht, aber ich tausche mich gelegentlich mit Freunden aus, die in einer ähnlichen Situation waren und wir hören auf jeden Fall eine Menge Geschichten. Manchmal kann es überwältigend sein. Bei der Menge der Geschichten hat man manchmal das Gefühl, wow, das ist jetzt zu viel.
Aber wir sind an der Reihe, die Fackel zu halten und die Last zu tragen, wir können es nicht vergessen.

Okay. Ich danke dir sehr.

Ich danke dir.

Sonya Bamberger, geb. Garzouzi

Sonya Bamberger ist im Jahre 1986 geboren. Heute lebt sie mit ihrem Mann Jerzy Bamberger in Kalifornien, viele ihrer Vorfahren stammen aber aus Europa.
Sie hat Wurzeln in Griechenland, in Frankreich, aber auch in den Bergen des Libanon und in Ägypten. Die Familie von Sonya hat traumatische Erinnerungen an deutsche Besatzungssoldaten während des Zweiten Weltkrieges in Frankreich.
Das prägt das Bild der Familie von Deutschland bis heute. Sonya erzählt darüber in dem Gespräch. Seit dem Spätsommer 2022 ist sie Mutter des jüngsten Kindes der Familie Bamberger.

*

Du warst vor einiger Zeit das erste Mal in Bremen? War das interessant für dich?

Ja, Bremen war eine sehr große Reise. Sie war sehr interessant für mich. Ich war so aufgeregt , was ich sehen und was ich lernen würde. Als ich ankam, war es erst eine großer Berg und viele Informationen, die auf einmal auf mich einstürzten.
Es war wie an Land gehen, als ich dort ankam, ein Teil einer sehr komplexen Geschichte. Wir sind an diesem ersten Abend durch die Altstadt gelaufen und es war so viel zu sehen.

Ich erinnere mich, als du uns dieses goldene Wandgemälde, echtes Gold, an der Wand in der Innenstadt gezeigt und uns erklärt hast, dass dies eine Erinnerung an Hitler für die Menschen in dieser Stadt gewesen sei. Und das war ein Moment, in dem sich eine Dunkelheit über mich gelegt hat, und ich hatte ein bisschen Angst, so wie: Oh, ich bin jetzt hier drin, hier drin.
Dass es eine Erinnerung an ihn in der Stadt gab, das hat mir Angst gemacht hat und es hat mich aufgeregt. Aber ich liebe diese Reise und ich dachte, dass sie für mich von großer Bedeutung war und es ist sehr gut für uns, dorthin zu gehen und die Geschichte von Jerzys Familie zu erleben.

(Die Böttcherstraße in Bremen ist eine ca. hundert Meter lange Straße in der Altstadt von Bremen und war ursprünglich eine Verbindung zwischen Marktplatzt und Weser, als hier noch Handelsschiffe anlegten. Die Straße ist benannt nach den Fassmachern, also den Böttchern, die hier ihr Handwerk ausübten. Im 19. Jahrhundert wurde der Hafen weiter in den Norden verlegt, so dass die Straße ihre Bedeutung verlor. Anfang des 20. Jahrhunderts kaufte der Bremer Kaffeekaufmann Ludwig Roselius Haus für Haus auf und beauftragte drei Architekten mit dem Umbau der Häuser im Stil des Expressionismus. Mehrere Gebäude in der umgebauten Böttcherstraße erregten zu Beginn der 30er Jahre den Unwillen der Nationalsozialistischen Kulturorgane, die in der Forderung gipfelten, Teile der Straße abzureißen mit dem Hinweis, dies sei ein „Denkmal, wie es nicht sein soll.“ Roselius, der dem Nationalsozialismus wohl gesonnen

Sonya Bamberger, née Garzouzi

Sonya Bamberger was born in 1986. Today, she lives in California with her husband, Jerzy Bamberger, but many of her ancestors come from Europe. She has roots in Greece and France, but also in the mountains of Lebanon and in Egypt. She talks about this in the interview.
Her family has a connection to Germany, particularly from traumatic memories of German occupation soldiers in France during World War II.
She has been the mother of the Bamberger family's youngest child since late summer 2022.

*

You were in Bremen for the first time a while ago?
Was that interesting for you?

Yes, Bremen was a very complex trip. The trip was very eye-opening. There was such an excitement for what I was going to see and what I was going to learn. When I arrived, it was like a big wall of information that hit all at once.
You know, when you arrive, you realize you're walking on land that has a very complex history. We walked around some of the Old Town that first night, and it was hard to see.
I remember when you showed us this gold mural, real gold up on the wall downtown, and you informed us that it was a memory to Hitler for the people of the town. And that was when a darkness fell over me, and I felt a little scared, like, oh, I'm in this.
A memory for him in the town. That made me afraid, and it made me, you know, emotional.
(The Böttcherstraße in Bremen is a street about 100 meters long in the old town of Bremen and was originally a connection between the marketplace and the Weser River when merchant ships docked there. The street is named after the barrel makers, called Böttcher, who practiced their trade there. In the 19th century, the port was moved further north, so the street lost its importance.
In the early 20th century, Ludwig Roselius, a coffee merchant from Bremen, bought up house after house and commissioned three architects to rebuild the houses in the Expressionist style. Several buildings in the remodeled Böttcherstrasse created agitation among the National Socialist Culture Authorities in the early 1930s, culminating in a demand that parts of the street be demolished, stating that this was a „monument as it should not be."
Roselius, who was sympathetic to National Socialism, and his architect Bernhard Hoetger, then changed a few minor details in the presentation of the architecture without needing approval from Berlin.
To prevent an imminent demolition, Hoetger created the "Light bringer" - as the artwork is called - as a metaphor for the new age leading Germany out of the darkness of the Weimar Republic. In August 1936, the relief was placed at the entrance to Böttcherstrasse, and just three weeks later it became clear that the National Socialists did not approve of this kind of homage.
Hitler condemned the street and its new emblem in his party congress speech in Nuremberg in September 1936: „National Socialism strongly rejects this kind of Böttcherstrasse culture."
In 1937, the entire street was listed as an example of degenerate art.
The disapproval of the entire work of art under National Socialism led to the reconstruction of the street including the golden relief in the 1950s after its destruction in WWII., E.B.)
But I loved that trip, and it was very meaningful for me. It was very good for us to go there and witness the history of Jerzy's family.

Did you already know much about the family in Bremen?

I knew the basics of the family history, and I'd seen a picture of the building, but I learned a lot more by going there.
I didn't know about some of the family related to Julius. I didn't know about the stumbling stones. I didn't know much about the history. I learned that on the trip.

war, und sein Architekt Bernhard Hoetger veränderten daraufhin ein paar Kleinigkeiten in der Darstellung der Architektur ohne damit in Berlin auf Zustimmung zu stoßen.
Um einen drohenden Abriss zu verhindern, schuf Hoetger den Lichtbringer als eine Metapher der neuen Zeit, die Deutschland aus dem Dunkel der Weimarer Republik führt. Im August 1936 wurde das Relief am Eingang der Böttcherstraße angebracht und schon drei Wochen später wird klar, dass die Nationalsozialisten diese Art der Verbeugung nicht anerkennen.
Hitler verurteilte in seiner Parteitagsrede im September 1936 in Nürnberg die Straße in Bremen und ihr neues Emblem:
„Der Nationalsozialismus lehnt diese Art der Böttcherstraßen-Kultur schärfstens ab."
Im Jahre 1937 wird die gesamte Straße unter Denkmalschutz gestellt, und zwar als ein Beispiel für entartete Kunst.
Die Missbilligung des Gesamtkunstwerks im Nationalsozialismus führte nach ihrer Zerstörung im Krieg in den 1950er Jahren zum Wiederaufbau der Straße einschließlich des goldenen Reliefs, E.B.)

Und wusstest du schon viele Dinge über die Familie in Bremen?

Vorher kannte ich ein paar Dinge der Familiengeschichte und habe ein Bild von dem Gebäude gesehen. Aber ich habe viel mehr gelernt, als ich dort war.
Über einige Familienmitglieder von Julius wusste ich nicht viel. Ich wusste nichts über die Stolpersteine. Ich wusste auch nicht so viel über die Geschichte. Das habe ich dann auf der Reise gelernt.

Hast du über den Holocaust in der Schule gehört? - Wann hast du das erste Mal vom Holocaust gehört?

Als ich über den Holocaust gehört habe, das war in der vierten Klasse im Geschichtsunterricht. Ich erinnere mich, dass es in den Grundschulbüchern Kapitel über den Holocaust gab, und es gab Texte und Fotos, und ich sah einige ziemlich, schreckliche Bilder, aber auch für Kinder gedacht. Also nur ein bisschen gemildert. Und es gab auch Unterricht dazu, aber nur wenig.

Und was bedeutet das für dich heute?

Was passiert ist bedeutet, dass es ein Beweis dafür ist, dass ziemlich schreckliche Dinge passieren können und es bedeutet, dass es eine Gefahr gibt und dass wir eine gute Moral haben müssen und mit dem Glauben aufwachsen und ihn verbreiten. Mehr Frieden untereinander zu haben und nicht so viel Angst vor der Andersartigkeit des anderen und gegen die Gewalt und Schaden, den Andere anrichten können.

Ist es ein Thema für Menschen in deinem Alter, das diskutiert wird?

Oh ja. Also seit ich mehr mit der jüdischen Gemeinde zu tun habe, ist es natürlich ein Thema über das viel mehr gesprochen wird. Wir genießen das seelische Gleichgewicht. Wir genießen die Feiertage und die guten Zeiten, aber es gibt immer Raum und Platz für Gespräche über die Geschichte. Also ja, oft kommen die Leute zusammen und sprechen über wichtige Dinge, die in der Vergangen heit passiert sind. Und wir sprechen darüber mit unserer Familie und mit unseren Ehepartnern, mit unseren Freunden und Arbeitskollegen.

Und über diese besondere Bamberger Geschichte wird auch oft in der Familie gesprochen?

Die Bamberger Geschichte ist ein Thema, bei dem wir wissen, was passiert ist. Wir wissen, dass sie überlebt haben. Also ich bin froh, Teil einer Familie zu sein, die eine so reiche Geschichte hat, die sehr schmerzhaft war. Aber es ist auch eine mutige und eine gute Geschichte. Es ist das, was wir waren, es ist das, was der Familie angetan wurde.

Did you learn about the Holocaust in school? When did you first hear about the Holocaust?

I heard about the Holocaust when I was in the 4th grade in history class. I remember elementary school books had chapters about the Holocaust, and there were texts and photos. I saw some pretty horrific images, but they were meant for children, so they were censored a bit. And there was education on it, but it was minimal.

And what does that mean for you today?

Everything that happened is proof that pretty horrible things can occur, and it also means that there's danger. We need to have good morals and grow up with beliefs and spread more peace among each other and not be so afraid of one another's differences. And we should go against the violence and harm that we inflict on one another.

Is this a topic that you're discussing with other people your age?

Oh yeah. Since I've been involved more with the Jewish community, of course, it's a theme that's talked about a lot more. We enjoy the balance of it. We enjoy holidays and good times, but there's always room and space for conversations about the history.
So yeah, a lot of times people will come together one on one and have talks about significant things that have happened in the past. We talk about it with our family, in our marriages, with our friends, and with our colleagues at work. There are some satellite conversation programs at the Jewish Community Center. So, if there's a film or a gathering or a lecture, sometimes people will gather afterward and talk about the effects and about the stories and unpack the information that they learned.

Does that include very young people?

Yeah. From a young age, there are summer camps and teen groups and also adult groups. The people aren't afraid to talk about those topics.

And is the Bamberger story talked about often among the family?

The Bamberger story is a case where we know what happened. We know that they survived.
So, I'm happy to be a part of a family that has such a rich history. It was painful, but it was also brave and a good story. And it's what we were, it's the hand the family was dealt.
They were kicked out and chased around, then they fled and got free and made a new life. After everything, they're still being honest about what happened in the past but also enjoying life today.

I don't know anything about your family. Can you tell me a bit about your story?

My grandmother Irene Marty Keller – later Irene Garzouzi – grew up in France during WWII. She was not Jewish. She and her family were Christians and were of Swiss heritage. She lived with her family in the French countryside in a small town called Lamotte-Beuvron. When she was about 14-years-old, the German Army moved into her hometown, and became occupied by soldiers. The soldiers moved directly into her home. They were a tremendous imposition on their lives. They ate all their food, my grandmother was raped and sexually assaulted by German soliders, and they took her friends away. All of her Jewish friends at school vanished.
The soldiers stole anything made of metal and iron from their house in order to make their ammunition. The family owned a sculpture in the shape of an elephant - the soldiers shot our elephant, and still, to this day, the elephant has a hole in it's side where the bullet went in. My grandmother passed down the elephant to my sister and the bullets to me. My grandmother was traumatized by the events and grew up with a strong aversion to Germans.

Sie wurden rausgeschmissen und herumgejagt und dann sind sie geflohen und kamen frei und haben sich ein neues Leben aufgebaut. Und dann waren sie immer noch ehrlich gegenüber ihrer Vergangenheit und heute können sie das Leben genießen.

Ich weiß nichts über deine Familie. Kannst du über deine Geschichte etwas erzählen?

Also es gibt in der Geschichte einen engen Zusammenhang zwischen unseren beiden Familien.
Meine Großmutter Irene Marty Keller – später Irene Garzouzi – wuchs während des Zweiten Weltkriegs in Frankreich auf. Sie war keine Jüdin. Sie und ihre Familie waren Christen und stammten aus der Schweiz. Sie lebte mit ihrer Familie in Frankreich auf dem Land und zwar in einem kleinen Ort namens Lamotte-Beuvron. Als sie etwa 14 Jahre alt war, rückte die deutsche Armee vor und ihre Stadt wurde von deutschen Soldaten besetzt. Die Soldaten zogen direkt in ihr Haus ein. Es wurde zu einer enormen Zumutung für ihr Leben. Sie aßen ihre gesamten Vorräte auf, vergewaltigten meine Großmutter, missbrauchten sie und nahmen ihr ihre Freunde weg. Alle ihre jüdischen Freunde aus der Schule verschwanden.
Die Soldaten stahlen außerdem alles Metall und Eisen aus ihrem Haus, um daraus Munition herzustellen. Die Familie besaß eine Skulptur in Form eines Elefanten – die Soldaten schossen auf unseren Elefanten, und noch heute hat der Elefant ein Loch in der Seite, wo die Kugel eingedrungen war. Meine Großmutter vererbte den Elefanten später an meine Schwester und die Kugeln an mich.
Meine Großmutter war durch die Ereignisse traumatisiert und wuchs mit einer starken Abneigung gegen Deutsche auf.
Später im Leben heiratete die Schwägerin meiner Großmutter einen deutschen Mann, und sie stritten sich erbittert darüber, weil meine Großmutter diese Abneigung gegen Deutsche hatte.
Im Jahr 2016 erzählte mir meine Großmutter, was ihr während des Krieges widerfahren war und sie starb dann ein Jahr später.
Darum kann ich mich mit der Familie Bamberger, in der ich mich jetzt befinde identifizieren, denn auch meine Familie war vom Krieg und dem Schaden sehr betroffen, den die Soldaten angerichtet hatten.

Wie denkst du über die Zukunft? Ist es möglich, dass nach mehreren Generationen nichts mehr vom Holocaust übrig bleibt oder geht das weiter?

Es scheint als gäbe es Elemente der Schwierigkeit, die auftauchen und die weiterhin auftauchen werden und sich vielleicht nicht genau zu einem weiteren Holocaust materialisieren, hoffentlich. Aber es gibt so etwas wie kleine Funken, die ein Feuer entfachen, die sehr auffällig und sehr schlimm sind. Man kann sie überall sehen.
Ich weiß also, dass wir unsere Augen offen halten müssen. Wir müssen zu Hause gute Werte vermitteln und versuchen, die Kinder zu erziehen und die Gemeinschaften nach besseren Gesichtspunkten zu planen als nach denen des Hasses und der Ausbreitung von Krieg und Misstrauen gegenüber anderen Menschen.

Man muss immer wieder aufpassen?

Ja, du schaust und siehst diese Dinge und du siehst die Nachrichten, und manchmal kannst du etwas dagegen tun.
Aber manchmal geht es um ein großes Ausmaß, wo man sich verloren fühlt.
Wie kann ich dazu beitragen, dass es besser wird? Aber es ist überwältigend herauszufinden, wie man das bekämpfen kann. Es ist sehr schwer.

Wir haben über die deutsche Staatsbürgerschaft gesprochen? Wie denkst du darüber?

Ich habe die deutsche Staatsangehörigkeit noch nicht. Aber ich könnte sie haben.

Later in life, her sister-in-law married a German man and they fought bitterly over it because of my grandmother's dislike of German people. In 2016, my grandmother told me what happened to her during the war, and she passed away in 2017.

That's why I can identify with the Bamberger family where I am now, because my family was also very affected by the war and the damage the soldiers had done.

What do you think about the future? Is it possible that after a few generations, nothing will remain of the Holocaust, or will it continue to be discussed? Could it happen again?

It seems like there are difficulties that continue to pop up and maybe won't materialize into another Holocaust, hopefully. But they are like little sparks coming off a fire that are very noticeable and very bad. You can see them everywhere.
So I know that we have to keep our eyes open. We have to, you know, teach good values in the home and try to raise children and plan communities around better aspects than hate, than more proliferation of war and distrust of other people.

You always have to pay attention, right?

Yeah, you look around and see these things in the news, and sometimes you can do something about it. But sometimes it's on a very large scale where you feel at a loss for how to contribute to making things better. But it's overwhelming to figure out how to combat that. It's very hard.

We've talked about German citizenship. What do you think about it?

I don't have German citizenship yet, but I could.

Would you want to have it, or not?

I do want it. Well, I'd like to be a citizen of more than one country in the world. And I'd like the opportunity. I love Germany, in a way, but in another way, I have complex feelings towards it.
I also have parents that have other citizenships, a Greek citizenship and a French citizenship. So, I'm kind of contemplating whether it would be good to be a citizen of one of their countries. That way we could be very diverse and multi-citizen.
But my father is Semitic, from a town in the mountains of Lebanon. So I feel like a part of me is genetically Jewish and Semitic.

Aber willst du sie haben oder lieber nicht?

Ich will sie. Nun, ich bin gerne ein Bürger von mehr als einem Land der Welt. Ich mag die Möglichkeit. In gewisser Weise liebe ich auch Deutschland und dann habe ich wieder unterschiedliche Gefühle dazu.
Ich habe auch Eltern, die andere Staatsbürgerschaften haben, die griechische und die französische Staatsbürgerschaft. Ich habe also darüber nachgedacht, ob es nicht gut wäre, zu einem ihrer Länder zu gehören. Auf diese Weise könnten wir sehr vielfältig und vielseitig sein.
Aber mein Vater ist semitisch aus einer Stadt in den Bergen des Libanon. Ich habe also das Gefühl, dass ein Teil von mir genetisch jüdisch und semitisch ist. Der andere Teil meiner Familie ist eher westeuropäisch, griechisch und christlich. Es ist also definitiv eine Mischung aus allem.
Aber es ist auch ein bisschen jüdisch, wie ich kürzlich bei meiner DNA-Analyse herausgefunden habe.

Wir haben noch ein weiteres Thema, über das ich auch mit den anderen gesprochen habe, das sind die sogenannten sozialen Medien? Denkst du, sie sind eher gefährlich oder bergen sie eine Chance?

Die sozialen Medien geben Macht an Gruppen, die Probleme verursachen werden, die sich treffen und zusammenschließen und sich für Dinge einsetzen, die nicht gut sind.
Aber gleichzeitig gibt es auch Raum für die Gegenseite, sich zu treffen und zusammenzuschließen und zu versuchen, das zu korrigieren. Aber, bei dem Sturm auf das Kapitol am 6. Januar *(Washington 2021, E.B.)* wurde festgestellt, dass sich viele Gruppen online trafen, um das im Voraus zu planen. Das ist einfach etwas, das sehr ernst und sehr beängstigend ist.
Du denkst darüber nach, was man tun kann. Es sind einfach Leute an ihren Computern, die sagen und verbreiten dürfen, was sie wollen. Sie brauchen es nur in die Tastatur zu tippen, um es zu verbreiten. Das ist eine sehr mächtige Sache.
Viele Menschen fragen sich, was man dagegen tun kann, damit die falsche Macht nicht in die falschen Hände gerät und Verwüstung, Chaos, Zerstörung, Mord und andere schlimme Dinge anrichtet.
Aber ich bin froh, dass es auch Leute gibt, die diesen Raum nutzen und diese Macht, um gute Dinge zu tun und um sich zusammen zu tun und herauszufinden, was sie tun können, um die Welt in die richtige Richtung zu lenken – wenn das möglich ist.

Ich danke dir für das Gespräch.

Ich danke dir!

And then I have the other sides of my family that are more Western European and Greek and Christian. So, it's definitely a mix.
But there's a little Jewish in there, which I learned about recently when I did my DNA test.

There's another topic, which I also discussed with the others: social media. Do you think social media is dangerous or is it an opportunity for good?

Social media gives power to groups that cause problems, groups that are going to meet and combine and rally for causes that are not good.
But at the same time, there's space for the opposite to meet and combine and try to correct that.
But, like with the January 6th insurrection at the Capitol *(Washington 2021, E.B.)*, they found that a lot of groups were meeting online to plan it ahead of time. That's just something that is very serious and very scary.
And you think about, what can be done? It's just people on their computers with full permission to say whatever they want. They just have to type it into the keyboard and they can spread the word. That's a very powerful thing.
And a lot of people are asking what can be done so that the power doesn't get into the wrong hands and cause havoc, mayhem, destruction, murder, and serious things like that.
But I'm glad that people are using that space and that power for good causes, to congregate and gather and figure out what they can do to steer the world in the right direction – if it's possible.

Thank you for the interview.

Thank you!

Kapitel 6

Camp de Gurs

Die furchtbarsten Erinnerungen aus dieser Zeit hat Anneliese an das Lager in Gurs in den Basses Pyrenées. Im Jahr 1940 ist sie mehrere Monate dort, zusammen mit vielen anderen, aus Deutschland hierher deportierten Juden.

Ursprünglich ist Gurs für spanische Soldaten gebaut, die gegen Franco gekämpft und sich auf der nördlichen Seite der Pyrenäen in Sicherheit gebracht hatten. Erst nach dem deutschen Überfall auf Frankreich kommen mit den jüdischen Häftlingen auch Frauen nach Gurs. Unter ihnen z.B. auch Hannah Arendt, sie ist zeitgleich mit Anneliese hier gewesen.

Das Camp de Gurs liegt im sogenannten Vichy-Teil von Frankreich. Von französischen und spanischen Soldaten bewacht, ist es mit deutschen Lagern im Jahr 1940 also nicht vergleichbar.

Internierungslager Camp de Gurs

Es ist kein Grund bekannt, warum Anneliese Bamberger gerade in dieses Lager gebracht worden ist. Sie selbst hat die Zeit später als die schrecklichste in ihrem Leben bezeichnet.
Als sie dort ankommt, ist sie gerade 20 Jahre alt und eine hübsche junge Frau; schutzlos, alleine und ohne Kontakt zu ihrer Familie.
Julius Bamberger ist derweil in dem Camp de Bassens an der Gironde interniert. Das Lager wird aufgelöst, und in dem Durcheinander gelingt es ihm zu fliehen. Er vermutet Anneliese in Gurs und macht sich mit Bahn, Bus und am Ende zu Fuß auf den 150 km langen Weg in den Süden.

Aus seinen Notizen:
Mein Bart war inzwischen lang genug und weiß genug, um den alten Franzosen zu zeigen. Nach drei Tagen waren meine Schuhe zerfetzt. Ein baskischer Farmer gab mir Holzschuhe mit Leder-Fütterung und ein uraltes Barett, das wahrscheinlich schon Napoleon gesehen hatte.
Ich begegnete schon am 2ten Tag auf einer Brücke über einen wild tobenden Gebirgsfluss zum ersten Mal den deutschen Soldaten. Ich hatte mir vorgenommen als Elsass-Lothringer aufzutreten und schlechtes Deutsch zu sprechen, wenn nötig.

Zwei Wochen später erreicht er tatsächlich das Lager in Gurs. Er schreibt:
Nun begann mein Kampf um die Freiheit meiner Tochter. 4 Kilometer streckten sich die braunen Baracken der später berühmten Strasse entlang zu den hohen Bergen der Haute-Pyrenées. Die Umgebung war herrlich, aber sehr trocken. Im Lager sah man die großen Stacheldrähte der Verwaltungsgebäude.

Chapter 6

Camp de Gurs

Anneliese's most terrible memories from this time were of the camp in Gurs in the Basses Pyrenées. In 1940, she stayed there for several months, along with many other Jews deported from Germany. Originally, Gurs was built for Spanish soldiers who had fought against Franco and were taken refuge on the northern side of the Pyrenees.

Only after the German invasion of France were women also sent to Gurs, along with Jewish prisoners. Among them was Hannah Arendt, who was there at the same time as Anneliese. The Camp de Gurs was located in the so-called Vichy part of France. Because it was guarded by French and Spanish soldiers, it was not comparable to German camps in 1940.

It is not known why Anneliese Bamberger was brought to this camp. She later described the time as the most terrible in her life. Upon her arrival, she was only 20 years old and a very pretty young woman. She was also alone - without any protection or contact with her family.

Meanwhile, Julius Bamberger was interned at the Camp de Bassens on the Gironde. The camp was broken up, and in the confusion, he managed to escape. He suspected that Anneliese was in Gurs and set off by train, bus, and finally, on foot for the 150 km journey south.

From his notes:
My beard was by now long enough and white enough to pass as an old Frenchman. After three days, my shoes were tattered. A Basque farmer gave me wooden shoes with leather lining and an ancient beret that had probably seen Napoleon.
I encountered the German soldiers for the first time on the 2nd day on a bridge over a wildly raging mountain river. I had planned to appear as an Alsatian-Lorraine and to speak bad German if necessary.

Two weeks later he reached the camp in Gurs. He wrote:
Thus began my struggle for my daughter's freedom. For 4 kilometers the brown barracks stretched along the later famous road to the high mountains of the Haute-Pyrenées. The surroundings were magnificent but very dry.
In the camp, one could see the big barbed wires of the administrative buildings.

So I took my cigarettes and asked the Spanish camp workers for their boss.

I showed him two packs of cigarettes, and we agreed that this real caballero (guard) should find out in which block Annie was.

Internment camp Camp de Gurs

So nahm ich meine Zigaretten und fragte die spanischen Lagerarbeiter nach ihrem Boss. Ich zeigte ihm 2 Schachteln Zigaretten, und wir kamen überein, dieser richtige Caballero solle feststellen, wo, in welchem Block Annie war.
Er verschwand im hohen, roten Heidekraut und kam zurück nach 1 Stunde mit der Freuden-Nachricht, wo Annie war. Er bekam 3 Schachteln Zigaretten und nahm mich in seine Arme.

Wir benutzten einen versteckten Arbeits-Tunnel, und nun begann das Drama. Block AZ, Block B, Block BA. Vorbei an Block B bat eine alte Dame aus Hannover um einen ganz kleinen Bleistift und etwas Papier, ich gab ihr alles, was ich irgendwo in der Tasche hatte.
Ich, der Tramp, hatte tatsächlich etwas zu verschenken. Nun fragte ich die Hannoveranerin, ob sie etwas gehört oder gesehen hätte von einem … kleinen Mädchen A. B. Da sagte sie: „Sie sind doch nicht Annies Vater? Da, etwa 50 Yards weiter, steht sie am Stacheldraht seit Wochen und wartet auf den Befreier.“
Ich erspare dem Leser und mir lieber die Beschreibung der Zustände in den Baracken. Ich zeigte dem Barackenältesten meinen in Bayonne gestempelten Pass, und ich hatte das Kind in meinem Arm.

Julius Bamberger hat seine Aufzeichnungen offenbar im Nachhinein in den USA verfasst. Noch in Frankreich, hätte er sicher nicht einen Ausdruck wie 50 Yards benutzt. In späteren Kapiteln kommen noch weitere, kaum anders zu erklärende, englische Ausdrücke vor.

Für einen Antrag auf Wiedergutmachung in den 1950er Jahren schreibt Anneliese Bamberger in einer eidesstattlichen Erklärung:
Das Leben im KZ (tatsächlich war Gurs ein Internierungslager, kein KZ, E.B.) *wurde für mich zu einer Hölle, umso mehr, als ich aus guter Familie stamme und immer nur gute Behandlung gewohnt war. Im Lager selbst musste ich erleben, dass mit dem Begriff von Anstand wirklich Schindluder getrieben wurde, und das Aufsichtspersonal im Lager verfolgte mich mit unsittlichen Anträgen. Sie versuchten mich dann zu erhaschen, aber es gelang mir, soweit ich mich erinnere, solchen Verfolgungen dadurch zu entgehen, dass ich mich tagelang verborgen hielt. Aber ich musste diese Zeit des Verborgenseins in Angst und Schrecken durchmachen, weil die Gefahr bestand, dass ich jederzeit entdeckt werden konnte. Mein Körpergewicht war bis auf 80 Pfund runtergegangen, und ich musste mit Entsetzen zusehen, wie Frauen offen vergewaltigt wurden. Diese Vorgänge spielten sich im Lager Gurs ab, und als ich schließlich aus diesem Lager befreit wurde, war ich körperlich und seelisch vollkommen ruiniert.*

He disappeared into the tall, red weeds and came back after an hour with the joyful news of where Annie was.
He was given three packs of cigarettes and took me by the arm.
We used a hidden work tunnel, and then the drama began. Block AZ, Block B, Block BA. Passing Block B, an old lady from Hannover asked for a very small pencil and some paper. I gave her everything I had in my pocket.
I, the tramp, actually had something to give away. Then I asked the Hanoverian lady if she had heard or seen anything of a ... little girl A. B. Then she said, "You're Annie's father, aren't you?" There, about 50 yards away, she has been standing by the barbed wire for weeks waiting for her liberator.
I prefer to spare the reader and myself the description of the conditions in the barracks. I showed the barrack elder my passport, which had been stamped in Bayonne, and I had the child in my arms.

Julius Bamberger apparently wrote his notes after the fact in the USA. In France, he certainly would not have used an expression like 50 yards. In later chapters, other English expressions, which can hardly be explained, appear.

For an application for compensation in the 1950s in Germany, Anneliese Bamberger writes in an affidavit:
Life in the concentration camp (Gurs was actually a French internment camp with French and Spanish guards, E.B.) *became hell for me, even more so because I came from a good family and had always been accustomed to good treatment. In the camp itself, I experienced that the concept of decency was really played fast and loose. The camp guards harassed me with indecent requests. They tried to grab me, but I managed, as far as I remember, to escape these pursuits by remaining hidden for days. But I had to go through this period of hiding in fear and terror because there was a danger that I could be discovered at any time. My body weight had gone down to 80 pounds, and I had to watch in horror as women were openly raped. These events took place in the Gurs camp, and when I was finally freed from this camp, I was completely ruined physically and mentally.*

David Julius (genannt Jules) Bamberger

Jules Bamberger ist 1952 geboren. Er lebt in Kalifornien auf einem Grundstück, das er von einem Mitglied der Familie Levi Strauss geschenkt bekommen hat. Er und seine Frau Janine haben schon auf diesem Grundstück geheiratet, wie inzwischen auch ihre Kinder Jalena und Jerzy.
Früher war diese hügelige Gegend dicht von amerikanischen Ureinwohnern besiedelt.
In den ersten Jahren hatte die Familie Hühner und Schafe, die sie aber im Laufe der Zeit abgeschafft hat. Zu viele wurden von Pumas und Luchsen gerissen.
Mit seiner Firma hat Jules lustige, lebensgroße Roboter gebaut, die die Leute in Freizeitparks oder bei großen Veranstaltungen unterhalten haben.

*

Du hast mir gestern einen Witz erzählt. Sei so nett und erzähle ihn noch einmal.

Diese beiden jüdischen Jungen gehen durch eine Stadt und haben Hunger. Sie haben kein Geld. Sie haben kein Essen. Sie wandern einfach umher. Sie kommen an einer Kirche vorbei und sehen ein Schild, auf dem steht: Wir geben euch zu essen und 25 Dollar, wenn ihr zum Katholizismus konvertiert. Die beiden Jungen besprechen das.
David sagt zu Benjamin:
„Ich habe Hunger, warum machen wir das nicht?"
Und Benjamin sagt:
„Nun, wir sollten nicht beide gehen. Nur einer von uns sollte hingehen und sehen, was es damit auf sich hat."

Benjamin sagt: „Ich gehe", und David sagt: „OK, ich warte da drüben."
Benjamin geht also hinein und ist lange drinnen, und David ist sehr hungrig. Er wartet und wartet. Und schließlich kommt Benjamin heraus und David sagt:
„Na, hast du das Geld bekommen?"
Und Benjamin sagt:
„Ist das alles, was euch Juden interessiert? Das Geld?"

David Julius (aka Jules) Bamberger

Jules Bamberger was born in 1952. He lives in California on a plot of land given to him by a member of the Levi Strauss family. He and his wife, Janine, were married on this property as well as in the meantime their children Jalena and Jerzy.
Native Americans used to densely populate this hilly area. In the early years, Janine and Jules had chickens and sheep. Over time, however, this was no longer possible as too many were killed by cougars and bobcats.
With his company, he built fun, life-size robots that entertained people at theme parks and large events.

*

You told me a joke yesterday. Would you be so kind as to tell it again?

These two Jewish boys are walking through town and they're hungry. They have no money. They have no food. They're just wandering around. But they're very hungry and they walk by a church and they see a sign that says: We will give you $25 if you convert to become Catholic. So the two boys talk to each other.
David said to Benjamin,
"I'm hungry. Why don't we go do this?"
And Benjamin says,
"Well, let's not both go. Just one of us should go in there and see what it's all about."
So Benjamin said, "I'll go," and David said, "I'll stay."
So Benjamin goes in and he's in there for a long time and they're very hungry. He's waiting and he's waiting. And finally, Benjamin comes out and David says,
"Well, did you get the money?"
And Benjamin says,
"Is that all you Jews care about? The money?"

It's really wonderful.

It is a nice joke. I could tell you more, but then I probably wouldn't stop...

Then please tell me more.

Okay, this is the last one I'll give you. So there are three guys in a boat. The big boat crashes. They're in ... What do you call it? A little rowboat, a safety boat? A Jewish guy, a Catholic guy, and a Muslim. And they come up onto this island and immediately, the Catholic guy builds a big cross and he's praying that he'll be rescued, praying all day. And the Muslim guy weaves a little mat, he rolls it out. "Allah rescue me, rescue me."
The Jewish guy builds a hammock and he lays down. He's sipping on a coconut and he's just relaxing. All the other guys get mad at him. Like, look at us, we're praying, we're praying every day very hard, and you're just laying there in your hammock.
He says,
"Well, you know, there's an organization called the JCC, which is a Jewish community center. Two years ago, I donated $300.000 to the JCC, and last year I gave them $500.000."
He said, "They're going to find me."
So that's the end of those jokes I have. I could go on all night, really.

Yesterday, everyone laughed when you made a joke - you remember?
It was the one with the extra sentence in the letter from the mayor.
Can you tell that?

Das ist wirklich wunderbar.

Ja, das ist ein schöner Witz. Ich kann dir mehr erzählen.

Dann erzähl mir gern mehr.

OK, also drei Männer sind in einem Boot. Ein jüdischer Mann, ein katholischer Mann und ein Moslem. Und sie kommen auf einer Insel an.
Sofort baut der Katholik ein großes Kreuz und beginnt zu beten, dass er gerettet wird. Er betet den ganzen Tag.
Der Moslem webt einen kleinen Gebetsteppich. Er rollt die Matte aus und beginnt zu beten. „Allah, rette mich. Rette mich."
Der Jude baut eine Hängematte im Schatten zwischen zwei Bäumen auf und legt sich rein. Er nippt an einer Kokosnuss und entspannt sich einfach. Die anderen sind sauer auf ihn.
„Schau uns an," sagen sie,
„wir beten, wir beten jeden Tag sehr intensiv, und du liegst nur in deiner Hängematte."
Der Jude sagt:
„Na ja, du weißt schon. Es gibt eine Organisation namens Jüdische Föderation."
Dann erklärt er weiter:
„Vor zwei Jahren habe ich 300 000 Dollar an die Föderation gespendet, und letztes Jahr habe ich ihnen 500 000 Dollar gegeben."
Und dann sagt er:
„Keine Sorge, sie werden mich finden."
So, das sind jetzt genug Witze für heute. Ich könnte die ganze Nacht so weitermachen, wirklich!

Gestern haben alle hier gelacht, als du etwas gemacht hast – du erinnerst dich? Du hast in dem Brief des Bürgermeisters einen zusätzlichen Satz erfunden.
Kannst du das auch nochmal erzählen?

Ja, das war lustig. Ich habe den Brief des Bürgermeisters an die Familie Bamberger gelesen, und am Ende habe ich einen Satz hinzugefügt, der nicht da war.
Ich habe hinzugefügt: Anbei finden Sie einen Scheck über eine Million Dollar. Ein Dank für Ihre Unterstützung dieses Projekts. Da waren sie alle schockiert. Und dann habe ich gesagt, dass ich nur einen Scherz mache. Und wir haben alle gelacht.
Wie jetzt wieder. – Es hat sich einfach so ergeben. Als ich in meinem Geschäft mit den Robotern gearbeitet habe, ging es nur um Comedy. Also ich war mein ganzes Leben als Erwachsener ein Komödiant. Weißt du, wenn du Comedy übst, so wie Klavierspielen oder Golfen, dann ist es einfach ein Teil von dir – für immer. Ich sehe überall Comedy.

Aber sie funktioniert am besten, wenn sie ein bisschen Wahrheit enthält.

Oh ja, ich glaube mit der Million Dollar wären alle glücklicher. Wenn wir das bekämen, müsste ich es teilen, ich würde wahrscheinlich nur bei 950 000 enden.

Aber du hast es dem Bürgermeister in den Mund gelegt. Es ergibt eine Verbindung zur Geschichte der Familie.

Okay, ja. Weißt du, es gab einen ergreifenden Moment für mich. Als ich das erste Mal auf Einladung der Regierung nach Deutschland kam, waren alle sehr nett. Ich kam mit meiner Cousine Lynne. Man zeigte uns das Gebäude *(des ehemaligen Kaufhauses, E.B.)* und das Haus meines Großvaters und all diesen materiellen Reichtum. Man behandelte uns sehr nett und sagte dann am Ende: OK, es war schön, euch zu sehen. Ihr könnt jetzt gehen.

Yes. I read the letter and at the end, I said a sentence that was not there. I added this: Please find enclosed a check for $1 million. Thank you for your…whatever. And you were all shocked. And then I said, I'm just kidding. And then we all laughed. Like now again.

It just came up, you know. When I worked in my business with the robots, it was all about comedy. So my whole adult life was being a comedian, but not on a stage and not being looked at. But, you know, when you practice comedy like you would practice the piano or golfing, it's just part of you. So for me, I see comedy everywhere.

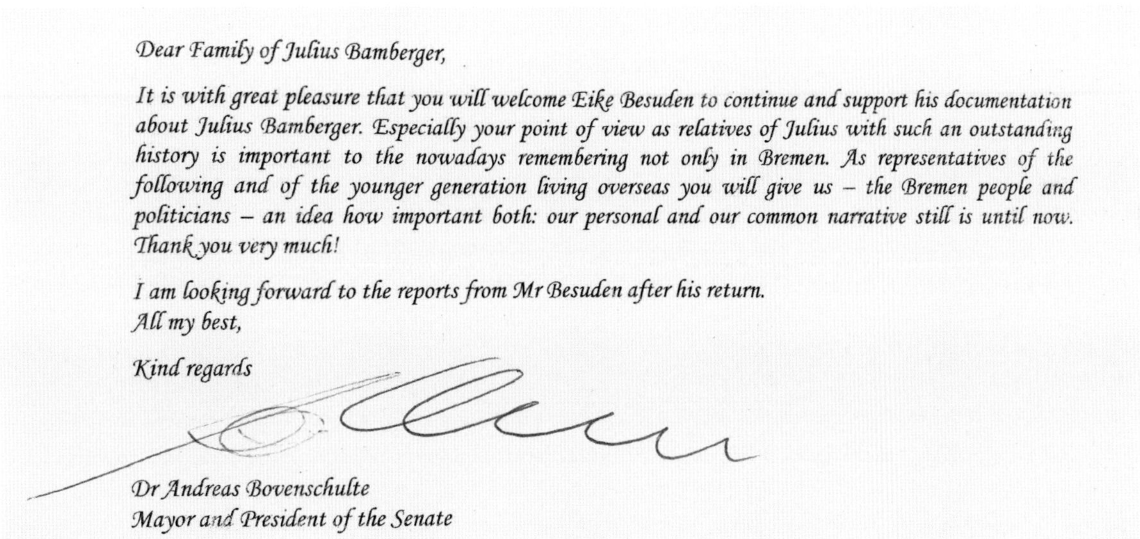

Dear Family of Julius Bamberger,

It is with great pleasure that you will welcome Eike Besuden to continue and support his documentation about Julius Bamberger. Especially your point of view as relatives of Julius with such an outstanding history is important to the nowadays remembering not only in Bremen. As representatives of the following and of the younger generation living overseas you will give us – the Bremen people and politicians – an idea how important both: our personal and our common narrative still is until now. Thank you very much!

I am looking forward to the reports from Mr Besuden after his return.
All my best,

Kind regards

Dr Andreas Bovenschulte
Mayor and President of the Senate

But jokes always work best when there is a bit of truth in them.

Oh yeah, I think with a million dollars everybody would be happier. If we did get that, I'd have to share it. I'd probably only end up with $950,000.

Put it into the mouth of the mayor. That, of course, also has something to do with your family history.

Oh, well, okay. You know, there was a poignant moment for me. When I first came to Germany and everybody was very nice…it was with my cousin, Lynne. They showed us the building *(of the former department store, E.B.)*, and they showed us my grandfather's house and all this stuff, you know? They treated us very nicely and then said, okay, goodbye, it was nice to see you. Go home!
And it was like, we stole all this from you, and now you get to look at it.

Es fühlte sich an, als würden sie sagen: Wir haben euch das alles gestohlen. Ja, wir haben euch das alles gestohlen, seht es euch an, ist es nicht wunderbar? Und jetzt könnt ihr wieder gehen.
Weißt du, sogar der Besitzer des Hauses *(in der Parkallee 44, E.B.)* war sehr verärgert, dass ich dort war. Er dachte, ich käme, um zu versuchen, es zurückzubekommen – denn sie haben es uns ja gestohlen.
Weißt du, wie sie das Gebäude bekommen haben? Weißt du das? Die deutsche Regierung hat ihnen während der gesamten Kriegszeit weiterhin Grundsteuer berechnet. Sie stellten ihm *(Julius Bamberger, E.B.)* Steuern in Rechnung und dann, als die fälligen Steuern zu hoch waren, nahmen sie das Haus und das Gebäude wieder in Besitz.

So haben die Nazis es vielfach gemacht.

Es ist keine ungewöhnliche Geschichte, aber, weißt du, und ich sage nicht, dass das nicht *(auch, E.B.)* eine Taktik ist, die die Kapitalisten benutzen, um Dinge von jedem zu stehlen. Sie haben alle ihre Wege, das zu tun. Weißt du, mein Großvater lag im Sterben, als er die Vereinbarung mit der Wiedergutmachung abschloss.
(Entsprechend einer Gesetzgebung in der Bundesrepublik Deutschland, die individuell erlittenen Schaden ausgleichen sollte. Die sogenannte Wiedergutmachung glich in der Regel nur einen Bruchteil des angerichteten Schadens wieder aus, E.B.)
Er hatte Krebs und es ging ihm nicht gut, weißt du, also gab er sich mit 50 000 Dollar oder einer anderen lächerlichen Summe zufrieden, sicherlich kein fairer Deal.
Weißt du, wir sind nicht reich. Wir sind auch nicht arm. Wir sind genau in der Mitte. Unseren Kindern geht es allen gut, wir sind glücklich. Aber eine Million mehr zu haben, wäre wunderbar.
Also die Wiedergutmachung war nicht äquivalent für das, was sie verloren haben. Ich meine, ich kann mir den Wert der Kunst, die er gehabt haben mag, nur vorstellen. Er fuhr oft nach Paris, nach Montmartre, um seinen Bruder zu besuchen, der lebte dort. Er kaufte wahrscheinlich kleine Gemälde und hängte sie im Haus auf. Sie könnten von Picasso gewesen sein. Wir wissen nicht, was er hatte. Wir haben nichts dafür bekommen, nicht einmal sein Tafelsilber oder sonst etwas. Es ist also nicht angemessen.
Aber man muss auch sagen, dass es in keinem anderen Land der Welt eine Wiedergutmachung gegeben hat.
Ich schäme mich dafür, dass unsere Regierung den Indianern und Schwarzen in diesem Land nicht hilft. Weißt du, sie sollten wenigstens kostenlose Gesundheitsversorgung und Bildung bekommen. Es stimmt also. Es ist nicht genug. Aber es ist mehr als nichts. – Vielleicht.

Ich möchte zu dem anderen Teil dieser Geschichte kommen. Als du nach Bremen gekommen bist, was war das für eine emotionale Situation für dich?

Na ja, weißt du, da war dieser Teil, den ich gerade über die materialistische Sache gesagt habe. Und manche Familien haben ihre eigene Mythologie. Ich weiß nicht, ob deine Familien eine hat. Aber es gibt ein paar Dinge, die in meiner Familie sehr wichtig sind.
Eines davon ist, was mein Großvater in seinen Memoiren erzählte, als er durch Frankreich wanderte, als sie auf der Flucht waren und er draußen auf einem Feld saß und das Gras im Wind wehen sah. Die Sonne ging unter und die Schafe weideten, und er erkannte, wie schön das war, einfach nur am Leben zu sein und frische Luft in der Natur zu atmen.
Sein ganzes Leben hatte er damit verbracht, etwas zu erreichen und zu arbeiten und Geld zu verdienen, und so hart zu arbeiten. Aber wirklich da draußen im Gras zu sitzen und die Natur zu betrachten, kann auch eine schöne Erfahrung sein.

(Aus den Notizen von Julius Bamberger, E.B.)
Dann wanderten Vater und Tochter auf zu den nahen Bergen, wo die Ernte wartete. Es waren herrliche

You know, even the owner of the house *(at Parkallee 44, E.B.)* was very upset that I was there. He thought I was going to come and get it - because they did steal it from us.
You know how they got the building? Do you know? Yeah, they charged them late taxes. They charged him taxes *(Julius Bamberger, E.B.)*, and then they kicked him out of the house.

Under the Nazis, that happened to a lot of people.

It's not an unusual story, but, you know... and I don't say that isn't a tactic that the capitalists use to steal things from everybody. You know, they all have their ways of doing it. So there is a little bit of truth in it. You know, my grandfather was dying when he made the deal for the Wiedergutmachung. *(According to a legislation in Germany, this was supposed to compensate individually suffered damage. This reparation usually only compensated for a fraction of the damage done, E.B.)*
He had cancer and he wasn't at his best, you know, so he settled for $50,000 or some paltry sum. And I'm not saying that money makes that much of a difference because I know too many people who are rich who are not very happy. You know, we're not rich. We're not poor. We're right in the middle. Our kids are all doing well. But to have an extra million would be OK. You know, maybe I'll buy a ski lodge...
Okay, so the Wiedergutmachung... you know, it's true that it isn't representative of what they lost. I mean, I can only imagine the value of the art that he may have had. He used to go to Paris, to Montmartre, to visit his brother who lived there. He probably bought little paintings and hung them up. They could have been Picasso's or Renoir's. We don't know what he had. We got nothing for any of that, not even his silverware or anything. So, you know, it isn't representative of that.
But you also have to see that no other country in the world has given the Wiedergutmachung. So who is helping the Native Americans and black people in this country? They should at least get free education or something for that. So it's true, it's not enough. But it is more than nothing. - Maybe.

I would like to talk about another part of this story. When you visited Bremen, were there other emotional moments for you?

Well, there was that part that I just said about the materialist thing and how families have their own mythology. I don't know if your families do, but there were a couple of things that were very important in my family. One was what my grandfather said in his memoir. When he was walking through France, when they were escaping, he was sitting out on a field and he was watching the grass blowing in the wind and the sun setting and the sheep walking around or whatever. He never realized how beautiful that was.
And he had spent his whole life achieving and working and making money and working so hard. But really sitting out there on the grass and looking out was much more rewarding, a more beautiful experience, or at least equal to its other option.

(From the notes by Julius Bamberger, E.B.)
Then father and daughter wandered off to the nearby mountains where the harvest was waiting. There were magnificent forests in this part of the Basses Pyrenées. The hay was fragrant, having been turned yesterday. There were no lively machines at hand. Everything was done „by hand" by the farmers. The ox-carts brought up the helpers and before the work began, there was a jug of white or red wine.
Anne was the most industrious of all. She very soon had for this hay turning the task with the fork, while father Julius was somewhat clumsily employed at first only to wag the countless flies from the nose of the poor oxen.
So I sit on the deep green meadows in the Basse Pyrenées. My possessions are an old pair of sports trousers, an even older battle-tested Officer's-Litewska and a pair of wooden shoes and an army of overripe apples that fell from trees just like me. ...
How sad it all is and how wonderful the world is and how beautiful it is to dream of times gone by when the distant blue mountains of the Haut-Pyrenées look out of the leaf and the bees hum their

Wälder in diesem Teil der Basses Pyrenées. Das Heu duftete, das gestern gewendet worden war. Da waren keine munteren Maschinen zur Verfügung. Alles machten die Bauern „by hand". Die Ochsen-Karren brachten die Helfer hinauf und bevor die Arbeit begann, gab es eine Kanne weißen oder roten Weines.
Anne war die Fleißigste von allen. Sie hatte sehr bald für dieses Heuwenden die Aufgabe mit der Gabel, während Vater Julius etwas unbeholfen zuerst nur beschäftigt wurde, den armen Ochsen die unzähligen Fliegen von der Nase zu wedeln.
So sitze ich denn auf den tiefgrünen Wiesen in den Basse Pyrenées. Mein Eigentum ist eine alte Sporthose, eine noch ältere schlachterprobte Offiziers-Litewska und ein Paar Holzschuhe und ein Heer überreifer Äpfel, die wie ich von Bäumen fielen. –
Wie traurig ist das alles und wie herrlich ist die Welt und wie schön lässt es sich träumen von vergangenen Zeiten, wenn die fernen blauen Berge der Haut-Pyrenées aufs Blatt Dir schauen und die Bienen summen ihr ewiges Lied. Ferne tönen die rauen Stimmen der Bearner Bauern, die dort im Grenzland der spanischen Basken mit Ochsen pflügen, wie zu Jakobs Zeiten, die mit ihren Tieren und mit Menschen nur ihre unerschöpfliche Arbeit leisten alle Tage, alle Tage.
Die tiefe Stille, die mich Flüchtling hier umgibt, in meinen Bergen, wo ich einsamen französischen Grenzbauern die Ochsen und Schweine hüte, zusammen mit meiner jungen Tochter, die ich vor einigen Wochen aus der Hölle von Gurs befreite.
Nach Südwesten zu schimmern die Kirchen der Jungfrauenstadt Lourdes, nach Nordwesten liegt Pau, die Hauptstadt, und soeben erklingen die Glocken dieser Städte zusammen in größter Harmonie.

Als meine Mutter im Sterben lag, war sie erst 62 oder 63. Weißt du, sie hatte ihr ganzes Leben lang gearbeitet, nachdem sie aus Deutschland hierher gekommen war und versucht, zu dem Lebensstil zurückzukehren, den sie in Deutschland hatte.
Aber zu mir sagte sie:
„Warte nicht darauf zu leben. Nimm dir Zeit für die Liebe, die Kunst und die Freude. Und bring dich nicht mit Arbeit um, denn es wird sehr bald vorbei sein.
Finde also ein Gleichgewicht, verdiene genug zum Leben, aber habe auch genug Spaß."
Diese beiden Mythen haben mir das Gefühl gegeben, dass der Wunsch nach Materialismus für die Familie eine untergeordnete Rolle spielt.
Und weißt du, viele Leute streben so sehr nach Geld, dass sie ihre Familien verlieren und niemand sie mag, verstehst du? Ich wollte das nicht tun. Janine und ich hatten finanziell Glück – sehr viel Glück.
Als ich also in Deutschland war und sah, was unsere Familie alles verloren hat, war das sehr erschütternd. Ich meine, ihr habt uns wie Könige behandelt, als wir zu Besuch kamen, das war sehr nett. All die Abendessen mit dem Bürgermeister und den Senatoren und das wunderschöne Konzerthaus. Und der Ort, an dem ihr uns behandelt habt, wie man es normalerweise nicht tut, es sei denn, man ist ein Politiker oder ein wirklich reicher Mensch.
Wir haben also Erfahrungen gemacht, ich habe etwas erlebt, das weit außerhalb meiner Norm liegt, und ich habe das Gefühl, je reifer ich werde, je älter ich werde, desto mehr Mitgefühl empfinde ich für die Situation aller Deutschen.
Das ganze Land wurde von einem unglaublich charismatischen Mann hypnotisiert, einem Regime, das die Kontrolle über alle übernommen hat, und es gab viele Leute, die nichts damit zu tun haben wollten. Ich will darüber nicht urteilen.
Ich denke, es ist wichtig, dass diese Dokumentarfilme, die du machst, und die Bücher, die geschrieben werden, uns daran erinnern, dass wir uns beteiligen müssen, wenn etwas außer Kontrolle gerät. Donald Trump hätte fast das Gleiche getan wie Hitler. Er hat gelogen und betrogen, und er hat die Hälfte des Volkes hypnotisiert. Mindestens die Hälfte der Menschen stand unter seinem Bann und dachte, er sei Gott. Ich glaube, dass er fähig war, alles zu tun, sich alles zu erlauben. Er brach die Regeln, indem er die Leute einsperrte und konnte alles tun. Es war ihnen egal.
Er sagte sogar, er könnte auf die Madison Avenue gehen und jemanden kaltblütig erschießen, und er würde damit durchkommen. Und wahrscheinlich könnte er das auch.

eternal song. Far away sound the rough voices of the Bearn peasants who plow there in the borderland of the Spanish Basques with oxen, as in Jacob's time, who with their animals and with people only do their inexhaustible work every day, every day.
The deep silence that surrounds me refugee here, in my mountains, where I lonely French border farmers herd the oxen and pigs together with my young daughter, whom I freed a few weeks ago from the hell of Gurs.
To the southwest the churches of the virgin city of Lourdes gleam, to the northwest lies Pau, the capital, and just now the bells of these cities ring out together in the greatest harmony.

And when my mother was dying, she was only sixty-three or sixty-two...she'd worked her whole life after they got here from Germany. She worked and worked and they had plenty of money. But she said, don't wait to live, and don't kill yourself working because it's all going to be over very soon.
So find balance, make enough to live, but have enough fun too.
So those two myths really worked together to make me feel like the desire for materialism played second to the family.
And you know, a lot of people go for the money so hard that they lose their families, and nobody likes them, you know? I didn't want to do that. But we've been lucky financially, Janine and I have been very lucky.
So when I was in Germany and I saw that stuff, it was upsetting. I mean, you guys treated us like royalty, it was very nice. All the dinners with the mayor and the senators and that beautiful Opera House... you treated us in a way that people generally are not treated unless they are politicians or really rich people. So we got to experience something that is way out of my norm, and it made me realize that, although it's nice, it's not worth killing yourself for. I don't need it. And as I get older, I feel more and more compassion for the situation of all the Germans. The whole place was hypnotized by an incredibly charismatic guy regime that took control of everybody. And there were plenty of people who didn't want anything to do with it, so I'm not judging anymore. I'm being careful not to get in the way.
I think it's important, these documentaries that you're doing and that people write books to remind us in case something starts getting out of control.
Like here, with Donald Trump, he was close. He lied and cheated, but he had half the people hypnotized. At least half the people were under his spell and thought that he was God. I think that whatever he did, he could do anything. Break rules, imprison people, he could do anything. They didn't care. And he even said, I could go down on Madison Avenue and shoot somebody in cold blood, and I'll get away with it. And he probably could. He got away with a lot of stuff that was really worse.
So, I think it's really common. You have people who want to follow a leader so they can just relax and take care of their little world, which is understandable. And there are people who are rebelling against that, and then you have people who just want to stay out of the whole thing, but they're aware of it. That's kind of where I see myself. I listen to the news, but I don't go out and demonstrate.
Am I answering that question?

Yes, but I have another question.
Do you think it's possible to interest young people in things like the Holocaust?

When I was growing up and we did Passover, which is a very literary kind of experience, storytelling... you read the same thing every year. The children read something and the adults read something, and you eat and do a little ritual. There are several holidays like that that are important, five or six. They didn't talk about the Holocaust at all. They talked about escaping from Egypt. That's what they talked about, escaping the Pharaoh. "We got away."
Now it's all about the Holocaust. All those books have been rewritten, and they bring up the Holocaust. If you have a Jewish home and you do Passover, you know what the Holocaust is.
Now, if you are a black kid in the ghetto, what do they know? What are they teaching in school? I don't know. Do they even go to school anymore? So, I think that there are much more immediate issues. The Holocaust is really in the past, and that's our issue. Maybe your issue too, of course.

Also, ich glaube, das ist ganz normal. Es gibt Menschen, die einem Führer folgen wollen, damit sie sich entspannen und sich um ihre kleine Welt kümmern können, was verständlich ist. Und es gibt Leute, die dagegen rebellieren. Dann gibt es Leute, die sich einfach aus der ganzen Sache heraushalten wollen, aber sie sind sich dessen bewusst. So sehe ich mich auch. Ich habe mir die Nachrichten angehört, aber ich gehe nicht auf die Straße und demonstriere.
Habe ich die Frage beantwortet?

Ja, aber ich habe noch eine andere Frage.
Glaubst du, dass es möglich ist, junge Menschen für Dinge wie den Holocaust zu interessieren?

Als ich aufwuchs und wir Pessach feierten, war das eine sehr literarische Erfahrung, Geschichten erzählen, zu lesen, zu diskutieren. Man liest jedes Jahr dasselbe, die Kinder lesen etwas, die Erwachsenen lesen etwas, man isst und macht ein kleines Ritual. Es gibt mehrere solcher Feiertage, die wichtig sind, fünf oder sechs. Sie haben überhaupt nicht über den Holocaust gesprochen. Sie sprachen über die Flucht aus Ägypten. Das war es, worüber sie sprachen, die Flucht vor dem Pharao.
„Wir sind entkommen."
Jetzt geht es nur noch um den Holocaust. All diese Bücher wurden umgeschrieben, und sie erwähnen den Holocaust als Teil der Feiertagslektüre. Wenn man ein jüdisches Zuhause hat und Pessach feiert, weiß man, was der Holocaust ist.
Wenn man aber ein schwarzes Kind im Ghetto ist, was weiß man dann? Was wird in der Schule gelehrt? Ich weiß es nicht. Ich denke also, dass es für die Kinder heute viel unmittelbarere Probleme gibt. Aber ich denke, ein aktuelleres Problem für die Kinder ist das, was an der Grenze zwischen Mexiko und den Vereinigten Staaten passiert. Die Menschen werden wie Tiere behandelt, sie werden inhaftiert, sie werden von ihren Kindern getrennt, sie tun diesen mexikanischen Familien alle möglichen schrecklichen Dinge an. Sie begehen keinen Völkermord, aber sie zerstören Leben.
Afrika! Bekommen sie den Impfstoff? Nein. Das ganze Land könnte einfach sterben. Und niemanden scheint es zu interessieren. Wir machen uns Sorgen um unsere Auffrischungsimpfung, unsere vierte Impfung. – Sie sorgen sich darum, frisches Wasser und etwas zu essen zu finden und nicht an COVID zu sterben, und niemand kümmert sich darum.
Stell dir vor, wir haben diese amerikanischen Ureinwohner, die in Stämmen leben, und sie haben ihr Gebiet. Reservate nennt man sie und sie leben dort und durch das Reservat fließt ein Fluss. Und sie holen das Wasser heraus und pflanzen ihren Mais an und sind glücklich – ich weiß nicht, ob sie glücklich sind, aber sie leben dort. Und plötzlich will eine Ölgesellschaft eine große Pipeline durch ihre Wasserquelle legen, und sie sagen:
„Bitte nicht! Bitte, tun Sie das nicht, denn sie wird kaputtgehen, sie gehen immer kaputt."
Die Regierung hört nicht zu, die Regierung arbeitet für große Ölkonzerne und sie bauen die Pipeline trotzdem.
Sie hören nicht auf die Ureinwohner Amerikas. Die Ureinwohner Amerikas legten sich vor die Bulldozer. Sie sabotierten den Bulldozer und versuchten, ihn politisch und rechtlich auf jede erdenkliche Weise zu stoppen, weil sie wissen, dass diese Dinger auslaufen und ihre Wasserquelle und ihre gesamte Umwelt zerstören werden. Das kümmert niemanden.
Ich denke also, dass die aktuellen Themen für die Jugend wichtiger sind als die älteren Themen. Wenn man von dem Massaker an den Armeniern spricht, wissen die meisten Leute nicht, was das ist, oder was die Japaner den Chinesen oder Koreanern in der letzten Zeit angetan haben, das war genauso schrecklich wie das, was die Deutschen getan haben.
Ich denke, eine große Sorge ist, dass die amerikanische Jugend materialistischer geworden ist, als wir es waren. Als ich aufgewachsen bin, das waren die 60er, 70er und 80er Jahre, waren wir humanistischer und das Zeitalter von ‚Aquarius' brach an. Da gab es das Musical ‚Hair'. Es gab eine kulturelle Revolution.
Das alles gibt es heute nicht mehr. Es geht nur darum: Wie viel Geld kann ich machen? Meine Kinder kommen nach uns, und sie haben einen kleinen Vorteil von unserer Philosophie. Aber, weißt du, die Kinder von, sagen wir mal, Leuten, die ihnen so etwas nicht beigebracht haben, haben das in ihrem

But I think, more current, is the border of Mexico and the United States. People are being treated like animals. They're incarcerating them. They're separating them from their children, and they're doing all kinds of horrible things. They're not committing genocide, but they're destroying lives, no doubt. Africa! Are they getting the vaccine? No. The whole country could just die, and nobody seems to care. We're concerned about getting our boosters, right? They're concerned about finding fresh water, a little bit to eat, and not getting COVID and dying, and nobody cares.
Imagine you have these Native Americans living in tribes and they have their area, reservations they call them. And they live there and through the reservation runs a river, and they get the water out and they plant their corn and they're happy - I don't know if they're happy, but they live there. And all of a sudden an oil company wants to put a big pipeline through their water source, and they're saying, don't! Please, don't do it because it's going to break. And we do it anyway.
And us? We do it anyway! They don't listen to the Native Americans. The Native Americans lay down in front of the bulldozers. They sabotaged the bulldozer to try to stop it politically, legally, or in any way they can because they know that these things are going to leak and destroy their water source and their whole environment. And nobody cares that they're doing that to them.
So I think the current issues are more important to the youth than the older issues. If you mention the Armenian massacre, most people don't know what that is. Or even what the Japanese did to the Chinese or the Koreans… that was equally as horrible as what the Germans did. The Chinese were destroyed by the Japanese. They worked them to death and didn't give them any food.
And I think a big concern is how they've become way more materialistic than we have. We were more humanistic during my time growing up. It was the sixties, seventies, and eighties, and there was the dawning of the age of 'Aquarius'. It was 'Hair'. There was a cultural revolution.
They don't have any of that today. They're just like, how much money can I make? And I mean, my kids come through us, and they have the little advantage of having our philosophy. But, the children of, let's say, people who didn't really teach them anything like that are really left being materialists. I don't mean all kids, you know? - Is that answering the question you ask?

If we're seeing so many horrible things in this world today, does it mean we can't change anything?

It means, like I said to you the other day, it's hard-wired in our nature. I don't know what it was like in Germany, but let's say you're in 3rd grade, and in the classroom you have bullies. Do you know what a bully is? A bully is a bigger boy who likes to beat up the little kids.
You have the really smart kid who wants to be friends with the teacher. He becomes a politician, right? The bully becomes a gangster. The guys in the middle who are just trying not to get beat up or be seen, they become doctors or accountants or lawyers or, you know.
And there's always some percentage of bad guys, like Trump, and they will take advantage of everything, and they will kill you if they can. They'll steal your house and your wife and your dog, they'll steal it all. They don't care. And I think that is being human - the spectrum that we are given. And that's why we have jails. Unfortunately, if somebody exhibits a kind of behavior, like this boy who was just acquitted for shooting and killing people, did you hear about that? The boy, he was running around killing people and they acquitted him.
The thing that amazed me about that was that people, his parents as his preacher, all those people, want revenge. We want him punished. We want him punished. That's not what I want. I want him off the street. He shouldn't be able to get a gun again. Just get him out of here. Send them to Australia, you know. I mean, send them somewhere. Get them out of here.
And so those bullies, those bad cheater boys and girls, because the girls also need to be identified, we need to protect ourselves from them. And that's what these documentaries are hopefully teaching people to say. Hey, what are the signs of a bully? You know, what are the signs of a political guy who's willing to cheat? God, I can't believe how many people cheat who are politicians. It just amazes me. But that's just me. So, I don't understand what they want out of life. How can they sleep at night when they know they just voted to not give any food to these poor people? How can they go to sleep at night and eat a big meal? I couldn't. I'd feel terrible.

ganzen Leben nicht zu einem Thema gemacht. Es bleibt den Kindern dann nur noch, Materialisten zu werden. Ich meine, nicht alle Kinder.
Beantwortet das die Frage, die du gestellt hast?

Wenn wir heute so viel Horror in dieser Welt sehen, bedeutet das, dass man es nicht ändern kann?

Es bedeutet, wie ich dir neulich gesagt habe, dass es in unserer Natur fest verdrahtet ist. Nimm ein Klassenzimmer. Ich weiß nicht, wie es in Deutschland ist, aber sagen wir, sie sind in der dritten Klasse, und in der Klasse gibt es Tyrannen. Weißt du, was ein Tyrann ist? Ein Tyrann ist ein Typ, der ein größerer Junge ist und gerne die kleinen Kinder verprügelt.
Dann gibt es das wirklich schlaue Kind, das mit dem Lehrer befreundet sein will. Weißt du, er wird Politiker. Oder? Der Tyrann wird ein Gangster. Die Jungs in der Mitte, die einfach nur versuchen, nicht verprügelt zu werden oder gesehen zu werden, werden Ärzte oder Buchhalter oder Anwälte oder irgendwas.
Die bösen Jungs, es gibt immer einen gewissen Prozentsatz an bösen Jungs wie Trump, und sie werden alles ausnutzen und sie werden euch alle töten, wenn sie können, und euer Haus, eure Frau und euren Hund stehlen, sie werden alles stehlen. Das ist ihnen egal. Ich denke, das ist menschlich – das Spektrum, das uns gegeben ist.
Deshalb haben wir auch Gefängnisse. Wenn jemand so ein Verhalten an den Tag legt, wie dieser Junge, der gerade freigesprochen wurde, weil er geschossen und einen Menschen getötet hat, hast du davon gehört? Der Junge lief herum und tötete Menschen und dann wurde er freigesprochen.
Und so müssen diese Tyrannen, diese bösen, betrügerischen Jungen und Mädchen, denn die Mädchen tun es auch, identifiziert werden, und wir müssen uns vor ihnen schützen.
Das ist es, was diese Dokumentarfilme den Menschen hoffentlich beibringen: Hey, was sind die Anzeichen für einen Tyrannen? Was sind die Anzeichen für einen Politiker, der bereit ist, zu betrügen? Ich kann nicht glauben, wie viele Leute betrügen. Es erstaunt mich einfach. Aber das ist nur meine Meinung. Also, ich verstehe nicht, was sie vom Leben wollen, wie können sie nachts schlafen, wenn sie wissen, dass sie gerade dafür gestimmt haben, diesen armen Menschen kein Essen zu geben? Wie können sie nachts schlafen gehen und eine Mahlzeit essen?
Ich könnte das nicht. Ich würde mich schrecklich fühlen.

Letzte Frage. Du hast die deutsche Staatsbürgerschaft bekommen. Was bedeutet es für dich, einen deutschen Pass zu haben?

Nun, ich werde einen Vergleich anstellen. Es war eine Gelegenheit, die sich bot, und es gab eine Art von Dringlichkeit mit meiner Schwester, wir können das tun, also lass uns das tun. Aber warum will ich einen?
Als ich an der Hand operiert wurde, gaben sie mir eine Menge Vicodin *(ein starkes Schmerzmittel, E.B.)*. OK. Eine Menge davon. Tabletten. Ich habe sie nicht genommen. Ich mag sie nicht, aber ich habe sie nicht weggeworfen. Sie liegen da oben auf dem Regal, an einem bestimmten Ort, falls ich sie wirklich brauche und sie nirgendwo anders bekommen kann.
OK, also der deutsche Pass ist jetzt da, für den Fall, dass etwas Schreckliches in den Vereinigten Staaten passiert. Vielleicht würde ich nach Deutschland ziehen. Ich weiß es nicht. Oder irgendwo in die EU? Vielleicht.
Es ist also wie ein kleines Werkzeug in meinem Werkzeugkasten. Ich benutze es vielleicht nicht, aber ich habe es. Ich habe keine Pläne für ihn. Jetzt hat Jalena einen, und ihr Sohn Simon hat einen, und es ist irgendwie süß und sie sind sehr aufgeregt. Der kleine deutsche Simon, weißt du, und ich glaube nicht, dass ich ihn wirklich brauchen werde.
Ergibt das einen Sinn?

Last question. Do you have German citizenship now?
What would it mean for you to have a German passport?

Well, I'll make a comparison. It was an opportunity that came up, and there was kind of an energy around it with my sister of, can we do this and you can do this, so let's do this. But why would I want one? When I had a hand operation, they gave me a lot of Vicodin *(a strong painkiller, E.B.)*. Okay, a lot of it. Pills. I didn't take it. I don't like it, but I didn't throw it away. It's up there on the shelf, you know, in a particular place in case the whole thing falls apart. If a tree fell on my leg and I'm dying of pain, I'm going to take them.

I just like to know that I have the Vicodin up there.
Okay, so the German passport is there in case something terrible happens in the United States. With Trump, a lot of people were talking about moving to Canada. Maybe I would move to Germany. I don't know. Or anywhere in the EU, right? So it's like a little tool in my toolbox. I may not use it, but I have it. I have no plans for it. There was no particular reason not to do it, so I just did it. And now I have it. And now Jalena has it, and her son Simon has one. It's kind of cute, they're very excited. Little German Simon, you know, and I don't think I'm going to benefit from it in any way. Does that make sense?

Yes. It doesn't pull you back to the past. No, it's just something for today.
So is it really a possibility for you to go to Germany and live there?

Why not? - I know that people are very prejudiced against Germans for what they think they did, or what they did, but I'm over that. I think that there are Nazis everywhere, so it's not about that. There are people who hate Jews everywhere.
Here it feels very safe to me, so I'm not moving because I'm here forever.
But if I had to, I like the German culture. I like German food. I like the philosophy and the music. And it's a cultured metropolis, you know, has lots of history. ...
Besides I love where I live and have a very good situation that I couldn't leave unless something really dramatic happens.

Ja. Es trägt dich also nicht zurück in die Zeit, es ist nur etwas für heute.
Ist es wirklich möglich, dass du nach Deutschland gehst, dass du dort lebst?

Warum nicht? Weißt du, ich weiß nicht, ich weiß, dass die Leute sehr voreingenommen gegenüber Deutschen sind, wegen dem, was sie getan haben. Aber darüber bin ich hinweg. Ich denke, dass es eine Zeit gab und dass es überall Nazis gibt. Es gibt überall Nazis, überall. Darum geht es nicht. Es gibt überall Leute, die Juden hassen.
Hier fühle ich mich sehr sicher. Ich ziehe also nicht um, weil ich für immer hier bin. Außerdem liebe ich meinen Wohnort und habe eine sehr gute Situation, die ich nicht verlassen könnte, es sei denn, etwas wirklich Dramatisches passiert.
Aber wenn ich müsste, dann mag ich die deutsche Kultur. Ich mag das deutsche Essen. Ich mag die Philosophie und die Musik. Es ist eine kultivierte Metropole, die viel Geschichte hat.
Aber ich könnte in Deutschland leben. Es war sehr schön zu wissen, dass meine Tante Anneliese in Deutschland hätte leben können, wenn sie es gebraucht hätte, aber ich habe keine Verwendung für einen deutschen Pass.
(Es war ein Teil des deutschen Angebotes im Rahmen der sogenannten Wiedergutmachung, Anneliese Bamberger in Deutschland unterzubringen und medizinisch zu versorgen, E.B)

Aber Anneliese hat gesagt. Niemals! Ich gehe nie wieder nach Deutschland.

Ja, gut, das verstehe ich. – Mein Vater wäre sehr wütend, wenn er wüsste, dass ich einen Mercedes fahre. Aber, – seine Zeit ist vorbei.

OK, – ich danke dir sehr für dieses Gespräch.

Einladung des Bremer Bürgermeisters Bovenschulte, Seite 165

Sehr geehrte Familie von Julius Bamberger,
Es ist uns ein große Freude, dass Sie Eike Besuden bei sich willkommen heißen und ihn bei der Fortführung seiner Dokumentation über Julius Bamberger unterstützen. Besonders ihr Blickwinkel als Verwandte von Julius mit seiner außergewöhnlichen Geschichte ist wichtig für das heutige Erinnern, nicht nur in Bremen. Als Vertreter der Nachfolger und der jüngeren Generation in Übersee geben sie uns – den Bremer Bürgern und ihren Politikern – eine Vorstellung, wie wichtig beides ist: Unsere persönliche und unsere gemeinsame Geschichte bis heute. Herzlichen Dank dafür!

But I couldn't live in Germany, I don't think. It was very nice that Germany offered Anneliese a place to live if she needed one and to take care of her medical things, but I have no use for the German passport now.
(It was part of the German offer within the framework of the so-called Wiedergutmachung to accommodate Anneliese Bamberger in Germany and to provide her with medical care, E.B.)

But Anneliese said never. She'd never go back to Germany.

Yeah, well, I understand that. -
My dad would be very upset if he knew I was driving a Mercedes, but - his time is over.

Okay, thank you very much for this talk.

Janine Bamberger, geb. Scholtz

Janine ist im Jahre1951 geboren. Sie kommt aus Phoenix, Arizona und ist in einer ländlichen Gegend aufgewachsen, in der es für sie wenig zu erleben gab. Heute lebt sie mit Jules Bamberger in Kalifornien. Hier fühlt sie sich viel wohler, weil die Menschen für ihr Empfinden aufgeschlossener und interessanter sind.
Jules und sie haben sich auf dem College kennengelernt. „Da hatte er noch Afrolocken und einen langen dunklen Bart."
Lesen ist ihre große Leidenschaft, sie liest jeden Tag. Besonders gerne liest sie Bücher mit einem jüdischen Bezug. Sie selbst ist als Christin groß geworden. In ihrem letzten Buch ging es um amerikanische Ureinwohner, denen die Kinder weggenommen wurden, um sie christlich zu erziehen. Sie sagt: „Eine schreckliche Geschichte, und sehr beindruckend."

*

Wir waren 1979 in Bremen. Wir waren noch sehr jung und wir hatten für ein Jahr ein Bahnticket, mit dem wir durch ganz Europa gereist sind.
In Bremen blieben wir nur für ein paar Nächte.

War das auch für dich eine besondere Zeit oder nur für Jules.

Es war für uns beide etwas Besonderes. Wir haben das Haus gesehen, das Haus der Familie und wir waren auf dem Friedhof, den haben wir auch besucht.
Aber ich glaube, wir waren wirklich sehr jung und naiv. Wir waren einfach dort, um eine romantische und schöne Zeit zu haben und ich hatte damals nicht das Gefühl, dass die historische Geschichte so wichtig war.
Ich bin sehr behütet aufgewachsen und ich wurde nicht als Jüdin geboren. Ich wurde katholisch erzogen und meine Eltern waren nicht sehr... sie wollten nicht, dass ich viel weiß. Ich glaube auch nicht, dass ich viele Fragen gestellt habe. Das lag nicht in unserer Natur zu der Zeit.
Eines der Dinge, die ich an Jules und seiner Familie liebe, ist, dass jeder bei Tisch Fragen stellt. Die Unterhaltung war immer sehr kommunikationsfreudig mit einer Menge Fragen.

Also Bremen war für dich und für Jules eine ganz unterschiedliche Erfahrung?

Oh ja. Ich glaube, dass er viel emotionaler war und wütend.

Wütend?

Als wir dort zu Besuch waren und herumgelaufen sind, hat er gesagt:

Janine Bamberger, geb. Scholtz

Janine was born in 1951. She is from Phoenix, Arizona and grew up in a rural area where there was little for her to experience. Today, she lives in California with Jules Bamberger. She feels much more comfortable here because, in her opinion, people are more open-minded and interesting.
She met Jules in college, „when he still had Afro curls and a long, dark beard."
Reading is her great passion; she reads every day. She especially enjoys reading books with a connection to the Jewish faith. She, herself, grew up as a Christian. The last book was about Native Americans who had their children taken away to be raised as Christians. She said:
„It's a horrific story, and very powerful."

*

We were in Bremen in 1979. We were young. Yeah, we did a year railway pass and we went all over Europe, and we stayed in Bremen just for a couple of nights.

Was it a special time for you or just for Jules?

It was special for both of us. We saw the house, the family's home, and we went to the cemetery, saw some of that.
But I really think we were very young and naive. We really were there to have a romantic, fun time, and I didn't get the sense of the history being so important or anything.
I was very sheltered in my upbringing. I was not born Jewish. I was raised Catholic, and my parents were not very... – they didn't want me to know much. I also didn't ask a lot of questions. It wasn't in our makeup at that time.
That was one of the things I loved about Jules and his family was that everyone asked questions at the table. The conversation was very interactive. Lots of questions.

So Bremen was really a different experience for you than it was for Jules?

Yeah. I think that he felt far more emotional and angry.

Angry?

Probably. When we were there visiting and we were walking around, he would say, they took it all from my family.
And me, I was just happy to be there. I was just this naive young girl who was on a fabulous vacation.

And did your personal view of Germany change through that visit?

I think so. I'm just interested in how the people live there and what they do.
I always feel like people from Europe generally seem more interesting to me than Americans. Yeah, they seem more conscientious. They seem to know more about history. They have more history in their countries, and they seem more interested politically.
With people in America, I don't find that too much. They don't want to sit and talk about it, generally. Luckily, in our family, we have it. So we get to interact with one another in our family, and we all have views and everything, but the general public doesn't seem to want to sit and talk about things.

Why is that?

I think fear has a lot to do with it. And just no curiosity, a lack of curiosity. And the entitlement factor. I feel sometimes as if people in our country feel entitled to have whatever they want when they want

„Sie haben das alles meiner Familie weggenommen!"
Und ich war einfach nur glücklich, dort zu sein, ich war einfach nur dieses naive, junge Mädchen, das einen wunderbaren Urlaub hatte.

Und hat sich deine persönliche Sicht auf Deutschland durch diesen Besuch verändert.

Ich glaube schon. Ich bin einfach daran interessiert, wie die Leute dort leben und was sie tun.
Ich habe immer das Gefühl, dass mir Menschen aus Europa generell interessanter erscheinen als Amerikaner. Ja, sie scheinen gewissenhafter zu sein, sie scheinen mehr über Geschichte zu wissen.
Sie haben auch mehr Geschichte in ihren Ländern und scheinen politisch interessierter zu sein.
Bei den Amerikanern finde ich das nicht so sehr. Sie wollen sich nicht zusammensetzen und allgemein über etwas reden.
Zum Glück haben wir in unserer Familie Lust uns auszutauschen und wir haben alle unsere eigenen Ansichten.
Die breite Öffentlichkeit scheint sich weniger zusammensetzen zu wollen und über Dinge zu reden.

Was kann der Grund dafür sein?

Ich denke, Angst hat viel damit zu tun. Und einfach keine Neugierde, die Neugierde fehlt. Und sie haben Ansprüche.
Ich habe manchmal das Gefühl, dass die Leute in unserem Land sich berechtigt fühlen, alles haben zu können, was sie wollen und wann sie es wollen. Sie haben es nicht nötig, dafür kämpfen müssen.
Natürlich haben wir auch diese verrückten Politiker, die versuchen, uns in unserem Gehirn, in unserem Verstand, etwas vorzumachen. Ich weiß nicht, warum das so ist.
Ich persönlich arbeite hart daran, im Moment zu leben und mich nicht zu sehr auf das zu konzentrieren, was vor uns liegt oder was vorher passiert ist. Das versuche ich.

Ich habe noch eine andere Frage. Wir haben über den deutschen Reisepass gesprochen. Willst du auch einen?

Ich glaube nicht, dass er mir angeboten wird, aber ich habe auch keinen Bedarf dafür. Wir sind seit 43 Jahren in diesem Haus. Ich glaube nicht, dass wir noch irgendwo hingehen werden. Es wird immer schwieriger zu reisen. Ich genieße es auch nicht. Ich genieße die Flughäfen nicht.
Nein, das ist nicht mein Ding. War es nie wirklich. Ich bin nicht viel gereist, aber ich reise durch Bücher. Ich liebe es zu lesen und ich liebe Hörbücher. Ich liebe die Stimmen.

Erinnerst du dich noch, wann du das erste Mal etwas über den Holocaust gehört hast?

Wahrscheinlich mit Jules Familie. Ja, und da war ich schon 26 Jahre alt. Das meine ich damit, dass meine Familie nicht viel gesprochen hat, nicht über Schwarze Menschen, nicht über Juden.
Ich hatte wirklich enge jüdische Freunde. Aber meine Eltern haben nie über die Unterschiede gesprochen. Sie sprachen grundsätzlich nicht über die unterschiedlichen Eigenarten von Menschen.
Ich war also ziemlich naiv und als ich Jules und seine Familie zum ersten Mal traf, war ich so beeindruckt von ihrem Sinn für Geschichte und von ihrer Möglichkeit, sich zu unterhalten und Fragen zu stellen. Das hat mich sehr angezogen. Das war sehr gut.

In der Schule hast du davon nichts gehört?

Nein. – Wir lebten in Phoenix. Ich bin da aufgewachsen, direkt neben einer Indianerschule. Sie haben wirklich die Indianer aus den Reservaten geholt, also die Kinder und sie in die Schulen gesteckt.
Es ist schrecklich und in meiner Schule wurde überhaupt nicht darüber gesprochen. Sie lebten direkt neben uns.

it. So there's no struggle.
And of course, we have crazy politicians trying to take us places in our brains, in our minds. I don't know why that is.
I personally work hard at trying to be in the moment and not focusing too much on what's coming ahead or what happened before. I try to.

I have another question. We talked about the German passport. Do you want one?

I don't think it was offered to me, but I don't find a need for it. We've been in this house for forty-three years. I don't think we're going anywhere. It's harder and harder to travel. I don't enjoy it. I don't enjoy the airports.
No, it's not my thing. Never really has been. I haven't done a lot of traveling, but I travel through books. I love to read, and I love audio books. I love the voices.

Do you remember the first time you heard about the Holocaust?

Probably with Jules's family. Yeah, I was already twenty-six years old. That's what I mean by my family not talking much about Black People and not about Jews. I had really close Jewish friends, but my parents never talked about the differences. They didn't talk about history at all or about specific characters of people.
So I was fairly naive, and the first time I met Jules and his family, I was so impressed with their sense of history and their sense of just being able to easily converse and ask questions. So I was very drawn to that. It was very good.

You didn't hear about it in school?

No. - In fact, in Phoenix, where I grew up, we were right next door to a Native American school. So they brought the Native Americans in from the reservations and planted them in the schools. It's terrible, and there was no talk in my school about it at all. They were right next door to us.
No, it was all very whitewashed. Everything was whitewashed. Yeah, I think in my life, through high school, when I started college I studied history of religions. I was fascinated by that, and just went, wow. And I stopped being a Catholic and I started looking all over the place for. Where do I want to go? What do I want to do?

What do you think about people who are saying, we have to end it, we have to stop talking about the Holocaust?

Well, it's very similar to what I experienced in Phoenix growing up with the Native Americans. It was not spoken about enough. We didn't talk about the history of the Native Americans or the Trail of Tears ever.

(E.B. nach en.wikipedia.org/wiki/Trail of Tears, 30.08.2022:
The Trail of Tears was a series of forced displacements of approximately 60,000 Native Americans of the „Five Civilized Tribes" between 1830 and 1850 by the United States government. As part of the Native American removal, the ethnic cleansing was gradual, occurring over a period of nearly two decades. Members of the so-called „Five Civilized Tribes" - the Cherokee, Muscogee (Creek), Seminole, Chickasaw, and Choctaw nations (including thousands of their black slaves - were forcibly removed from their ancestral homelands in the Southeastern United States to areas to the west of the Mississippi River that had been designated Native American Territory. The forced relocations were carried out by government authorities after the passage of the Indian Removal Act in 1830. The Cherokee removal in 1838 (the last forced removal east of the Mississippi) was brought on by the discovery of gold near Dahlonega, Georgia, in 1828, resulting in the Georgia Gold Rush.)

Nein, es war alles sehr beschönigt. Alles wurde beschönigt, glaube ich.
Ich habe in meinem Leben während der Highschool und zu Beginn des Studiums die Geschichte der Religionen studiert. Das hat mich fasziniert, das ging mir durch den Kopf und wow. Ich wollte nicht mehr katholisch sein und fing an, überall nach etwas anderem zu suchen. Wohin will ich gehen? Was möchte ich tun?

Was denkst du über Leute, die sagen, wir dürfen nicht wieder und wieder über das Thema Holocaust reden, wir müssen das beenden?

Na ja, es ist sehr ähnlich zu dem, was ich in Phoenix erlebt habe, als ich mit den amerikanischen Ureinwohnern aufgewachsen bin.
Es wurde einfach nicht genug gesprochen. Wir haben nicht über die Geschichte der amerikanischen Ureinwohner gesprochen, nie über den Pfad der Tränen.

(E.B. übersetzt nach en.wikipedia.org/wiki/Trail of Tears, 30.08.2022:
Der Pfad der Tränen war die Bezeichnung für ... Zwangsumsiedlungen von etwa 60 000 amerikanischen Indianern der „Fünf zivilisierten Stämme" zwischen 1830 und 1850 durch die Regierung der Vereinigten Staaten. Die ethnische Säuberung war Teil der Vertreibung der Indianer und vollzog sich schrittweise über einen Zeitraum von fast zwei Jahrzehnten. Angehörige der so genannten „Fünf zivilisierten Stämme" - der Cherokee-, Muscogee (Creek)-, Seminolen-, Chickasaw- und Choctaw-Nationen (einschließlich Tausender schwarzer Sklaven) - wurden gewaltsam aus ihrer angestammten Heimat im Südosten der Vereinigten Staaten in Gebiete westlich des Mississippi vertrieben, die zum Indianerterritorium erklärt worden waren.
Die Zwangsumsiedlungen wurden von den Regierungsbehörden nach der Verabschiedung des Indian Removal Act im Jahr 1830 durchgeführt. Die Umsiedlung der Cherokee im Jahr 1838 (die letzte Zwangsumsiedlung östlich des Mississippi) wurde durch die Entdeckung von Gold in der Nähe von Dahlonega, Georgia, im Jahr 1828 ausgelöst, was zum Georgia Gold Rush führte.)

Schreckliche, verachtenswerte Dinge, die wir den amerikanischen Ureinwohnern angetan haben. Da kommen mir die Tränen. Ich denke, wenn man das ausblendet und nicht erkennt, ist es irgendwann verloren, es ist dann weg. Darum ist es wichtig, über den Holocaust Bescheid zu wissen, damit die Menschen erkennen, dass Hass etwas Schreckliches und Abscheuliches ist. Ich denke, es muss darüber unterrichtet werden. Wenn es nicht besprochen wird, dann wird es verschwinden.
Wie viele andere Dinge auch. Es ist ein schreckliches Thema, das sehr bitter ist. Man muss sich das vorstellen, dass unsere Vorfahren so gemein waren. Aber wie sollen wir unseren Kindern beibringen, freundlich zueinander zu sein, wenn wir nicht wissen, dass es diese andere Seite gibt, denn die gibt es, die wird es immer geben.

Eine andere Frage. Das Internet. – Glaubst du, dass der Einfluss des Internets und der sozialen Medien für das Thema Hass für junge Leute eine große Bedeutung hat?

Ich glaube, es gibt viel Hass im Internet, und ich glaube, es gibt viele Verzerrungen, die Dinge vielleicht schlimmer machen oder vielleicht beschönigen, aber es ist verzerrt.
Wenn die Leute im Internet nach der Realität suchen, haben sie ein Problem. Vor allem bei der historischen Realität.
Ich kann nichts dagegen tun. Ich kämpfe mit dem Internet, aber ich glaube, die Jugend liebt es. Es ist so unmittelbar, dass sie alles nachschlagen können, sie sprechen einfach mit dem Telefon. Sie bekommen all ihre Antworten aus dem Internet.
Nun, Jules und ich haben das auch oft getan. Ja, das stimmt. Wir stellen die ganze Zeit Fragen in unser Telefon, aber es ist alles sehr kurz.
Ich weiß nicht, ob Kinder überhaupt Bücher lesen. Lesen sie überhaupt noch Bücher? Ich weiß das nicht.

Horrible, despicable things we did to the Native Americans. It makes me want to cry. And I think if you cloud that over and you don't recognize it, it's lost, it's gone. I think knowing about the holocaust is important so that people realize that hatred is a terrible, vile thing. I think it needs to be taught. If it's not taught, it will disappear as many things do. It's a terrible topic. It's hard to imagine our ancestors being so mean, but how do we teach our children to be kind to one another unless we know that there is that other side. Because it's going to be there, always.

Okay. The Internet. - Do you think the internet and social media, on the topic of hate, have a significant influence on young people?

I think there is a lot of hate on the Internet, and I think there's a lot of distortion that makes things maybe worse or sugarcoated, but it's distorted.
If people are looking to the Internet further for reality, they're in trouble. Especially historical reality. I can't do anything about this. I struggle with the internet, but I think the youth love it. It's so immediate. They can look anything up, just talk to the phone. They get all their answers from the internet.

Well, so do Jules and I. We ask questions all the time to our phones, but it's all very brief. I don't know that kids even read books. Do they read books anymore? I don't know. That's very deluded. Everything seems deluded and distorted to me, and I don't know what's going to happen.
I fear for our future, but we have to have smart youth, smart kids, smart, open-minded kids.

In Germany, there are a lot of people who say we have to stop reflecting on things like the Holocaust. We have to stop talking about it. We have to look to the future. What do you think?

No. I think that history needs to be spoken about. I think the truth is what we all need to find. And we need to be honest with each other.
I don't think my kids, when they went to public high school, talked about the Holocaust in their high school. When they went to Religious School and were around a lot of Jewish families and children, definitely that was a big topic, but not with their friends from regular high school.

And what do you think about younger people becoming influenced by the internet and social media? Are they changing for the better or not?

Personally, I think that the internet is distorting things. It's very distorting of history. I mean, you can get a history of Germany or a history of Phoenix, Arizona and it can be totally different. I mean, you can find anything you want.
And the Internet knows what you like, so it feeds what you know. They know how to use those algorithms to lean into who you are, and they give you what you want to hear and read.

Das ist sehr vorgetäuscht. Mir kommt alles vorgetäuscht und verzerrt vor und ich weiß nicht, was passieren wird.
Ich habe Angst um unsere Zukunft, aber wir brauchen eine kluge Jugend, kluge Kinder, kluge aufgeschlossene Kinder.

In Deutschland gibt es viele Leute, die sagen, wir müssen aufhören, über Dinge wie den Holocaust nachzudenken und darüber zu reden. Wir müssen in die Zukunft schauen. Wie denkst du darüber?

Nein! Ich denke, dass über die Geschichte gesprochen werden muss und ich denke, wir müssen die Wahrheit finden, wir alle. Wir müssen ehrlich zueinander sein.
Ich glaube nicht, dass meine Kinder, als sie auf eine öffentliche Schule gingen, in ihrer Schule über den Holocaust gesprochen haben.
Als sie auf eine religiöse Schule gingen, waren sie mit vielen jüdischen Familien und Kindern zusammen. Da war es auf jeden Fall ein großes Thema, aber nicht mit ihren Freunden von der normalen Highschool.

Und was denkst du über die jüngeren Leute, wenn sie jetzt in den Einfluss des Internets und der sozialen Medien kommen? Gibt es da wieder eine Veränderung?

Ich persönlich denke, dass das Internet die Dinge verzerrt, die Geschichte sehr verzerrt. Ich meine, man kann sich eine Geschichte von Deutschland besorgen oder eine Geschichte von – Phoenix, Arizona, und es kann völlig unterschiedlich sein, egal. Ich denke, man kann finden, was man will.
Das Internet weiß, was du magst, also füttert es dich mit dem, was du weißt. Sie wissen, wie man diese Algorithmen anwendet, damit sie sich an das anlehnen, was du bist. Und sie geben dir das, was du hören und lesen willst.
Ich denke, es ist realistischer, diese Dokumentarfilme von echten Menschen zu haben oder Bücher zu haben, die geschrieben werden.
Ich denke, die öffentliche Schule ist sehr schmalspurig für Kinder in unserem Land. Aber ich denke, dass die Schulen generell sehr begrenzt sind. Sie verbringen unheimlich viel Zeit damit, die Kinder zu kontrollieren.
Kinder aus Familien, die neugierig sind, die lesen und ihre Gedanken für andere Kulturen öffnen, diese Kinder sind die Glücklichen, denn sie werden auch neugierig sein und ihren Weg finden.
Auf jeden Fall glaube ich, manche Eltern in den Familien lassen die Kinder im Dunkeln darüber, was sie nicht wissen sollen, und so haben die Kinder keine Wissbegier für andere Kulturen.
Und ich glaube, dass es für die Leute einfacher ist. Wenn ihre Kinder ihnen nicht viele Fragen stellen, ist es einfacher, friedlicher, bis sie vielleicht lernen, dass sie keine Informationen über die wirkliche Welt bekommen.
Ich wurde von all dem sehr abgeschirmt. Ich bin mit einer kirchlichen Schule aufgewachsen, bis ich auf die Highschool ging, und meine Eltern wollten, dass ich auf eine katholische Highschool gehe und ich sagte:
„Ihr spinnt wohl. Ich werde auf eine normale Highschool gehen."
Das war am Ende das Beste, was ich in meiner Jugend je gemacht habe. Auf eine öffentliche Highschool zu gehen, wo ich wenigstens ein bisschen mehr Vielfalt gelernt habe.

Ich danke dir sehr für das Gespräch.

Gerne.

I think it's more realistic to have these documentaries by real people or books that are written, and now we can do things.
I think public school is very limited for kids in our country. But I think in general, the schools are very limited. They spend an awful lot of time just trying to control the kids.
And kids with families who are curious and who read and who open their minds to other cultures are the lucky ones because they will be curious too, and they will find their way.
Definitely, I think that parents and families sometimes keep the kids in the dark about what they don't want them to know about, so the kids don't have a curiosity for other cultures.
I think that that's easier for people. They don't have their kids asking them a lot of questions. It's just easier, more peaceful maybe, until they learn that they're not getting any information about the real world.
I was very hidden from all of that. I was raised in a parochial school until I went to high school. My parents wanted me to go to a Catholic high school and I said, "You're out of your mind. I'm going to a normal high school."
It was the best thing I ever did in my youth, anyway - to go to a public high school where I could at least get a little bit more diversity.

Thank you for the conversation.

With pleasure.

Kapitel 7

Leben in St. Goins und in Nay – Ein Päckchen aus Bremen

Über die Befreiung von Anneliese in Gurs schreibt Julius Bamberger weiter:
Nachdem die Spanier uns durch den Tunnel zurückgeführt hatten – die Wachen standen vielleicht 200 Meter draußen beim Gitter – entfliehen wir im dichten Gestrüpp. Alle Schachteln Zigaretten waren zu wenig.
Wir beschlossen Arbeit zu suchen im nächsten Dorf. Sein Name war St. Goin.

Sie kommen beim Bürgermeister des kleinen Ortes unter. Er war der größte Bauer der Umgebung mit Kühen, Gänsen und Schafen. Im Dorf gibt es einen Laden und ein kleines Wein-Restaurant, das seit Beginn des Krieges geschlossen ist, eine alte Kirche und ein kleines Hotel mit winzigen Zimmern. Sie dürfen sich einrichten.

Wir zogen in zwei Zimmer, die vollkommen schmutzig und vernachlässigt waren. Es war bitterkalt, aber zum ersten Mal seit einem Jahr in einem richtigen Bett, das war wie ein Teil des Himmels.

Nach ein paar Tagen sucht sie der Bürgermeister auf, an dessen Namen er sich nicht mehr erinnert.

„Monsieur Bamberger, écoutez: Ich hörte soeben von einer Refugie-Dame, die gestern Abend bei mir ruhte, dass Sie ein Warenhaus in Bremen hatten und dass Sie ein hilfsbereiter Mann in Bremen gewesen seien. Sie sagte, sie kenne Sie seit Jahren und glaube, Sie könnten ihr helfen, ihren Mann und 2 Söhne aus dem Camp de Gurs zu holen. Das ist für morgen. Den Namen konnte ich nicht verstehen, weil die Dame fortwährend weinte." - Ich versprach den Versuch.

Als Dank gab der Bürgermeister ihnen zwei Fahrräder, was ihren Bewegungsradius in der Umgebung erhöhte, denn die nächste große Aufgabe für Julius Bamberger und seine Tochter war klar. Sie wollten sofort mit der Suche nach Egon beginnen.

Wir benutzten unsere 2 alten Bycicles, um die 14 Kilometer nach Oloron zu fahren auf 2 versteckten Roads, die dazu benutzt werden konnten, zukünftige Afrikakämpfer nach Gurs zu führen.

Mit dem „Afrikakämpfer" ist Egon gemeint. Seine Idee war in der französischen Fremdenlegion in Afrika unterzukommen, um von dort aus in die USA zu emigrieren.

Auf dem Weg klebten wir an jedes kleine Restaurant, an Wände und an öffentliche Gebäude einen Zettel: „Wir suchen Egon Bamberger! Julius Bamberger und Tochter sind in St. Goins."
Kein Erfolg in about 14 Tagen. Wir fragten jede Heimatfront-Gruppe, jedes Auto: Kennt ihr vielleicht Egon Bamberger?
Bis eines Sonntags mittags meine Tochter in den Vorgarten rief: „Pappy, diner is ready." Das waren gekochte Kastanien im Topf und Omelette mit selbst gesuchten Pilzen oder Forellen aus dem Gare-Fluss, manchmal auch nur 2 Stück rationiertes Brot mit Tomaten. Ich rief: „Warte mal eine Minute, ich sehe gerade eine Soldatengruppe ankommen." Auf Anfragen sagte ein junger Mensch: „Wait a minute, Monsieur Bamberger, John B. ist er blond? Geben Sie mir ein Photo."
Annie brachte eins und der Soldat rief: „Ja, das ist unser Küchenjunge vom Camp de Viscose-Albi bei Toulouse, etwa 250 km von hier."
Wir dinierten mit dem guten Jungen und der Nachbar-Wirt brachte guten roten und weißen Landwein, und so schliefen wir diese Nacht in Frieden.

Egon – endlich gefunden! Vater und Schwester wissen, welch unglaubliches Glück ihnen mit dem Hinweis und in all den Wirren zugeflogen ist. Hinzukommt eine weitere glückliche Fügung: Mit der Fremdenlegion hat es nicht geklappt.

Chapter 7

Life in St. Goins and in Nay - A Parcel from Bremen

Julius Bamberger wrote further about the liberation of Anneliese in Gurs:
After the Spaniards had led us back through the tunnel - the guards stood perhaps 200 meters outside by the railing - we escaped in the dense undergrowth. The packs of cigarettes would not have been enough.
We decided to look for work in the next village. It was called St. Goin.

They received accommodation from the mayor of the small village. He was the biggest farmer in the area with cows, geese, and sheep. In the village, there was a store and a small wine restaurant, which had been closed since the beginning of the war. There was also an old church and a small hotel with tiny rooms. They were allowed to get settled there.

We moved into two rooms that were completely dirty and neglected. It was bitterly cold, but for the first time in a year sleeping in a real bed, it was like a piece of heaven.

After a few days, the mayor, whose name he didn't remember, came to see them.

„Monsieur Bamberger, écoutez: I just heard from a refugee woman who stayed with me last night that you had a department store in Bremen and that you had been a helpful man in Bremen. She said she had known you for years and believed you could help her get her husband and two sons out of Camp de Gurs. This would be tomorrow. I couldn't understand the name because the lady kept crying." - I promised to try.

As a thank you, the mayor gave them two bicycles, which increased their radius of movement in the area. The next big task for Julius Bamberger and his daughter was clear. They wanted to start searching for Egon immediately.

We used our 2 old bicycles to ride the 14 kilometers to Oloron on two hidden roads, which could be used to guide the future "Afrikakämpfer" (African fighter, E.B.) *to Gurs.*

By "Afrikakämpfer" Bamberger meant Egon. His idea was to be placed in the French Foreign Legion in Africa, in order to emigrate from there to the U.S..

Along the way, we stuck a flyer on every small restaurant, on walls, and on public buildings: „We are looking for Egon Bamberger! Julius Bamberger and daughter are in St. Goins."
No success in approximately 14 days. We asked every Home Front group and every car: Do you perhaps know Egon Bamberger?
Until one Sunday at noon my daughter called out into the front yard, „Pappy, dinner is ready." The dinner was usually boiled chestnuts in a pot and omelets with mushrooms she'd foraged herself or trout from the Gare River, sometimes just two pieces of rationed bread with tomatoes. I called out, „Wait a minute, I see a group of soldiers arriving." Upon demand, a young person said, „Wait a minute, Monsieur Bamberger, John B. is he blond? Give me a photo."
Annie brought one, and the soldier exclaimed, „Yes, that's our kitchen boy from Camp de Viscose-Albi near Toulouse, about 250 km from here."
We dined with the good boy and the neighboring innkeeper brought nice red and white country wine, and so we slept that night in peace.

Egon - found at last! Father and sister knew what incredibly good luck they had had, given the clues and all the turmoil. In addition, there was another happy coincidence - it didn't work out with the Foreign Legion.

Er suchte die Möglichkeit, als „freiwilliger“ Legionär, als Arbeitssoldat, in die gloriose französische Armee zu kommen. Sie versprachen: Wer sich als Legionär verpflichte, bekomme ein Schreiben, mit dem er seine Familien-Mitglieder aus den Camps befreien könne. So sollten wir unter Protection des französischen Government kommen.
Aber! – Gewogen und zu leicht befunden für Afrika, denn es fehlten ihm 2 Pfund, um als Held in der Wüste zu sterben. Welche Glorie, um diese geflüchtete Jugend, meistens junge deutsche und österreichische Juden, aber auch Katholiken und Freimaurer jeglichen Alters.

Nun werden Telegramme geschrieben, Möglichkeiten erdacht und ausgetauscht, bis Egon die Erlaubnis erhält, mit einem Urlaub für kurze Zeit das Camp zu verlassen.

In dieser Nacht wurde ich wirklich todkrank, erfasst von einer Magen-Darm-Krankheit, mit dem ärztlichen Zeugnis Dysenterie. Die bekam man in diesen Hungerzeiten sehr leicht, weil wir einfach alles Essbare zu uns nahmen. Wir suchten auf den Feldern nach Brombeeren, die in beachtlicher Fülle wuchsen, ebenso wie Himbeeren, Kastanien, Haselnüsse und Kürbisse. Das alles, fein gemischt, kann bei empfindlichen Gemütern Dysenterie ergeben.
Als es in dieser Nacht nun furchtbar regnete und die Straßen leer waren, schrie Jean plötzlich: „Annie, ma petite, un soldat pour vous.“
Wer war es? Der verlorene Sohn! Der Bäcker hatte ihn an der Ähnlichkeit als Zwilling von Annie erkannt im nahen Wirtshaus, und nun stand er da, in seiner Uniform auf Urlaub an dem Krankenbett seines Vaters. Er strahlt wie immer, guten Mutes wie immer und gab mir einen Kuss oder zwei, ohne Furcht vor der ansteckenden Dysenterie.
Das war das neue Leben. Dann saß er also am Morgen wieder am Kaffeetisch unserer Familie. Wo Annie den echten Kaffee her hatte, ist mir heute noch ein Rätsel.

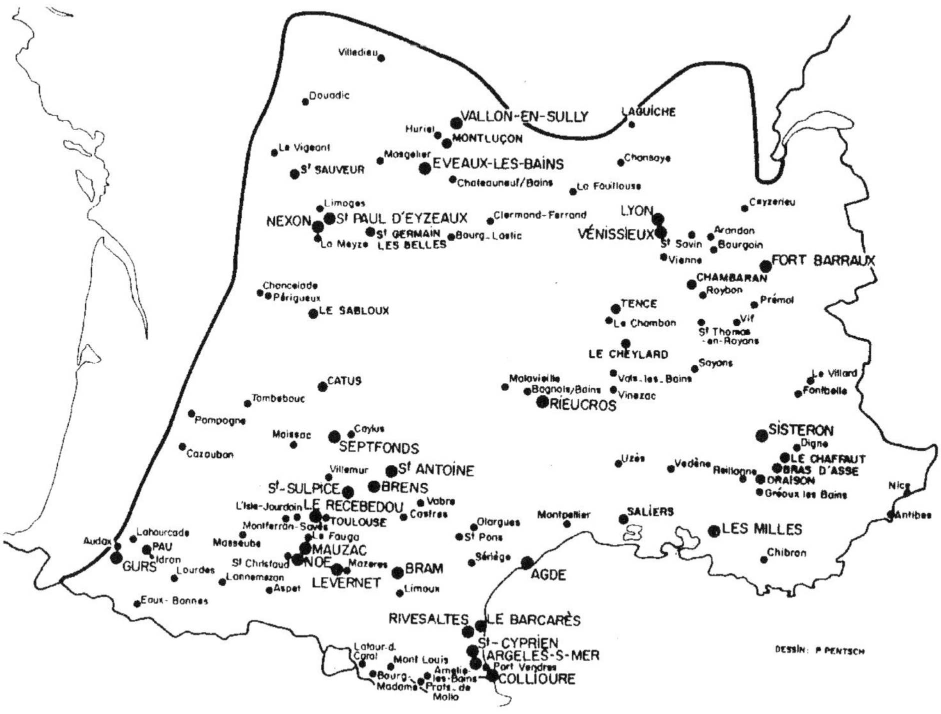

Karte der Internierungslager im Gebiet der französischen Vichy-Verwaltung

Egon muss wieder zu seiner Einheit, aber nun wissen sie, dass er lebt und wo sie ihn erreichen, wenn es neue Nachrichten zur Ausreise geben sollte.

Julius und Anneliese haben sich in St. Goins kaum eingerichtet und an einen neuen Alltag gewöhnt, als sie erfahren, dass sie doch nicht bleiben können. Es gibt eine neue Anweisung aus Berlin. Der Ort St. Goins liegt im sogenannten Vichy-Frankreich, aber plötzlich zu nah an der Grenze zu den deutschen Besatzungssoldaten auf der anderen Seite.

Die neue Katastrophe kam: Hitlers Dekret, dass keine Juden innerhalb 50 Km von den Demarkationslinien wohnen dürften. Das bedeutete auch für mich eine neue Wanderschaft ins Unbekannte.

He was seeking an opportunity to join the glorious French army as a „volunteer" legionnaire, a working soldier. They promised that whoever enlisted as a legionnaire would get a letter to free his family members from the camps. With this, we would have been under the protection of the French government.
But! - He was weighed and found too light for Africa - two pounds short of being able to die as a hero in the desert. What glory to these fled young men, mostly young German and Austrian Jews, but also Catholics and Freemasons of all ages.

Telegrams were then written, and solutions were thought up and exchanged until Egon received permission to leave the camp for a short time under a leave of absence.

That night I really became deathly ill, seized by a gastrointestinal disease, medically diagnosed as dysentery. It was very easy to get it in those times of hunger because we simply ate anything that was edible. We searched the fields for blackberries, which grew in considerable abundance, as well as raspberries, chestnuts, hazelnuts, and pumpkins. All this, finely mixed, can cause dysentery in sensitive people.
That night, when it was raining terribly and the streets were empty, Jean suddenly cried out, „Annie, ma petite, un soldat pour vous."
Who was it? - The prodigal son! The baker had recognized his resemblance as Annie's twin at the nearby inn, and now there he was, in his uniform on leave at his father's bedside. He beamed as always, good cheer as always, and gave me a kiss or two without fear of the contagious dysentery.
This was our new life. In the morning, he was back at our family coffee table. Where Annie got the real coffee is still a mystery to me today.

Egon had to go back to his unit, but now they knew he was alive and where to reach him if there was any new news about leaving the country.

Illustration on page 186:
Map of internment camps in the area of the French Vichy-Administration

Julius and Anneliese had barely settled in at St. Goins and had just gotten used to a new routine when they learned that they couldn't stay after all. There was a new order from Berlin. St. Goins was in what was known as Vichy France but suddenly too close to the border with the occupying German soldiers on the other side.

The new catastrophe came: Hitler's decree that no Jews were allowed to live within 50 km of the demarcation lines. For me, this also meant a new journey into the unknown. About 2-3000 refugees were forced back onto the country roads on one of the coldest winter days of the year.
Rumors had already started spreading two months before. The first black-clad Nazi storm troops on powerful motorcycles started crossing the border of free non-occupied France at various points. The mayors and clergy were summoned by fat men whom all looked like Goering. I personally saw old men and old women crying ... Everyone thought all of France would be desecrated. Large pictures of Petain and Laval hung on the walls in all of the schools and churches. The order of the German commander-in-chief was read out:
"All Jews, Jesuits, Freemasons, and other enemies of the new free development are to abandon their addresses immediately if they are closer than 50 km to the demarcation line. The authorities will specify exactly who in their district is covered by this order. The ‚delinquents' are given 8 days to find somewhere to live. There are enough empty homes in the Basse-Pyrenées district. Anyone still found on the streets after 8 days will be sent to the Gurs camp."
That hit as if a volcano had erupted.
I can only describe our own odyssey because we were lucky. The gardener of Goins, in whose garden we had often helped with harvesting (pumpkins, tomatoes, etc.), was our friend. His wife, who

Etwa 2-3000 Refugies waren wieder auf die Landstraßen gezwungen an einem der kältesten Wintertage des Jahres.

Schon zwei Monate vorher gingen Gerüchte. Die ersten schwarz-uniformierten Nazi-Sturm-Truppen auf kräftigen Motorädern überschritten an verschiedenen Punkten die Grenze des freien nicht okkupierten Frankreich. Die Maires und die Geistlichkeit wurden zusammengerufen von fetten Männern, die alle aussahen wie Göring. Ich selbst habe alte Männer und alte Frauen weinen sehen ... Alle dachten, ganz Frankreich solle geschändet werden. Große Bilder von Petain und Laval hingen an den Wänden, in allen Schulen und Kirchen. Es wurde der Befehl des deutschen Oberkommandeurs vorgelesen:
„Alle Juden, Jesuiten, Freimaurer und sonstigen Feinde der neuen freien Entwicklung haben sofort ihre Domizile aufzugeben, wenn sie näher als 50 km an der Demarkationslinie sind. Die Behörden haben genau anzugeben, wer in ihrem Distrikt von diesem Befehl erfasst wird. Es wird den ‚Delinquenten' 8 Tage Zeit gegeben, sich was zu finden. Es gibt genug leere Wohnungen im Distrikt Basse-Pyrenées. Wer nach 8 Tagen noch auf der Landstraße getroffen wird, kommt in das Lager von Gurs."
Das schlug an, als wenn sich ein Vulkan geöffnet hätte.
Ich kann nur unsere eigene Odyssee beschreiben, denn wir hatten Glück. Der Gärtner von Goins, in dessen Garten wir oft genug mit geerntet hatten (Kürbisse, Tomaten etc.), war unser Freund. Seine Frau, die selbst drei Kinder hatte, war die beste Freundin von Annie geworden. So spannte unser Gärtner-Freund seinen besten Esel „Pierre" an seinen Markt-Karren. Es war eiskalt. Ringsherum standen die Nachbarn und fast das halbe Dorf. Der Tischler brachte mir eine selbstgearbeitete, eingelegte Cigaretten-Kiste, der Maler hatte ein kleines Mosaik-Heiligenbild. Die Gärtnersfrau füllte den Eselskarren mit dem feinsten Obst und Gemüse, der Bäcker hatte ein Brot.
Die Tränen flossen und dann ging es wieder auf den neuen Ausmarsch aus Ägypten.

In Nay finden sie eine neue Bleibe. In der Emigrantenliste dort findet Julius Bamberger den Namen eines Rechtsanwaltes, den er aus Paris kennt. Lutz Silberschmidt und dessen Frau Marga helfen ihnen in den ersten Tagen mit dem Nötigsten, vor allem für Nay erst einmal eine Aufenthaltsgenehmigung zu bekommen.

Am ersten Tag kletterten wir zwei auf einen kleinen Aussichtshügel mitten im Ort und wir sahen ein Panorama, das selbst in Südfrankreich selten ist. Hier lagerten wir und es zuckte in meinem Bleistift.

Lied

Als ich heut auf der Wiese lag
Und in den Himmel schaute
Der ohne Flecken – wolkenlos
Auf mich herunterblaute.

Da kam ein kleines Bienelein
Sie summt an meinen Ohren
Und sprach sie auch im Patois (Dialekt)
Hab noch kein Wort verloren.

„Was liegst du fremder Wandersmann
so faul hier auf dem Rücken
Ich muss von Blum' zu Blum'
mir Winterhonig pflücken."

had three children of her own, had become Annie's best friend. So, our gardener friend hitched his best donkey „Pierre" to his market cart. It was freezing cold. The neighbors and almost half the village stood around. The carpenter brought me a homemade inlaid cigarette box, and the painter brought a small mosaic saint picture. The gardener's wife filled the donkey cart with the finest fruits and vegetables, and the baker brought a loaf of bread.
The tears flowed and then it was off again on the new march out of Egypt.

They found a new place to stay in Nay. In the list of emigrants there, Julius Bamberger found the name of a lawyer he knew from Paris. Lutz Silberschmidt and his wife Marga helped them in the first days with the essentials, particularly with getting a residence permit for Nay.

On the first day, the two of us climbed a small lookout hill in the middle of town, and we saw a panorama that is rare even in the south of France. We camped there, and it inspired me to write.

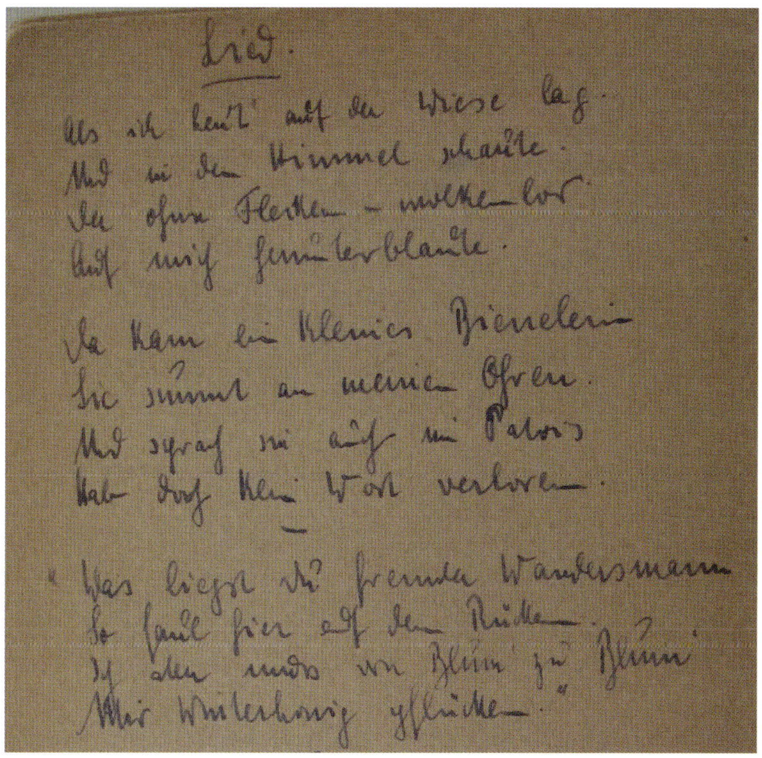
Lied.

Als ich heut' auf der Wiese lag
Und in den Himmel schaute
Der ohne Flecken – wolkenlos
Auf mich herunterblaute.

Da kam ein kleines Bienelein
Sie summt an meinen Ohren
Und sprach sie auch in Patois
Hab doch kein Wort verloren.

„Was liegst du fremder Wandersmann
So faul hier auf dem Rücken?
Ich muss von Blüm' zu Blüm'
Mir Winterhonig pflücken."

Song

As I lay in the meadow today
And looked at the sky
Without a speck - cloudless
Blaring down on me.

There came a little bee
Humming in my ears
And she also spoke in patois (dialect)
Haven't forgotten a word yet.

"What are you strange wanderer
So lazy here on your back
I have to go from flower to flower
To pick my winter honey."

Da sagt ich: „Liebes Bienelein
Die Frage ist mir peinlich:
Möcht' gern was für die Zukunft tun
das ist doch augenscheinlich.

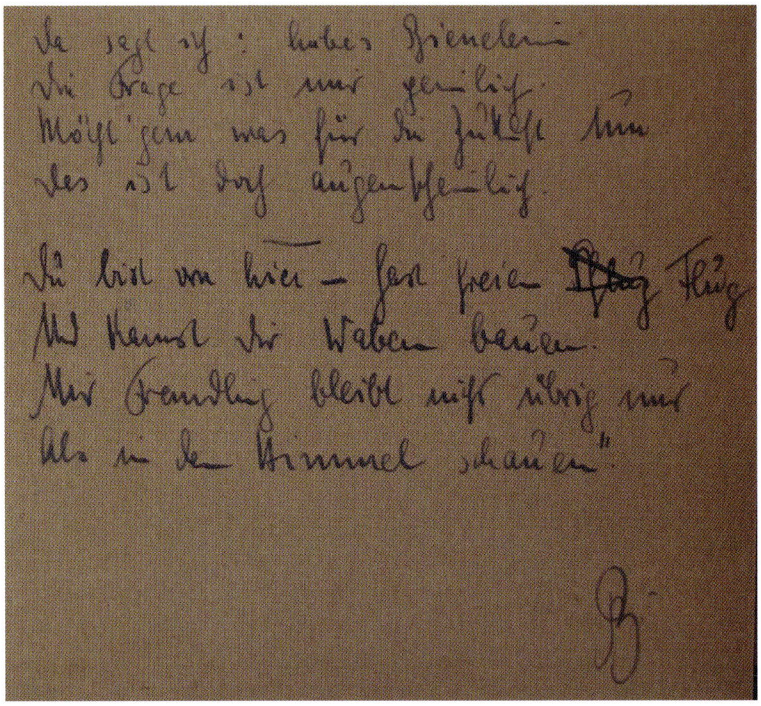
Da sagt ich: Liebes Bienelein
Die Frage ist mir peinlich.
Möcht' gern was für die Zukunft tun
das ist doch augenscheinlich.

Du bist von hier – hast freien Flug
Und kannst dir Waben bauen.
Mir Fremdling bleibt nichts übrig nur
Als in den Himmel schauen".

Du bist von hier – hast freien Flug
Und kannst dir Waben bauen
Mir Fremdling bleibt nichts übrig nur
Als in den Himmel schauen."

Es ist klar, dass Nay ein längerer Aufenthalt werden wird, bis sie tatsächlich alle notwendigen Papiere und auch Geld haben, um eine Ausreise genehmigt zu bekommen. Dabei hilft Marga Silberschmidt.

Nun hieß es, auch eine Wohnung zu finden für 2 Personen. Mrs. Silberschmidt fand heraus, dass eine Nachbarin von ihr, eine ältere Frau und Witwe, wohl zwei kleine Räume über dem Stall hätte, aber nicht an Refugées vermieten wollte. Sie meinte: „Julius, Du bist zwar über 55, aber siehst aus wie 45 und kannst ihr doch mal schöne Augen machen." Was für schöne Augen macht man nicht für eine Wohnung...
Also Cupido half und so begann unser „Séjour Forcé" (Zwangsaufenthalt, E.B.) *in Nay und ein Jahr meines Lebens als Flüchtling, das ich nicht missen möchte in meinem Gedächtnis.* (Sie bleiben tatsächlich gerade ein halbes Jahr. E.B.)
Die Witwe wohnte 5 Minuten außerhalb des Städtchens in einem Wäschereigebäude, wo unten rechts gleich die Küche dampfte und drinnen waltete die zünftige Hausfrau. Gerade war der Mailman dabei, eine uralte männliche Frage zu regeln: „Mary, willst Du mich endlich heiraten?" Madame Hasparenda war ungefähr 55 Jahre alt und noch recht anschaulich, dabei wohlhabend mit eigenem Haus und Garten.
Mrs. Silberschmidt führte mich ein, und ich sammelte all das Feuer, das die Internierungs-Läger übrig gelassen hatten, und machte Hof. Madame sagte, Ja, und als nun gar meine 20jährige Tochter eintraf, war eine neue kleine Familie gesettelt.
Da gab es eine alte wacklige Stiege nach dem zweiten Stock, und dann war da eine alte zerfallene

So I said, „Dear little bee...
I'm embarrassed by this question:
I'd like to do something for my future
That's obvious.

You are from here - have free flight
And you can build honeycombs
For me, a foreigner, there's nothing left
Than to look at the sky."

It was clear that Nay would be a longer stay until they actually had all the necessary papers and money to receive permission to leave the country. Marga Silberschmidt helped with that.

Next, we also had to find an apartment for two people. Mrs. Silberschmidt found out that a neighbor of hers, an elderly woman and widow, likely had two small rooms above her stable but did not want to rent them to refugees. She said, "Julius, you may be over 55, but you look 45, and you can make eyes at her." For an apartment, one should make the most beautiful of eyes!
So, Cupid helped and thus began our "Séjour Forcé" (forced stay, E.B.) *in Nay and a year of my life as a refugee that I would not want to forget.* (They actually only stayed half a year. E.B.).
The widow lived 5 minutes outside the town in a laundry building where the kitchen steamed right downstairs on the right, and inside the proper housewife kept busy. Just then, the mailman was settling the age-old question of the male: „Mary, will you finally marry me?" Madame Hasparenda was about 55 years old and still quite sharp yet wealthy, with her own house and garden.
Mrs. Silberschmidt introduced me, and I gathered all the energy I'd saved up from my time in the internment camps, and I wooed her. Madame said, Yes, and even with the addition of my 20-year-old daughter, a new little family was made.
There was an old rickety staircase to the second floor where an old dilapidated kitchen with a good stove was. In the corner there was straw enough for two beds, so we stuffed two fine mattresses, placed a curtain between them, and father and daughter were saved once again.
Madame's master bedroom was across the hall. "Where's the bathroom?" asked Annie.
"Oh, look, here. Down there in the garden. The part on the left is for your Dad, and the one on the right is for us ladies. But cover it with sand after you use it, and be careful that the neighbors don't see it."
Annie helped in the kitchen, made her famous coffee, and was heart and soul with Madame Mary.
Then Madame went away to her father's estate for a few days and came back with two large rolls of goat cheese, each weighing about 25 pounds, which were actually rationed, causing a mysterious crash. I helped roll the cheese rolls upstairs and hide them in the large dresser, and thus began the mischief. Cupid had shot his arrows, and if I wanted cheese from now on, I had to pay the duty that Cupid set.

At that time, Nay was a place where many Jewish families stayed to organize their departures. They met regularly in the marketplace to exchange experiences, addresses, successes, and failures. They even organized a „Cabaret" every Wednesday where Julius Bamberger also recited his poems from time to time.

Photography on page 46: Flag roll call, market place, Nay

In addition to a few food stalls, political events took place in the marketplace. On March 23, 1941, all the residents of Nay, including Anneliese and Julius Bamberger, were invited to a patriotic gathering called AU DRAPEAU *(To the Flag, E.B.)*.
Somewhere among the spectators are probably Anneliese and Julius Bamberger. But of course, they are unrecognizable.

Küche mit einem guten Herd. In der Ecke war Stroh genug für zwei Betten und so stopften wir denn zwei feine Matratzen, einen Vorhang dazwischen, und Vater und Tochter waren wieder mal gerettet. Das große Schlafzimmer von Madame war über den Flur. „Wo ist die Toilette?" fragte Annie.
„Oh, schauen Sie, hier. Da unten im Garten. Die Rolle links ist für Papa, die rechts für uns Damen. Aber bedecken Sie es nach Benutzung mit Sand und passen Sie auf, dass die Nachbarn es nicht sehen."
Annie half in der Küche, kochte ihren berühmten Kaffee und war ein Herz und eine Seele mit Madame Mary.
Dann verreiste Madame für einige Tage zum väterlichen Gut und kam wieder mit 2 großen Rollen Ziegen-Käse, jede etwa 25 Pfund schwer, die eigentlich rationiert waren. Geheimnisvolles Rumpeln. Ich half die Käserollen nach oben zu rollen und in der großen Kommode zu verstecken, und so begann das Malheur. Amor hatte seine Pfeile verschossen, und wenn ich von nun an Käse haben wollte, hatte ich den Zoll zu bezahlen, den Cupido festlegte.

Nay ist inzwischen ein Ort, in dem sich viele jüdische Familien aufhalten, um von hier ihre Ausreise zu organisieren. Sie treffen sich regelmäßig auf dem Marktplatz, um Erfahrungen, Adressen, Erfolge oder Misserfolge auszutauschen. Sie organisieren sogar jeden Mittwoch ein „Cabaret", in dem auch Julius Bamberger ab und an seine Gedichte vorträgt.

Fahnenappell, Marktplatz Nay

Auf dem Marktplatz finden, neben ein paar Ständen mit Lebensmitteln, auch politische Veranstaltungen statt. Am 23. März 1941 sind alle Bewohner von Nay – unter ihnen Anneliese und Julius Bamberger – zu einer patriotischen Versammlung unter dem Titel AU DRAPEAU *(Zur Fahne, E.B.)* eingeladen.

Irgendwo unter den Zuschauern dürften auch Anneliese und Julius Bamberger stehen. Zu erkennen sind sie allerdings nicht.

From the left: The siblings Selma and Curt Bamberger together with Friedel Bamberger and the twins Anneliese and Egon, probably in the early 1930

In Nay, Julius also received the news that his sister Selma had meanwhile arrived in San Francisco from England.

"Sister now here, please cable what USA-consulate you belong to and if you are good enough health to emigrate. Cable particular who of your family is still living. We send you some money for expenses. Your sister."

Julius, with the help of Lutz Silberschmidt, continued to work intensively to complete all of the bureaucratic necessities to prepare for departure to the U.S.. But, the most important missing piece was money to pay for the passage.

Julius began a correspondence with the Red Cross in Switzerland, among others, in order to obtain documents about his property in Bremen. Through the Red Cross, there was also a supply of food for German Jews.

Now I could work on my new life. I had written to the Red Cross in Zurich asking for help to get at least some food and clothes. I explain this in such detail to show how all of life is dependent on coincidences. A letter from the Red Cross came after 2 weeks saying that some food had been sent, but clothing was blocked.

In Nay erreicht Julius auch die Nachricht, dass seine Schwester Selma auf dem Weg über England inzwischen in San Francisco angekommen ist.

„Sister now here, please cable what USA-consulate you belong to and if you are good enough health to emigrate. Cable particular who of your family is still living. We send you some money for expenses. Your sister."
(Schwester jetzt hier, bitte telegrafiere, zu welchem USA-Konsulat du gehörst und ob du gesund genug bist, um auszuwandern. Teile mir mit, wer von deiner Familie noch lebt. Wir schicken dir etwas Geld für die Ausgaben. Deine Schwester., E.B.)

Julius arbeitet mit Hilfe von Lutz Silberschmidt weiter intensiv daran, alle bürokratischen Notwendigkeiten zu erledigen, um eine Ausreise in die USA vorzubereiten. Was aber vor allem fehlt, ist Geld, um die Überfahrt zu bezahlen.
Julius beginnt eine Korrespondenz u.a. mit dem Roten Kreuz in der Schweiz, um Unterlagen über seinen Besitz in Bremen zu erhalten. Von dort gibt es für deutsche Juden auch eine Versorgung mit Lebensmitteln.

Nun konnte ich arbeiten am neuen Leben. Ich hatte um Hilfe ans Rote Kreuz nach Zürich geschrieben, um zumindest einige Lebensmittel und Kleidungsstücke zu bekommen. Ich erzähle dies so ausführlich, um zu zeigen, wie das ganze Leben von Zufällen abhängt. Ein Brief vom Roten Kreuz kam nach 2 Wochen, dass einige Lebensmittel übersendet seien, aber Kleidung sei gesperrt.
Dann kam noch die Frage, ob ich ein Herr Julius Bamberger sei und woher wir kämen.
Ich bejahte, erwähnte Bremen und bekam einen Brief, der mich seit einem Jahr suchte und mir mitteilte, dass meine Frau von den Nazis getötet worden sei, aber in Zürich bei dem Anwalt ihrer Schweizer Schwester ein kleines Paketchen mit Wertsachen hinterlassen habe für die Kinder.
Dies öffnete uns die Welt. Der Schweizer Anwalt konnte für uns mit ganz kleinen Beträgen disponieren. Es würde zu weit führen, all die folgenden Transaktionen, Reisen nach Marseille und Toulouse, Verbindungen mit den Freunden in Paris zu beschreiben. Aber es brauchte mehr als 9 Monate, bevor wir mit fertigen Pässen am Point de Sortie an der spanischen Grenze in Cornfrank standen.

Das Päckchen mit den Wertsachen von Friedel aus Bremen hat am Ende tatsächlich dafür gesorgt, dass die Drei die Überfahrt in die USA bezahlen konnten.

Friedel Bamberger nimmt sich am Tage vor ihrem 55. Geburtstag in Bremen das Leben. Es gibt keinen Hinweis über ihre Beweggründe.

In jedem Fall ist es ein erstaunliches Zeichen, dass sie, die nicht leibliche Mutter von Anneliese und Egon, das Päckchen an die Zwillinge adressiert und nicht an Julius Bamberger, von dem sie die meisten Schmuckstücke geschenkt bekommen hatte.

Die Nachricht über den Tod von Friedel und das Päckchen erreicht die Flüchtlinge ein dreiviertel Jahr nachdem sie es von Bremen abgeschickt hat.

Then came the question of whether I was Mr. Julius Bamberger and where we came from.
I confirmed, mentioned Bremen, and received a letter that had been trying to reach me for a year, telling me that my wife had been killed by the Nazis but had left a small package of valuables in Zurich with her Swiss sister's lawyer for the children.
This opened the world to us. The Swiss lawyer was able to sparse out very small amounts for us. It would be excessive to describe all of the following transactions, trips to Marseille and Toulouse, and connections with friends in Paris. It took more than 9 months, but finally, we were standing at the Point de Sortie at the Spanish border in Cornfrank with our passports ready.

In the end, the small package with Friedel's valuables from Bremen actually ensured that the three of them could pay for their passage to the U.S..

Friedel Bamberger took her own life in Bremen the day before her 55th birthday. There was no indication regarding her motives. In any case, it is amazing that she, not even the biological mother of Anneliese and Egon, addressed the package to the twins and not to Julius, from whom she had received most of the jewelry as a gift.

On June 23rd, our dear sister, sister-in-law and aunt, gently passed away Mrs.

Friedel Bamberger
née Rauh

in her 55th year of life

In deep mourning:
Family Arno Rauh
Zwickau in Saxony
Family Kurt Rauh
Zwickau in Saxony
Else Otto widow,
maiden name Rauh
Zurich

together with relatives

Bremen, June 25th, 1940

Am 23. Juni entschlief sanft unsere liebe Schwester, Schwägerin und Tante, Frau

Friedel Bamberger.

geb. Rauh

in ihrem 55. Lebensjahre.

In tiefer Trauer:

Familie Arno Rauh
Zwickau i. Sachsen
Familie Kurt Rauh
Zwickau i. Sachsen
Else Otto Wwe., geb. Rauh
Alma Ivancic Wwe., geb. Rauh
Zürich
nebst Angehörigen

Bremen, den 25. Juni 1940.

Die Aufbahrung ist im Beerdigungs-Institut „Pietät", Humboldtstr. 190, erfolgt.
Die Trauerfeier findet am Mittwoch, dem 26. Juni, um 10½ Uhr, im Krematorium statt.

The news of Friedel's death and the parcel reached the refugees three quarters of a year after she had sent it from Bremen.

Paul Joseph Kanyuk

Paul Kanyuk ist 1983 in New York geboren. Er hat an der University of Pennsylvania studiert und lebt in Berkley, California. Paul lebt dort mit seiner Frau Jennifer White in einem Haus, das sie gerade umbauen.
Er arbeitet heute als Supervising Departmental Technical Director bei Pixar Animation Studios, spezialisiert auf Crowd Simulation, und war beteiligt an Pixar-Filmen wie Cars, Monster University, Ratattui oder Turning Red. Crowd animation, also die Animation von sehr vielen Menschen in einem Bild, ist seit ‚Herr der Ringe' sehr beliebt in Animationsfilmen.
Paul fährt eine halbe Stunde mit dem Fahrrad zu Pixar, das heute zu Disney gehört. Zur Zeit arbeitet er allerdings im Home Office, das er sich im eigenen Garten eingerichtet hat.

*

Fangen wir mit deiner Beziehung zur Familie Bamberger an. Kannst du mir bitte erklären, auf welche Weise diese beiden Familien verbunden sind.

Sicher. Also mein Großvater, Paul Stern, der Vater meiner Mutter, war der Bruder von Liesel Stern.
Also, ja, durch die Familie meines Großvaters mütterlicherseits, sind wir miteinander verbunden.

Und die kamen auch aus Bremen.

Genau. Also mein Großvater, Paul Stern, verließ Bremen als 15-Jähriger. Von Bremen kam er zuerst nach New York und dann nach Philadelphia. Später ließ er sich dann in Newark, New Jersey nieder, und wieder später dann in Springfield, New Jersey.

Kannst du mir etwas über die Situation der Familie erzählen, als sie Bremen verlassen haben?

Also, soweit ich weiß, verließ mein Großvater, Paul Stern, Deutschland 1935. Das war noch eine gute Zeit zu gehen, weil es immer noch möglich war, zu dieser Zeit zu emigrieren. Im Gegensatz dazu musste meine Großmutter das Land 1938 mit dem Kindertransport verlassen, das war viel schwieriger.
Paul zog nach New York, ich glaube, um für ein Familienmitglied zu arbeiten und Liesel kam später nach.
Ich bin mir über die genaue Reihenfolge der Ereignisse nicht sicher. Ich denke also, dass ihr Geschäft zu diesem Zeitpunkt in Deutschland wahrscheinlich schon beschlagnahmt war. Ich weiß, dass sie ein Import-Export-Unternehmen hatten.

Paul Joseph Kanyuk

Paul Kanyuk was born in New York in 1983. He studied at the University of Pennsylvania and now lives in Berkley, California. Paul lives there with his wife, Jennifer White, in a house they are currently remodeling.
He works as the Supervising Departmental Technical Director at Pixar Animation Studios, specializing in crowd simulation. He was involved in Pixar films such as *Cars, Monster University, Ratattui* and *Turning Red*. Crowd animation, the animation of very many people in one frame, has been popular in animated films since *Lord of the Rings*.
Paul rides his bike for half an hour to Pixar, which is now part of Disney. At the moment, however, he is working from home in his own garden.

*

Let's start with your relationship to the Bamberger family. Can you explain how these two families are connected?

Sure. So my grandfather, Paul Stern, my mother's father, was the brother of Liesel Stern, who was the wife of Johnny (Egon) Bamberger. So, through the base of my grandfather on my mother's side of the family, we're related.

And they also were from Bremen.

Exactly. So my grandfather, Paul Stern, left Bremen when he was fifteen years old. From Bremen, he came to New York initially and then to Philadelphia. And then later he settled in Newark, New Jersey, and then again in Springfield, New Jersey.

Can you tell me a little bit about the family's situation when they left Bremen?

So I believe my grandfather, Paul Stern, left in 1935, which was a better time to leave than the other option. It was still possible to emigrate at that time. By contrast, my grandmother had to leave on the Kindertransport in 1938, which was far more difficult.
Paul moved to New York to work for a family member, I believe, and then Liesel came later. I'm actually not sure of the exact order of events. So I think, with the situation happening in Germany, probably their business was seized at that point. I know they had an import-export business.
And then I know my grandfather, Paul, had to work very hard, and I don't believe he knew English very well, if at all.
He died when he was in his mid-forties when my mother was eleven. So, sadly, I don't know very much about Paul. That said, I did hear stories about Liesel because my mother very much knew Liesel Stern, more than the Bamberger family.
I think, unfortunately, these are the kind of details that people of that generation didn't talk very much about, so I don't exactly know the full story. I think we only learned it later from naturalization documents and things like that when they came. But I believe they came from Bremen by boat over to the U.S..

Did you know that Liesel Stern and Anneliese Bamberger were at the same school? They were in the same class together. (See class photo on page 52, E.B.)

Interesting. - Now I know very little about their life in Bremen. I have only a business card, and it just says Import - Export.
There are some photos of them by the ocean, maybe Bremerhaven or somewhere nearby. And then

Und ich weiß, dass mein Großvater, Paul, sehr hart arbeiten musste, und ich glaube nicht, dass er sehr gut englisch konnte, wenn überhaupt.
Er starb mit Mitte 40 und meine Mutter war gerade elf Jahre alt. Daher weiß ich leider nicht sehr viel über Paul. Allerdings habe ich Geschichten über Liesel gehört, denn meine Mutter kannte Liesel Stern sehr viel besser, als die Bamberger Familie.
Leider sind das Einzelheiten, über die die Personen dieser Generation nicht sehr viel gesprochen haben. Ich kenne also nicht die ganze Geschichte. Wir haben es erst später aus Einbürgerungspapieren und ähnlichen Dokumenten erfahren. Aber ich glaube, sie kamen von Bremen mit dem Schiff rüber in die USA.

Weißt du, dass Liesel Stern und Anneliese Bamberger in einer Schule waren? Zusammen in einer Klasse! (Siehe Klassenfoto Seite 52, E.B.)

Interessant. – Also ich weiß sehr wenig über ihr Leben in Bremen. Ich habe nur eine Visitenkarte. Da steht drauf: Import - Export.
Es gibt ein paar Fotos von ihnen am Meer. Also vielleicht Bremerhaven oder irgendwo in der Nähe. Es gibt Fotos von Julius Stern *(der Vater von Paul Stern, E.B.)* in der deutschen Armee im Ersten Weltkrieg. Ich weiß, dass er in der Armee gedient hat, aber sonst weiß ich nicht viel.

Du bist vor Kurzem erst in Bremen gewesen. War das ein berührender Besuch für dich? Oder sind die Geschichten weit weg?

Ich meine, Bremen ist ein Name, den ich mein ganzes Leben lang gehört habe, weil meine Familie von daher kommt, aber ich hatte nichts, was ich damit assoziieren konnte, keine Bilder oder einen Ort. Als ich es dann sah, wurde es erst lebendig.
Aber was mich wirklich bewegt hat, war der Friedhof, auf dem die Grabsteine meiner Vorfahren lagen, also von Leuten, die ich nie getroffen habe und meine Mutter war auch da und sie hat ihren Großvater auch nie kennengelernt. Da fand sie nun das Grab ihres Großvaters, das war sehr emotional für uns.
Es wirft dann mehr Fragen auf, als es Antworten gibt, um ehrlich zu sein. Wir wissen so wenig darüber, weil die Menschen nicht viel über ihr Leben gesprochen haben.

Wir nennen sie deswegen die schweigende Generation, richtig?

Ja. Dazu gehört, dass meine Großeltern zu Hause deutsch gesprochen haben. Und irgendwann, ich glaube, als meine Tante in dem Alter war, als sie anfing zu sprechen, da haben sie aufgehört, deutsch zu sprechen, damit sie das nicht lernt.
Seit dieser Entscheidung spricht also niemand in meiner Familie mehr deutsch und das schränkt auch die Informationen ein, die wir haben.

Und was ist mit dem Thema Holocaust? Habt ihr darüber gesprochen?

Es ist wohl schwer, darüber nichts zu wissen. Ich bin in einer Gegend aufgewachsen, in der viele Familien davon betroffen waren; in einem Vorort von New York, wo viele Familien kurz vorher aus Europa eingewandert waren. Eines der Dinge, das fast allen passiert ist, war der Verlust von Familienmitgliedern im Holocaust.
Als ich in die hebräische Schule ging, war das ein sehr großes Thema. Jeder hatte eine Geschichte. Eine extremer als die andere.
Dort, wo ich aufgewachsen bin, war das Teil unseres historischen Gedächtnisses, also ein ganz wichtiges Thema.
Aber auch diese Generation hat nicht so viel darüber gesprochen. Erst in jüngster Zeit erfahre ich die Einzelheiten der Geschehnisse und deshalb fällt es mir schwer, die genauen Auswanderungsdaten zu kennen.

there are photos of Julius Stern *(the father of Paul Stern, E.B.)* in the German army in WWI. So I know he served in the army, but other than that, I don't know very much.

You were in Bremen not too long ago. Was it an emotional visit for you? Or was the history too far removed?

I mean, Bremen is a name I've heard my whole life. My family is from there, but I had nothing to associate it with, no visuals or a place. So, actually seeing it very much made it come to life more. But I think what was really emotional was the graveyard where my ancestors' gravestones were, you know, people I never met. My mother was there, too. My mother never met her grandfather, you know, so she found her grandfather's tomb there, and that was very emotional for us.
And I think it opened up more questions than answers, to be honest, because we know so little about that. Again, people didn't talk very much about what their life was like.

We call them the silent generation, right?

I mean, one story about that is, my grandparents did speak German at home. And then at some point, I think when my aunt was at an age where she was starting to speak German, they stopped because they didn't really want her to learn that. So no one in my family speaks German anymore after that decision, and that does limit the amount of information we know.

And what about the topic of the Holocaust? Did you all talk about that?

Yeah, I mean, it's hard not to know about that. I grew up in an area where it affected many people's families. I grew up in suburban New York, where many families were recent or semi-recent immigrants from Europe. And one thing that is very common is having a history of losing family in the Holocaust.
So when I went to Hebrew school growing up, you know, this was very much a topic. Everyone had stories, some more extreme than the others.
It was very normal to have this as part of our historical memory where I grew up, so it was very much a topic.
But again, that generation didn't talk so much. It's only more recently that I'm learning the details of what happened, hence me struggling to know the exact emigration dates.
But having now visited Germany a few times and having found the gravestones and more information, I know who died and who did not die in the Holocaust. And I know some more about their conditions when they left. But it's very much a universal topic among the Jewish community. It touched almost every family in some way or another.
So yes, very much part of growing up was knowing about the Holocaust and having it affect us.
Well, one thing that can happen, I think, is that anything that's beyond a certain number of years ago seems like it couldn't happen again. It was a different world. Everything was different, politically and technologically. And I think it was only after researching a little more, going to see my family, and hearing a couple of stories that things were really brought to life. It makes you realize it wasn't that long ago, and it's just even scarier.
I remember one time I finally learned a story from my grandmother, Oma Jean. When she fled to London from Stuttgart, she found England to be more primitive than Germany, technologically. She was used to better public transit, better telephones, which then makes you realize, wait, this was a society *(meaning Germany, E.B.)* that had advanced public transit and telephones. This was not like an alien world that was so long ago. This was very recent, and people were still capable of doing this to each other.
So, you know, there's a temptation to think of it as an old historic event, but it is very much a modern tragedy, and I think it's important that people remember that.
So I'm learning about that more. But growing up, it did seem like something that was very long ago.

Aber nachdem ich jetzt ein paar Mal in Deutschland war und die Grabsteine gefunden und mehr Informationen habe, weiß ich, wer im Holocaust gestorben ist und wer nicht.
Ich weiß etwas mehr über ihre Lebensumstände, als sie aus dem Land geflohen sind. Es ist ein sehr großes Thema in der jüdischen Gemeinschaft, so dass es fast jede Familie auf die eine oder andere Weise berührt.
Ja, es gehörte zum alltäglichen Leben, über den Holocaust Bescheid zu wissen und dass er sich auf uns auswirkt.
Es gibt eine Sache, die passieren kann, und das ist, dass alles, was länger als eine bestimmte Zahl von Jahren zurückliegt, so aussieht, als könnte es nicht wieder passieren. Es war eine andere Welt. Politisch und technologisch war alles anders. Ich glaube, erst wenn ich ein bisschen mehr recherchiere, meine Familie besuche und ein paar Geschichten höre, wird es wirklich lebendig und man merkt, dass es noch gar nicht so lange her ist, und das ist einfach noch erschreckender.
Ich erinnere mich, dass ich einmal eine Geschichte von meiner Großmutter, Oma Jean, hörte, die feststellte: Als sie von Stuttgart nach London floh, war England technologisch primitiver als Deutschland, weil sie an bessere öffentliche Verkehrsmittel und bessere Telefone gewöhnt war.
Moment mal, das ist also eine Gesellschaft *(gemeint ist Deutschland, E.B.)*, die über einen fortschrittlichen öffentlichen Nahverkehr und Telefone verfügt. Das ist keine fremde Welt, die lange her ist. Das hier ist noch sehr aktuell, und die Menschen waren trotzdem in der Lage, einander so etwas anzutun.
Wir sind also versucht, etwas als ein vergangenes historisches Ereignis zu betrachten, aber es ist eine moderne Tragödie, und ich denke, es ist wichtig, dass die Menschen das mitdenken.
Ich lerne das also immer mehr. Aber als ich aufgewachsen bin, schien es etwas zu sein, das sehr lange zurücklag. Ich denke, dass es wichtig ist, Bücher wie dieses zu machen, um die Menschen daran zu erinnern, dass dies keine alte Geschichte ist. Das gehört zu unserer jüngsten Vergangenheit.

In Deutschland gibt es eine Menge Leute, die sagen, wir müssen dieses Thema stoppen. Wir dürfen nicht immer und immer wieder darüber reden. Wie denkst du darüber?

Nun, ich denke, es wäre eine Tragödie, wenn wir aufhören würden, darüber zu reden, denn Deutschland hat die einmalige Chance, über diese Erfahrung nachzudenken und anderen zu helfen, das nicht zu wiederholen.
Ich glaube, einige Länder neigen dazu, ihre Vergangenheit zu verleugnen oder sie rosig darzustellen. Das Besondere an Deutschland im 20. Jahrhundert ist das Ausmaß an Zerknirschung und das Eingeständnis, wie schlimm die Fehler waren. Das ist meiner Meinung nach ein Zeichen für eine gesündere Gesellschaft als eine, die ihre Vergangenheit leugnet, also ich kann dem Gedanken nicht folgen.
Ich denke, Deutschland ist am besten geeignet, ehrlich damit umzugehen, und der Rest der Welt könnte von diesem Beispiel lernen, denn es gibt viele Länder, die eine sehr schreckliche Vergangenheit haben, über die sie nicht sprechen, wenn man z. B. an Japans Rolle im Zweiter Weltkrieg denkt.

Und ist es auch wichtig für junge Leute?

Auf jeden Fall. Ja. Bei allem, was vor unserer Geburt passiert ist, neigen wir dazu zu denken, dass es nicht noch einmal passieren kann oder dass es auf irgendeine Weise uralt und unwiederholbar ist. Aber noch einmal, wir erinnern uns daran, dass dies eine moderne Gesellschaft war, die dies tat.

Eines der Themen im Internet und auch in den sozialen Medien ist der Hass. Der Hass wächst und wächst. Glaubst du, dass es da einen Zusammenhang gibt?

Ja, ich meine, in der Folgezeit hat der Holocaust die schrecklichen Folgen des Hasses aufgezeigt, die unkontrolliert bleiben und sich mit der Zeit wieder einschleichen. Ich denke also, je weiter wir uns vom Holocaust entfernen, desto größer ist die Gefahr, dass wir nicht daraus lernen.
Ich denke auch, dass ich als Jude mit dieser Geschichte eine Perspektive habe. Du weißt, dass es

So I think that's the importance of making books like this, just to remind people that this is not ancient history. This is very much in our recent past.

In Germany, there are a lot of people who say we have to end this topic. We can't keep talking about it over and over. What do you think about that?

Well, I think it would be kind of a tragedy to stop talking about it because Germany has a unique opportunity to reflect on the experience and help others not repeat it.
Some countries, I think, tend to deny their pasts a little more or make them rosy. One unique thing about Germany in the 20th century is the amount of contrition and admitting how bad the mistakes were. I think that's a sign of a healthier society over one that denies its past, so I don't agree with that sentiment.
I think Germany is well suited by being more honest about it. And the rest of the world could learn from that example because there are many countries that have some very horrible pasts that they do not talk about, you know, thinking about situations like Japan's role in WWII.

And is it important for young people too?

Absolutely. Yeah. Anything that happens before you're born you tend to think couldn't happen again or is in some way ancient and unrepeatable. But again, we remember that this was a modern society that did this.

One of the topics on the Internet and social media is hate. Hate is growing and growing. Do you think there is a connection there?

Yeah, I mean, the aftermath of the Holocaust exposed the horrible consequences of hate left unchecked, and with time, it starts creeping back. So I think there is a relation in that the further we get from the Holocaust, the more we're in danger of not learning from it.
So I think being Jewish and having that history, I would hope, would give me perspective. You know, I know there are exceptions. The Jewish community is not free from hate like any other, but I would hope that this is a historical example that will hopefully prevent something like this from happening again. That said, humans are humans, and you can see in the news that people are always afraid of each other.

Do you see some of that in the U.S.? Not quite the same as the Holocaust, but things like that which are dangerous to society?

Yeah, I mean, the U.S., despite being a country of immigrants, has also had a history of being anti-immigrant and having tensions in that regard.
I actually found it amazing in the U.S. how recent immigrants can be so hostile to other recent immigrants. As if all of a sudden, having been here a generation makes you a native that has a right to. I think it's a little bit odd that the U.S. has such a history.
But it also shows that the U.S. is a country like any other. It has these tensions and fears of others and a desire for your community to somehow be free from the other.
Anyway, all I have to say is, hate is alarming in the U.S. I'm very much in favor of tolerance and acceptance but also of acknowledging the realities of history and how things have worked. So, I think if anything, the Holocaust should be a way to learn, should be studied historically, and should always be reflected upon because it's about us.
The worst-case scenarios you can get for hate left unchecked.

One other topic. – Many members of the Bamberger family have now received German passports. Would it be possible for you to get a German passport? What is the significance of that for you?

Ausnahmen gibt. Die jüdische Gemeinschaft ist nicht frei von Hass, wie jede andere auch. Aber ich hoffe, dass dies ein historisches Beispiel ist, das hoffentlich verhindert, dass so etwas wieder passiert. Menschen sind Menschen und man kann in den Nachrichten sehen, dass die Menschen immer Angst vor dem anderen haben.

Siehst du in den USA etwas davon? Nicht dasselbe wie der Holocaust, aber Dinge, die für die Gesellschaft gefährlich sind?

Ja. Die USA sind zwar ein Land der Einwanderer, aber sie haben auch eine Geschichte, in der sie gegen Einwanderer waren und in der es Spannungen gab.
Ich finde es in den USA wirklich erstaunlich, wie Neueinwanderer anderen Neueinwanderern gegenüber so feindselig sein können, so als ob man plötzlich, nachdem man eine Generation hier war, ein Eingeborener ist, der darauf ein Recht hat. Ich finde es etwas seltsam, dass die USA eine solche Geschichte haben.
Es zeigt aber auch, dass die USA ein Land wie jedes andere sind, in dem es diese Spannungen und die Angst vor anderen gibt und in dem man sich wünscht, dass die eigene Gemeinschaft irgendwie frei von den anderen ist.
Alles, was ich dazu sagen kann ist, dass der Hass in den USA alarmierend ist. Ich persönlich bin sehr für Toleranz und Akzeptanz, aber ich erkenne auch die Realitäten der Geschichte an und wie die Dinge funktioniert haben.
Ich denke also, wenn überhaupt, dann sollte der Holocaust ein Weg sein, um zu lernen, und er sollte historisch studiert und immer wieder reflektiert werden, weil es um uns geht.
Die schlimmsten Szenarien kommen, wenn der Hass unkontrolliert bleibt.

Eine andere Sache. – Viele Mitglieder der Familie Bamberger haben inzwischen einen deutschen Pass. – Wäre es für dich möglich, einen deutschen Pass zu haben? Welche Bedeutung hätte das für dich?

Ja. Also die Regel, so wie ich sie verstehe, ist, dass es ein Gesetz gab, ich glaube 1941, das im Grunde genommen die deutsche Staatsbürgerschaft für jede Person jüdischer Abstammung aufhob. Das machte eine Menge Leute staatenlos, einschließlich meiner Großeltern, meiner Vorfahren, wie auch die Bamberger. Im Grunde genommen geht es darum zu sagen, dass dieses Gesetz illegal war, dass die Staatsbürgerschaft niemals hätte aufgehoben werden dürfen.
Ich denke also, dass es für die deutsche Regierung eine sehr gesunde Sache ist, wenn sie sagen kann, dass ein früheres Gesetz illegal war, und dann jeden akzeptiert, dem die Staatsbürgerschaft entzogen wurde, um ihm die Staatsbürgerschaft neu zu geben.
Ich habe sie tatsächlich beantragt und habe jetzt einen deutschen Pass. Ich habe das Gefühl, dass es die richtige Geste der deutschen Regierung ist.
Aber sollte es jemals passieren, dass die USA ein gefährlicher Ort zum Leben wird, würde ich in Erwägung ziehen, den deutschen Pass zu benutzen, um in die EU, nach Deutschland oder anderswohin zu reisen, und das wäre dann durchaus möglich.
Ich weiß, dass die Staatsbürgerschaft ein sehr umstrittenes Thema ist, nicht nur in Deutschland, sondern in der ganzen Welt. Es ist also eine große Ehre, sie zu haben. Aber angesichts der Tragödie des Holocausts ist es auch eine Geste. Es ist eine symbolische Geste.
Aber so mächtig sie auch ist, was kann man schon tun? Deshalb bin ich der deutschen Regierung dafür dankbar. Aber weißt du, im Großen und Ganzen geht es um einen Reisepass, nicht um das Leben derer, die verloren gegangen sind.
Also, ja, ich bin jetzt deutscher Staatsbürger, technisch gesehen.
Meine Familie war in ihrer Vergangenheit sehr deutsch, und so ist es in gewisser Weise eine Art Kontinuität oder ein Weg, auf ein historisches Ereignis einzugehen, *(gemeint ist der Entzug der Staatsbürgerschaft, E.B.)* das niemals hätte passieren dürfen. Trotzdem ist es passiert und so werde ich diesen Pass haben, aber es wird nie dasselbe sein. Es ist schon seltsam, Deutschland zu besuchen.
Übrigens. Ich erzähle Bekannten nicht wirklich viel über meine Herkunft. Die wenigen Male, in denen

Yeah. So the rule, as I understand it, is that there was a law in 1941 or around that time period that basically revoked German citizenship from any person of Jewish descent. That essentially made a lot of people stateless, including my grandparents, my ancestors, and the Bamberger family. This is essentially a way to say that that law was illegal and that the citizenship should never have been revoked.
So I think it's a very healthy thing for the German government to be able to say a previous law was illegal and accept anyone that was revoked citizenship by giving them citizenship.

I actually did apply for it, and I have a German passport now. I feel like it is the right gesture for the German government to do.
But if events were ever such that the U.S. becomes a dangerous place to live, I would consider using the German passport to go to the EU, to Germany, or somewhere else, potentially.
And I know that citizenship is such a contentious topic, not just in Germany, but throughout the world. So, it's a great honor to have it. But at the same time, given the tragedy of the Holocaust, it's a gesture. It's a token gesture, really. So as powerful as it is, what can you do? But in the grand scheme of things, it's a passport, not the lives of those who were lost.
So, yes, I am a German citizen now, technically.
I think, at some point, my family was very much German, so in a way, having that is a sort of continuity or a way to address a historical event *(meaning the revocation of citizenship, E.B.)* that should have never happened. But at the same time, it happened. So I'll have that passport, but it can never be the same. It's weird even visiting Germany.
By the way, I don't really tell people much about my family background. The few times I've mentioned it have been a little awkward, so it's good to have German citizenship, but it's still hard to feel like you're really accepted. I know it's different in some parts of Germany, and who knows how other generations will treat the topic, but I found it a little uncomfortable to mention it.

Thank you very much.

Thank you.

ich sie erwähnt habe, waren eher ein bisschen peinlich. Es ist also gut, die deutsche Staatsbürgerschaft zu haben, aber es ist immer noch schwer, das Gefühl zu haben, dass man wirklich akzeptiert wird. Ich weiß, dass es verschiedene Teile Deutschlands gibt, und wer weiß, wie andere Generationen mit dem Thema umgehen werden. Aber ich finde es immer ein bisschen unangenehm, es zu erwähnen.

Ich danke dir vielmals.

Ich danke dir.

Joyce Kanyuk, geb. Stern

Joyce Kanyuk ist 1951 geboren. Sie wohnt heute in Berkley, in der Nähe ihres Sohnes Paul Kanyuk. Sie gehört zu einer Seitenlinie der Familie Bamberger, ebenfalls mit Bremer Wurzel. Die Schwester ihres Vaters ist Liesel Stern, also ihre Tante, die später Egon Bamberger geheiratet hat. Liesel Stern und Anneliese Bamberger sind in Bremen zusammen in einer Schulklasse gewesen.
Liesel und Egon, der sich in den USA Jonny nannte, wohnten in Kalifornien und die Sterns an der Ostküste, nördlich von New York.

*

Ihr wohntet weit auseinander, habt ihr euch denn häufig besucht?

Wir haben sie immer mal wieder besucht und sie kamen zu uns zu Besuch. Das hat mir gefallen. Wir sind z. B. dorthin gefahren, als ich sechs Jahre alt war, also 1957. Ich war auch noch einmal dort, als ich fünfzehn war. Ich verbrachte einen ganzen Sommer in ihrem Haus in San Bruno in Kalifornien. Und sie kamen zu uns zu solchen Anlässen wie Bas Mitzwah, für meine Schwestern. Wir haben uns also immer mal wieder gesehen.

Weißt du, auf welche Weise dein Vater Paul und seine Schwester aus Deutschland in die USA gekommen sind?

Ja, mein Vater kam zuerst 1935 und er lebte bei einem Onkel in Philadelphia, der da ein Hotel hatte. Er ging zur Highschool und hat nachts in dem Hotel gearbeitet.
Ich glaube, ein oder zwei Jahre später kamen dann Liesel und ihre Mutter, das ist Emmy Stern, rüber und sie lebten in Washington Heights im Norden von New York City.

Weißt du etwas über ihr Leben in Bremen?

Ich weiß, dass sie etwa zur oberen Mittelschicht gehörten, eine jüdische Familie. Ich glaube, das Haus, in dem sie wohnten, war ein Hochzeitsgeschenk für Liesel und Pauls Mutter, Emmy Stern, von ihren Eltern, also ging es ihnen ziemlich komfortabel.

Joyce Kanyuk, née Stern

Joyce Kanyuk was born in 1951. She now lives in Berkley, near her son Paul Kanyuk. She is maritally related to the Bamberger family and also has Bremen roots. Her aunt on her father's side is Liesel Stern, who later married Egon Bamberger. Liesel Stern and Anneliese Bamberger went to school together in Bremen.
Liesel and Egon, who called himself Jonny in the U.S., lived in California. The Sterns lived on the East Coast, north of New York.

*

You lived far apart, did you visit each other often?

We visited them every now and then and they came to visit us. I liked that. For example, we went there when I was six years old, I was born in 1951, so in 1957. I was out when I was fifteen. and I spent a whole summer at their house in San Bruno in California. And they would come for occasions like Bas Mitzvah for my sisters, so we saw each other.

Do you know how your father Paul and his sister came to the United States from Germany?

Yes. My father came first in 1935, and he lived with an uncle in Philadelphia who owned a hotel. He went to high school there and worked in the hotel at night.
I believe about a year or two later, Liesel and her mother, who was Emmy Stern, came over, and they were in Washington Heights in north New York City.

Do you know anything about their life in Bremen?

I know that they probably belonged to the upper middle class, a Jewish family. I believe that the house they lived in was a wedding present to Liesel and Paul's mother, Emmy Stern, from her parents, so they were quite comfortable.

Did they both go to school in Bremen, Liesel and Paul?

They did until it was no longer allowed for Jews to attend school. So I know that my father came over in 1935. That's what it said in his passport when he was fifteen. He was attending the high school in Bremen at that time.

And Liesel's way from Bremen to the U.S., can you tell me about that?

You know, I'm not sure how they came. I'm assuming by ship since airplanes didn't fly, right? But that part of the story I don't know. …

That was the family of your father. The family of your mother was also from Germany, right?

Yes. She came from Stuttgart. I love to say that they probably never would have met if they had stayed in Germany. My mother took the Kindertransport to England and finished her schooling there. I think it was about six months that she was there.

(E.B. nach en.wikipedia.org/wiki/Kindertransport, 30.08.2022:
The Kindertransport (German for ‚children's transport' E.B.) was an organised rescue effort of children from Nazi-controlled territory that took place during the nine months prior to the outbreak of the Second World War. The United Kingdom took in nearly 10,000 predominantly Jewish children from

Liesel und Paul sind beide in Bremen zur Schule gegangen?

Ja, bis es für Juden nicht mehr erlaubt war, die Schule zu besuchen. Also ich weiß, dass mein Vater 1935 rübergekommen ist. So stand es in seinem Pass, als er 15 war. Er besuchte zu dieser Zeit das Gymnasium in Bremen.

Und Liesels Weg von Bremen in die USA, kannst du mir darüber etwas erzählen?

Ich bin mir nicht sicher, wie sie gekommen sind. Ich nehme an, mit dem Schiff, Flugzeuge flogen ja nicht. Richtig? Aber diesen Teil der Geschichte kenne ich nicht.

Das ist die Familie deines Vaters. Die Familie deiner Mutter kommt auch aus Deutschland.

Ja. Sie kam aus Stuttgart. Ich sage gerne, dass sie sich wahrscheinlich nie getroffen hätten, wenn sie in Deutschland geblieben wären. Meine Mutter nahm den Kindertransport nach England und beendete da ihre Schule, ich glaube, es waren etwa sechs Monate, die sie dort war.

(E.B. übersetzt nach en.wikipedia.org/wiki/Kindertransport, 30.08.2022:
Der Kindertransport war eine organisierte Rettungsaktion von Kindern aus den von den Nazis kontrollierten Gebieten, die in den neun Monaten vor Ausbruch des Zweiten Weltkriegs stattfand. Das Vereinigte Königreich nahm fast 10.000 überwiegend jüdische Kinder aus Deutschland, Österreich, der Tschechoslowakei, Polen und der Freien Stadt Danzig auf. Die Kinder wurden in britischen Pflegefamilien, Heimen, Schulen und Bauernhöfen untergebracht. Oft waren sie die einzigen Mitglieder ihrer Familien, die den Holocaust überlebten. Das Programm wurde von der britischen Regierung unterstützt, bekannt gemacht und gefördert. Wichtig war, dass die britische Regierung auf die Visumspflicht für die Einwanderung verzichtete, die die britische jüdische Gemeinde nicht erfüllen konnte. Die britische Regierung setzte dem Programm keine zahlenmäßige Begrenzung - erst der Ausbruch des Zweiten Weltkriegs beendete es, und zu diesem Zeitpunkt waren etwa 10.000 Kindertransporte in das Vereinigte Königreich gebracht worden.)

Ihr Vater, der auch aus Deutschland geflohen war, lebte auch dort, aber getrennt von ihr, weil sie in einem Internat war.
Sie mussten auf ein Visum für die Einreise nach Amerika warteten. Erst im Dezember 1940 haben sie endlich dieses Visum bekommen und konnten einreisen. Ich weiß, dass sie mit einem Schiff kamen und das Schiff fuhr über Hamburg. Da ist meine Großmutter noch eingestiegen und dann fuhren sie weiter nach Amerika und haben sich in Philadelphia niedergelassen. Der Bruder meiner Mutter wohnte schon in Philadelphia.
Der hatte einen Verwandten in Mississippi gefunden hat, der das Geld aufgebracht hat, für den letzten Schritt, das Visum zu bekommen. Diese Person sagte zu meinem Onkel:
„Ich werde das tun, aber kontaktiere mich nie wieder."
Er wollte nichts mehr mit unserer Familie zu tun haben, sobald sie nach Amerika kam.

Kannst du dich an die kurze Zeit mit deinem Vater erinnern?

Ja, es waren nur elf Jahre, leider. Er war religiöser als meine Mutter und er war sehr an dem Aufbau dieser kleinen Gemeinde beteiligt, in die wir zogen, als ich 1951 in Springfield geboren wurde. Ein Vorort von Newark, mit vielen Einwanderern aus Europa.
Mein Vater war sehr groß. Ich glaube, er war 1,80 m groß und meine Mutter hat immer gesagt, dass er mich verwöhnt hat. Ich glaube, meine Mutter hat meine Schwester verwöhnt, aber mein Vater hat mich verwöhnt. Er machte seinen Abschluss an der American High School und dann hat er seinen nächsten Abschluss am Newark College of Engineering gemacht und hat danach als Chemieingenieur gearbeitet.

Germany, Austria, Czechoslovakia, Poland, and the Free City of Danzig. The children were placed in British foster homes, hostels, schools, and farms. Often they were the only members of their families who survived the Holocaust. The programme was supported, publicized, and encouraged by the British government. Importantly the British government waived the visa immigration requirements that were not within the ability of the British Jewish community to fulfill. The British government put no number limit on the programme – it was the start of the Second World War that brought it to an end, at which time about 10,000 Kindertransport children had been brought to the United Kingdom.)

She and her father, who had also escaped from Germany, lived there but apart because she was at the school.
They were waiting for a visa to get to America, and it wasn't until December of 1940 that they finally got their visa and were able to come. I know that they came on a ship. I think the ship stopped in Hamburg and picked up my grandmother, who was still there. Then they continued to America and settled in Philadelphia because my mother's brother had already come over and settled in Philadelphia.
He was the one who found a relative in Mississippi who put up the money for the final step in getting the visa, and that person said, "I will do it, but never contact me again."
He didn't want to have anything to do with our family once they came to America.

Do you remember the short time you had with your father?

Yeah, it was only eleven years, unfortunately. He was more observant in religion than my mother, actually. He was very involved in forming the first Conservative Temple in this small community that we moved to when I was born, in 1951, in Springfield. You could say it was a suburb of Newark. There were a lot of immigrants from Europe in it.
My father was very tall. I think he was six foot one and my mother always said he spoiled me. I think my mother spoiled my sister, but my father spoiled me. He finished his education in American high school and then got his degree at the Newark College of Engineering, and he worked as a chemical engineer.
The factory smelled awful. We once visited, my sister and my mom. It was a big plant.
He was a kind man and very rarely lost his temper.

But did you spend a lot of time with him, or was he not around often?

We had a lot of family time together. He did work long hours. He commuted a good distance because the plant moved from Newark all the way down to New Jersey, which was an hour and a half away, so he commuted that much.
But my mother loved Springfield, so we stayed as a family. We did our Thanksgiving and Christmas with a group of other German families, which was really like a big Victorian house with quilted feather mattresses, many rooms, and a bathroom down the hall.
And that was when we got to spend really a lot of time together. We ice skated together, and we took the sled down hills and went for nice, long walks.

It's a little bit crazy that you have two German parents who met here in America.

They did. But he must have heard about this nice German dance with young German girls there, and at one of these dances in Philadelphia is where they met. He was four years older than my mother, but that was not unusual at that time.
And they fell in love and got married during the war because he had uncontrolled high blood pressure, and they wouldn't accept him into the army. But they never would have met in Germany, as I said, being from Stuttgart and Bremen.

In der Fabrik roch es furchtbar, ich habe sie einmal mit meiner Schwester und meiner Mutter besucht. Es war eine große Fabrik.
Er war ein freundlicher Mann, der nur selten die Beherrschung verlor.

Hast du viel Zeit mit ihm verbracht oder war er selten da?

Wir haben viel Zeit mit der Familie verbracht. Er hat immer lange gearbeitet. Er musste sehr weit pendeln, weil das Werk von Newark nach New Jersey umzog, etwa anderthalb Stunden.
Aber meine Mutter liebte Springfield und so blieb die Familie dort zusammen. Wir haben Thanksgiving und Weihnachten mit einer Gruppe anderer deutscher Familien gefeiert. Das war ein wirklich großes viktorianisches Haus mit Zimmern mit Federkernmatratzen und einem Bad am Ende des Flurs.
Wir haben wirklich viel Zeit miteinander verbracht, wir sind zusammen Schlittschuh gelaufen, mit dem Schlitten die Berge hinuntergefahren und sind lange spazieren gegangen.

Es ist schon ein bisschen verrückt, dass du zwei deutsche Eltern hast, die sich hier in Amerika kennengelernt haben.

Das haben sie. Aber mein Vater muss von diesen netten deutschen Tanzveranstaltungen gehört haben, bei denen junge deutsche Mädchen getanzt haben. Und bei diesen Tänzen in Philadelphia haben sie sich kennengelernt. Er war vier Jahre älter als meine Mutter, aber das war zu dieser Zeit nicht ungewöhnlich.
Sie verliebten sich ineinander und heirateten noch während des Krieges, weil er unter Bluthochdruck litt und sie ihn nicht in die Armee aufnehmen wollten. Aber in Deutschland hätten sie sich nie kennengelernt, sie wohnten ja in Stuttgart und in Bremen.

War es für dich eine besondere Situation, zwei deutsche Eltern zu haben und als deutsche Familie hier in Amerika zu leben?

Nun, ich habe mich immer ein bisschen anders gefühlt als meine Freunde, die in Amerika geboren waren. Wir haben einige Dinge bei mir zuhause anders gemacht als die anderen.
Ich glaube, meine Eltern waren strenger als die meiner Freunde. Einmal fuhren meine Freundin und ich mit dem Fahrrad, obwohl es uns ausdrücklich verboten war. Wir überquerten eine viel befahrene Straße und unsere Schwestern kamen von der hebräischen Schule zurück und sie erwischten uns und schimpften mit uns und ich durfte einen Monat lang nicht Fahrrad fahren, während meine Freundin gar keine Strafe bekam.
Aber es gab auch noch andere Dinge. Ich weiß, dass meine Mutter meine Schwester und mich gestillt hat und das haben die Amerikaner überhaupt nicht gemacht. Das war sehr ungewöhnlich. Sie ließen uns im Sommer auch ohne Hemd im Garten spielen, als wir klein waren. Das machen die Amerikaner auch nicht.
Es gab also Dinge die bei uns anders waren. Ich weiß auch, dass meine Mutter einen Akzent hatte. Aber ich habe das gar nicht gemerkt, weil sie einfach so redete. Erst als ich erwachsen wurde und zuhörte, habe ich mir gedacht: „Oh ja, sie sagte Sherry Schpiegel statt Sherry Spiegel." Das stimmt. Aber ich glaube, sie wollten immer gute Amerikaner sein. Deshalb spreche ich auch kein Deutsch, außer ein paar Wörtern. Sie wollten, dass wir Englisch lernen und sie haben das dann hinter unserem Rücken gesprochen. Also ich bedaure das heute sehr, dass wir nie Deutsch gelernt haben.
Wenn man von zwei deutschen Eltern aufgezogen wird, gibt es immer Anteile dieser Kultur. Ich weiß, das ist sehr lustig, aber ich wurde auch immer so erzogen, dass man pünktlich sein musste und nicht zu spät kam.
Also, das ist nicht die amerikanische Art und ich war immer überpünktlich. Das war dann auch immer ein Spruch in der Familie und so habe ich das auch mit meinem Sohn gemacht.

Was it special for you to have two German parents and to have a German family here in America?

Well, I always felt a little different from my American-born friends. We did things differently in my house, and in some ways, I think my parents were stricter than my friends' parents. One time, my friend and I rode our bikes where we were expressively told not to. We were crossing a busy street, and our sisters were coming back from Hebrew school. They caught us and told on us, and I didn't get to ride my bike for a month, but my friend had no punishment whatsoever.
And then there were different things. I know that my mother breastfed my sister and me, and Americans didn't do that in the 50s. That was very unusual, right? And she also let us play in the backyard without our shirts on in the summer when we were little. Americans don't do that.
So there were different ways of doing things, and I knew my mother had an accent, you know? But that was hard for me to hear because it was just how they talked. Only as I became an adult and listened did I say, "Oh yeah, she did say Sherry Schpiegel instead of Sherry Spiegel."
But I think they always wanted to be good Americans, so that is why I don't speak any German, just a few words. I think they wanted to learn English, and also they wanted to be able to talk behind our backs. They said so. So that's my big regret today, that we never learned German.
I think when you're raised by two German parents, you get some parts of the culture. Oh, this is very funny - I was raised that if you weren't early, you were late. You had to be on time.
Well, that's not the American way, you know, so I'd always be early. That was a joke in the family, and I did the same thing to my son. He'd say,
"Mom, we're always early".
Plus, I just couldn't help being neat and organized too, so that's my German upbringing.

Did they talk with you about the situation in Germany?

I know that my mother was happy to be in America and greatly relieved. But she was angry at Germany, you know, because she enjoyed growing up there, and I know my father did too. They had kind of a privileged upbringing, which they didn't have once they came to America.
We lost a lot of relatives. They didn't all come back. In fact, my mother's cousin, which is where the grandfather on my mother's side came from, lost his mother and father and sister, but he managed to escape.
So there were a lot of relatives who got lost, and she definitely wouldn't buy German products because she resented them. So there were hard feelings about Germany.
But by the time the eighties and nineties came and she was invited by the town of Stuttgart to go visit, she did go with her best friend from Stuttgart. They went back and visited. So she relented, and she realized that the new generation was totally different.

Do you remember the first time you heard the word Holocaust?

The word I think I kind of grew up with. It was part of the family conversation, but it wasn't until later that I found out how many relatives did not make it over and were lost. That was later. But the Holocaust was a big part of my upbringing.
And there was a family joke - the humor of one of my relatives - She used to say with a German accent, "We didn't come here for the weather!"
Maybe they actually liked it better in Germany, and they liked the weather better too, but they had to come, right? So, yeah. Yes, it was a topic, why we were here. So I think I grew up with the Holocaust, and as I got older, I dealt more and more with it and learned more.

And did you learn about it in school here?

As far as my education growing up in the fifties and sixties, it was mentioned, but it was all around me because most of my mother's friends came over either from Germany or Lithuania or something.

Er sagte gerne:
„Mama, wir sind immer zu früh!"
Ich konnte einfach nicht anders, ich war ordentlich und organisiert. Also das ist meine deutsche Erziehung.

Haben sie mit dir über die Situation in Deutschland gesprochen?

Ich weiß, dass meine Mutter glücklich und sehr erleichtert war, in Amerika zu sein und wütend auf Deutschland. Sie genoss es, hier aufzuwachsen und ich weiß, dass mein Vater auch so dachte, auch wenn sie dort eine ziemlich privilegierte Erziehung hatten, die sie nicht mehr hatten, als sie nach Amerika kamen.
Wir haben viele Verwandte verloren, sie sind längst nicht alle zurückgekommen. Der Cousin meiner Mutter, mit dem sie aufgewachsen ist, verlor seine Mutter, seinen Vater und seine Schwester, aber ihm gelang es zu fliehen.
Es gab also viele Verwandte, die wir verloren hatten und sie wollte auf keinen Fall deutsche Produkte kaufen, weil sie es ihnen übel nahm. Es gab wirklich harte Gefühle gegenüber Deutschland.
Aber in den 80ern, 90ern wurde sie von der Stadt Stuttgart eingeladen, sie zu besuchen. Sie ging mit ihrer besten Freundin aus Stuttgart dorthin. Also hat sie etwas eingelenkt und sie hat gemerkt, dass die neue Generation ganz anders war.

Weißt du noch, wann du das erste Mal das Wort Holocaust gehört hast?

Ich glaube, ich bin damit aufgewachsen, es war Teil vieler Familiengespräche, aber ich habe erst später herausgefunden, wie viele Verwandte es nicht geschafft haben und verloren gegangen sind, das kam erst später. Auf jeden Fall war der Holocaust ein großer Teil meiner Erziehung, wenn wir darüber gesprochen haben.
Und es gab einen Familienwitz. Unter uns gab es einen Spruch der immer wieder gerne mit einem deutschen Akzent erzählt wurde:
„Wir sind nicht wegen des Wetters hierher gekommen!"
Vielleicht hat es ihnen in Deutschland tatsächlich besser gefallen und sie mochten das Wetter dort lieber, aber sie hatten ja keine Wahl.
Ja, es war immer ein Thema, warum wir hier waren und ich glaube, ich bin wirklich mit dem Holocaust aufgewachsen. Als ich älter wurde, habe ich mich auch mehr und mehr damit beschäftigt und mehr gelernt.

Und habt ihr in deiner Schule auch etwas darüber erfahren?

Ich bin in den 50er und 60er Jahren aufgewachsen und es war überall um mich herum. Die meisten Freunde meiner Mutter kamen entweder aus Deutschland oder Litauen. Einer ihrer besten Freunde war in einem Konzentrationslager gewesen und sie hatten Glück.
Ein Cousin dagegen hat seine ganze Familie verloren. Also, wir sind damit aufgewachsen.
Es ist also erstaunlich, dass ich kein Deutsch spreche, das ist leider verloren gegangen, aber sie sprechen überall um mich herum Deutsch. Also die deutsche Kultur war Teil meiner Erziehung.

Denkst du, dass der Einfluss des Holocausts langsam in den Generationen verschwindet?

Ich fürchte leider ja. Ich bin Mitglied in drei Holocaust-Museen. Es gibt eines in Rockland County, dorthin habe ich die Pässe und ähnliche Dinge gespendet, die ich besaß. Ich unterstütze das Museum in New York City und es gibt noch eines in Washington, D.C.
Ich glaube, wenn man kein Kind von jemandem ist, der den Holocaust erlebt hat, lernt man nichts darüber. Vielleicht ist es in der hebräischen Schule zur Sprache gekommen, vielleicht auch in der Highschool.

One of her best friends had been in a concentration camp, they were lucky. A cousin lost his entire family! But it was just something that we grew up with.
And it's amazing that I don't speak German because they were speaking German all around me, right? But the German culture was part of my upbringing.

Do you think the influence of the Holocaust is slowly fading over the generations?

Sadly, I'm afraid it is. I'm a member of three Holocaust museums. There's one in Rockland County, and that's where I donated my parents' and grandparents' German passports. I support the one in New York City. There's just one in Washington, D.C.
But I feel that unless you are a child of somebody from the Holocaust or you learn about it - I believe in Hebrew school it does come up, maybe in high school too - but I believe there are many, many people, who if you talk to them about it, are denying it. There are still Holocaust deniers and some people who just don't know. So it's frightening when you think about it because my father would be 101 if he was alive and my mother would be 96, so that generation is dying.

Do you think that it's necessary for young people to be educated about it in order to keep an eye out for dangerous situations?

I think so because you never know what could happen in this country. I happen to have my German passport because they offered it. So first, Jennifer got it. Then she got Paul, my son, to get it, and then I got it.
So I said, you never know. I doubt it would happen here, but the last four years were quite frightening in America, right?
So it's easy to tell lies, and people believe them. There were a lot of lies told in this country, you know, *(She hesitates a bit and laughs, E.B.)* but I don't know if we want to go into politics.
I think it's important to learn about what happened, what can happen, what propaganda can do, and how people can be taught to hate. Those are the lessons I believe are important to take away from the Holocaust.

Is having a German passport controversial for you?

No, no. Because I feel like Germany is really accepting of what happened more than any other country and has fully come out and educated their populace about what they did during World War II. I'm under the understanding that German children are being taught about that. They are trying to atone for it, and they won't let it happen again. That's my hope and my wish.

Aber ich glaube, dass es viele, viele Menschen gibt, die den Holocaust abstreiten, wenn man darüber spricht, dass es also immer noch Holocaust-Leugner gibt oder auch Menschen, die es einfach nicht wissen.
Es ist also beängstigend, wenn man darüber nachdenkt. Mein Vater wäre jetzt 101 Jahre, wenn er noch leben würde und meine Mutter wäre 96, also diese Generation stirbt aus.

Denkst du, dass es für junge Leute notwendig ist, vieles darüber zu wissen, um ein offenes Auge für gefährliche Situationen zu haben?

Ich denke schon, weil man nie weiß, was in diesem Land wieder passieren kann. Ich habe zufällig meinen deutschen Pass, weil sie ihn angeboten haben. Also Jenifer hat ihn zuerst bekommen. Dann hat sie Paul, meinen Sohn, dazu gebracht, ihn zu beantragen und nun habe ich ihn auch bekommen. Also, ich sage dazu:
„Man weiß nie! Ich bezweifle, dass es hier passieren würde, aber die letzten vier Jahre in Amerika waren ziemlich beängstigend, oder?"
Das kann man wohl so sagen. Es ist so leicht, Lügen zu erzählen und die Leute glauben sie. Und es wurden viele Lügen in diesem Land erzählt. *(Sie zögert etwas und lacht, E.B.)* Aber ich weiß gar nicht, ob wir jetzt so weit in die Politik hinein gehen wollen.
Es ist wichtig, sich damit zu beschäftigen, was passiert ist und was noch passieren kann, was Propaganda anrichten kann, wie Menschen zum Hass erzogen werden können.
Das sind also die Lektionen, die man meiner Meinung nach aus dem Holocaust mitnehmen sollte.

Ein deutscher Pass ist kein Konflikt für dich?

Nein, nein. Weil ich glaube, Deutschland ist das Land, das wirklich akzeptiert hat, was passiert ist, mehr als jedes andere Land.
Es hat seine Bevölkerung vollständig darüber aufgeklärt, was es während des Zweiten Weltkriegs getan hat. Wenn ich das richtig verstanden habe, werden auch die deutschen Kinder darüber unterrichtet und versuchen, es wettzumachen. Sie versuchen, das zu sühnen und sie werden nicht zulassen, dass so etwas noch einmal passiert. Das ist meine Hoffnung und mein Wunsch.

Junge Menschen verbringen heute sehr viel Zeit im Internet und nutzen soziale Medien. Es gibt ein Thema, ein großes Thema jedes Mal. Hass!
Bedeutet das etwas im Zusammenhang mit dem Holocaust?

Mir macht das Angst. Darum müssen wir auch wirklich die Lektion des Holocausts lernen und sagen: „Nein, wir sind alle die gleichen Menschen, bis unter die Haut. Wir sind alle gleich!"
Aber es ist trotzdem beängstigend, weil alles und jedes verbreitet wird und die Menschen dazu neigen, darauf zu hören. Die gleichen Leute, die ihnen die gleichen Fakten erzählen, anstatt offen zu sein und zu sagen: „Oh, lass uns deine Seite hören und lass uns meine Seite hören und lass uns sehen, was wir dagegen tun können, aber so scheint es wohl nicht zu funktionieren."

Letzte Frage: Du hast eine Menge Unterlagen und Fotos. Beeinflusst dich das heute oder ist es für dich Vergangenheit?

Nein, ich bin immer am Recherchieren und Sammeln und versuche, das alles zusammenzufügen. Ich denke, das liegt zum Teil daran, dass ich meinen Familienstammbaum finden möchte.
Weißt du, Amerikaner sind stolz darauf, dass sie mit der Mayflower rübergekommen sind und ich sage:
„Na ja, richtig! Aber meine Familie kommt aus Deutschland. Ich kann sie weit zurückverfolgen. In Amerika kann ich sie nicht zurückverfolgen. Ich bin stolz auf mein Erbe und darauf, dass ich aus Deutschland komme und hier lebe."

Young people today are spending a lot of time on the Internet and on social media and things like that. There is a lot of hate circulating on those platforms. Do you think that is significant in relation to the Holocaust?

Yeah, that frightens me. That's why we really do have to learn the lesson of the Holocaust and say no, we're all the same people. Underneath our skin, we're all the same.
But it is frightening because anything and everything is put out there and people tend to listen to it. The same people are telling the same facts instead of having an open mind and saying, "Oh, let me hear your side and let me tell my side, and let's see what we can do about this," but that doesn't seem to be the way it's working.

Last question: You have a lot of papers and photos. Does that have an influence on you today, or is it just part of the past for you?

No, I'm always researching and collecting and trying to put it all together. I think part of it is because I want to find my family tree. And, you know, Americans take pride in that they came over on the Mayflower. And I say, "Well, right! My family was in Germany. I can trace it way back. I can't trace it in America," so I take pride in my heritage, coming from Germany and living here.
As you can see, I'm surrounded by the German furniture that I took from my grandmother, who passed early also. And I believe in archiving and researching.
We went with my son on a journey to our hometowns, Stuttgart and Bremen. We traveled through, and I think that's very important.

I love history, and they say those who forget their history will repeat it. Those who do not learn from the mistakes of the past will repeat them. So, I don't want that to happen. I want to learn.

Thank you very much.

Thank you.

Du siehst ja, ich bin von meinen deutschen Möbeln umgeben, die ich von meiner Großmutter geerbt habe, die ebenfalls früh verstorben ist. Ich glaube sehr stark an Archivierung und Forschung. Wir haben mit meinem Sohn eine Reise in unsere Heimatstädte unternommen, nach Stuttgart und Bremen. Wir haben uns damit beschäftigt und ich denke, das ist sehr wichtig.

Ich liebe Geschichte und man sagt, dass diejenigen, die ihre Geschichte vergessen, sie wiederholen werden, wenn sie nicht aus den Fehlern der Vergangenheit lernen.
Ich will nicht, dass das wieder passiert. Ich möchte lernen.

Ich danke dir sehr.

Danke dir.

Kapitel 8

Flucht über die Pyrenäen – Neues Leben in den USA

Über die Zeit in Marseille findet sich in den biografischen Notizen von Julius Bamberger nur eine Überschrift, kein Text. Seiner Absicht, darüber zu schreiben, ist er nicht mehr gefolgt. So bleibt von Canfranc nur die falsche Schreibweise, nämlich Cornfrank.

Die Suche nach einem so geschriebenen Grenzübergang war über Monate vergeblich, den Namen gibt es auf keiner Karte. Erst als ein Archivar in Südfrankreich das Wort hört, ist für ihn sofort klar, das ist Canfranc.

Heute ist Canfranc ein regionaler, recht unbedeutender Grenzbahnhof auf 1195 m in den Pyrenäen mit einem nicht mehr genutzten verfallenen Bahnhofsgebäude. Zur damaligen Zeit ist es die „Estación internacional de Canfranc", der zentrale Knotenpunkt für Reisende auf dem Weg von Paris nach Madrid, der zweitgrößte Bahnhof in ganz Europa, gebaut für mehrere 1000 Reisende jeden Tag. 25 Jahre ist an der Bahnstrecke zwischen Pau und Saragossa gearbeitet worden. Während des Zweiten Weltkriegs war Canfranc auch ein Hauptumschlagplatz für Nazigold auf dem Weg nach Spanien und Portugal.

Die Zugreisenden müssen nicht nur ihre Pässe vorzeigen, sie wechseln auch die Bahnsteige, da die Waggons in Spanien auf anderer Spurbreite fahren als in Frankreich.

Die drei Flüchtenden können in Canfranc endlich das nazideutsche Besatzungsgebiet verlassen. Ihr Ziel ist Lissabon für die Passage in die USA. Die Reise stockt aber schon wieder in Madrid. Jules erinnert sich an eine Erzählung seines Vaters Egon:
Die nächste Geschichte ereignete sich, als er in Madrid war. Und das ist wieder eine sehr glamouröse Geschichte: Er war nachts unterwegs und hatte Spaß, als ihm sein Pass und andere Reiseunterlagen gestohlen wurden. Also warfen sie ihn in ein politisches Gefängnis, nicht weil er ein Jude war, sondern weil er keine Papiere hatte.
In diesem Gefängnis wurden Steine für die Straße angefertigt. Man musste also jeden Morgen aufstehen und Steine bearbeiten, den ganzen Tag lang. Wenn man sich hinsetzte, wurde man ausgepeitscht. Wenn man sich hinlegte, wurde man erschossen. Er erzählte uns, wie er in seiner kleinen Zelle die ganze Nacht lang hören konnte, wie Menschen gequält wurden. Das war der gruselige Teil der Geschichte.
Der glamouröse Teil begann, als Julius mit einer Ex-Geliebten aus Berlin, die mittlerweile eine hochrangige Nazi-Offizierin war, Kontakt aufnahm und sie bat, ihm da heraus zu helfen. Eines Tages fuhr dann eine Limousine vor, mit einer Hakenkreuz-Fahne dran, um meinen Vater abzuholen. Aber er kam nicht raus. Wenn man zur falschen Zeit, also nicht während der Arbeitszeit, abgeholt wurde, dann wurde man normalerweise gefoltert oder getötet. Aber dann warteten Julius und Anneliese in dieser Limousine und fuhren mit ihm den ganzen Weg bis nach Portugal zu dem Schiff.
Ob das nun stimmt oder nicht; ich wäre so oder so nicht überrascht, aber es ist eine tolle Geschichte.

Chapter 8

Escape Across the Pyrenees - A New Life in the U.S.

In the biographical notes of Julius Bamberger, he only wrote a heading about his time in Marseille, but no text. He did not follow his intention to write about it. So all that remains of Canfranc is the wrong spelling: Cornfrank.

The search for this so-called border crossing was in vain for months. The name did not exist on any map. Only when an archivist in the south of France heard the word was it immediately clear to him that Canfranc was meant.

Today, Canfranc is an insignificant regional border station, a ruined building at 1195 m altitude in the Pyrenees. At that time it was the „Estación internacional de Canfranc", the central hub for travelers on the way from Paris to Madrid. It was the second largest station in all of Europe, built for several thousand daily travelers. The construction of the railroad line between Pau and Zaragoza lasted 25 years. During the Second World War, Canfranc was also a main transshipment point for Nazi gold being sent to Spain and Portugal.

The train passengers not only had to show their passports, but they also had to change platforms, as the wagons in Spain ran on a different track than in France.

The three fugitives were finally able to leave the Nazi-German occupied territory in Canfranc. Their destination was Lisbon for passage to the U.S., but the journey came to a halt in Madrid. Jules remembers a personal story from his father Egon:

The next story was when he was in Madrid. And again, it's a very glamorous story. He was out having fun at night when someone stole his passport and his travel papers. And so they threw him into a political prison, which was not because he was Jewish, but because he had no papers. That prison was for making rocks for the roads, so every morning they would get up and break rocks all day long. If you sat down, they would whip you with a big whip, and if you lay down, they would shoot you. And he told about how in his little cell, all night he would hear people being tortured, so that was the scary part of the story.

Then, how it got glamorous was that Julius contacted an ex-lover or girlfriend of his in Berlin, who was a high-ranking Nazi officer and asked her to help get him out. And one day, a limousine drove up with swastika flags on it and came to get my father, but he wouldn't come out. Because if they came to get you, it was usually to torture you or kill you if it wasn't working time. And then Julius and Anneliese were waiting in the limousine and they drove him all the way to Portugal to the boat. Now, if that's true or not, I wouldn't be surprised either way. It's a great story though!

Julius Bamberger recalled in a letter to Anneliese in 1944 that he drove ahead with her and that Egon followed later, but how it really happened is impossible to trace today and is basically insignificant. What is certain is that on September 21, 1941, the three boarded the „Excambion" in Lisbon, a passenger ship of the „American Export Line". They had to pay $700 for the tickets. Selma Ury, Julius' sister, most likely fronted the money.

Julius Bamberger erinnert sich in einem Brief an Anneliese im Jahr 1944, dass er mit ihr voraus gefahren und Egon später nachgekommen sei, aber wie es wirklich war, ist heute nicht mehr nachzuvollziehen, und es ist auch im Grunde unbedeutend. Fest steht, dass die Drei am 21. September 1941 in Lissabon die „Excambion" betreten, ein Fahrgastschiff der „American Export Line". 700 $ müssen sie für die Tickets auf den Tisch legen. Selma Ury, Julius' Schwester hat wohl einen Teil vorgestreckt.

Nach dem Ablegen der „Excambion" durften sie sich endlich ganz sicher fühlen. Aber tatsächlich dauert es nur wenige Stunden, bis die Motoren eines Flugzeuges auf dem Schiff zu hören ist. Eine New Yorker Zeitung meldet eine Woche später, von der Schiffsbesatzung liege ein Bericht vor, dass ein viermotoriger deutscher Bomber die „Excambion" 100 Meilen westlich von Lissabon umkreist habe:
In Angst suchten viele Passagiere, darunter auch Flüchtlinge aus dem deutschen Reich, Schutz unter Deck. Aber nachdem er das Schiff umrundet hatte – er flog so nah, dass Decksteward Nathan Gundowiski nach oben schauen und die Falltür sehen konnte, durch die die Bomben fallen – flog der Nazi-Bomber davon.

Neun Tage ist die „Excambion" unterwegs – ohne weitere Zwischenfälle. Die Ankunft in New York haben sie sich dann allerdings doch anders vorgestellt. Egon erzählt später:
Der Plan war, dass Tante Selma, Papas Schwester, die in San Francisco lebte und dort ein Haus gekauft hatte, Papi, Anneliese und mich zusammen in ihrem Haus aufnehmen wollte. Aber während wir noch auf dem Schiff waren, waren die Urys, die Kinder von Selma, absolut dagegen, uns aufzunehmen. Sie haben ihr das Leben zur Hölle gemacht, so dass sie sich sogar das Leben genommen hat. Als wir dann am 29. September ankamen, standen wir im Hafen und niemand war da, der uns abholte. Niemand. Wir standen verloren da mit 5 $ in der Tasche. Wir fanden dann eine jüdische Organisation, die uns für die Nacht untergebracht haben. Wir hatten keine Vorstellung, wie es weitergehen sollte.

Ein Zufall hilft ihnen. Sie geraten an einen Zeitungsreporter, der ausgerechnet die Bamberger-Familie für einen Artikel über die Ankunft von Flüchtlingen aus Europa aussucht. So entsteht ein einzigartiges Foto vom Tag der Ankunft der Familie in der neuen Freiheit.

Die Verwechslung von Julius und Egon ist zwar schade, aber für New Yorker Leser eher unbedeutend. Ihr Ziel bleibt San Francisco. Dort finden sie eine Wohnung und starten nach Bremen und Paris einen weiteren Neuanfang.

Anneliese begegnet Leonard Graysen. Sie heiraten 1944, und von diesem Tag an ist sie amerikanische Staatsbürgerin. Auch Julius Bamberger beginnt noch einmal von vorn und versucht es diesmal mit Juwelen. *Lakeside Jewelers, L and B,* heißt der kleine Laden am Westrand von San Francisco, 2560 Ocean Avenue, den er mit seinem Kompagnon H.C. Lloyds betreibt.

After the departure of the „Excambion", they finally felt quite safe, but it only took a few hours before the sound of an airplane's engine could be heard on the ship. A New York newspaper reported a week later that the ship's crew had received a report that a four-engine German bomber had circled the „Excambion" 100 miles west of Lisbon:
Many passengers, including refugees from Germany, fled below deck in fear. But after circling the ship - flying so close that the deck steward, Nathan Gundowiski, could look up and see the trap door through which the bombs were falling – the Nazi bomber flew away.

For nine days, the „Excambion" traveled without any further incidents. They imagined their arrival in New York, however, much differently. Egon later tells:
The plan was that Aunt Selma, Dad's sister, who lived in San Francisco and had bought a house there, would take Dad, Anneliese, and me in, in her house. But while we were still on the ship, the Urys, Selma's children, were absolutely against taking us in. They made her life hell to the point that she even took her own life.
And then when we arrived on September 29th, we were standing in the harbor and no one was there to pick us up. No one. We stood there, lost, with $5 in our pockets. We then found a Jewish organization that put us up for the night. We had no idea how to go on.

Nazi Bomber Panics Liner

Egon Bamberger, who once owned a department store in Berlin, arrived today on liner Excambion with his daughter, and son, Julius. A Nazi bomber dived at the Excambion, sending passengers below decks in panic. They thought war between the U. S. and Germany had begun.

A little coincidence helped them out. They came across a newspaper reporter who, of all people, chose the Bamberger family for an article about the arrival of refugees from Europe. The result was a unique photo of the day the family arrived in their new freedom.

The mix-up of Julius and Egon was a pity, but rather insignificant for New York readers. Their destination remained San Francisco. There, they found an apartment, and after Bremen and Paris, they started another new beginning.

Anneliese met Leonard Graysen. They married in 1944, and from that day on, she was an American citizen. Julius Bamberger also started over again, this time trying his hand at jewels. „Lakeside Jewelers, L and B" was the name of the small store on the western edge of San Francisco, 2560 Ocean Avenue, which he ran with his partner H.C. Lloyds.

1946 bekommt Annie ihr erstes Baby, die Tochter Lynne. 1949 folgt Janet, 1952 Karen. Die Bamberger-Familie hat wieder eine Zukunft.

Egon begegnet Liesel Stern. Auch ihr ist die Flucht in die USA gelungen. Sie heiraten, noch bevor sich Egon zum Militärdienst meldet. Die Kinder Jenifer und David Julius (Jules) werden geboren, und es bricht eine Zeit an, die von dem Versuch geprägt ist, die vergangenen Überlebenskämpfe in den Hintergrund treten zu lassen. Sie hoffen auf ein neues, endlich unbedrohtes Leben.

Auch Egon wird – mit der Einberufung zum Militär – amerikanischer Staatsbürger. Kurz nach seiner Grundausbildung sitzt er in einem Flieger der US-Army nach Europa und ist wieder im Krieg – Anfang 1945. Er schreibt Postkarten und Briefe an Liesel und an seine Schwester, in denen er ihnen seinen Dienst fast wie eine Urlaubsreise nach Europa schildert:
Ich fahre durch das zerstörte München, hier bin ich an der Cote d'Azur, in Nizza und hier in Bad Harzburg.

Egon, Liesel und Julius Bamberger

Offenbar ist er mit seiner Einheit ständig unterwegs. Nach Bremen kommt er nicht. Hier hätte er eine nahezu völlig zerstörte Stadt vorgefunden. Im Stephaniviertel steht kein einziges Haus mehr, nur der angeschossene Kirchturm und auch der Turm des Bamberger Kaufhauses haben die Angriffe überstanden. Am 17. Februar 1944 hatte es der Mieter Walther Többens erworben. Er handelt inzwischen vor allem mit Kleidung für Zwangsarbeiter in Polen, besonders im Warschauer Ghetto. Zwei Brandbomben sind in dem Gebäude explodiert, übrig bleibt nur ein Stahlgerippe.

Julius Bamberger erkrankt schwer und stirbt im Januar 1951 in Los Angeles während eines Besuches bei seiner Tochter. Egon Bamberger folgt ihm im Jahre 1984, vier Monate nach seiner Frau Liesel.

Nach dem Tod von Julius und Egon, der sich inzwischen John nennt, ist Anneliese die letzte Überlebende der Flüchtlingsfamilie.

Foto rechte Seite: Anneliese Bamberger und Leonard Graysen vor dem Geschäft der Lakeside Jewelers

In 1946, Annie had her first baby, a daughter named Lynne. Janet followed in 1949, and Karen in 1952. The Bamberger family had a future again.

Anneliese Bamberger and Leonard Graysen in front of the Lakeside Jewelers

Egon met Liesel Stern. She, too, had managed to escape to the U.S.. They married before Egon reported for military service.

Their children Jenifer and David Julius (Jules), were born, and thus began a time marked by an attempt to let the past struggles for survival fade into the background. They hoped for a new and finally unthreatened life.

Egon also became an American citizen when he was drafted into the military. Shortly after his basic training, he was on a U.S. Army plane to Europe and was, again, at war, in early 1945. He wrote postcards and letters to Liesel and to his sister describing his service almost like a vacation to Europe: *I'm driving through destroyed Munich, here I am on the Cote d'Azur, in Nice, and here in Bad Harzburg.*

Apparently, he was constantly on the road with his unit. He didn't visit Bremen. There he would have found a city almost completely destroyed. In the Stephaniviertel, not a single house was left standing; only the church tower, which was shot at, and the tower of the Bamberger department store survived the attacks.

On February 17th, 1944, the tenant ,Walther Többens, bought the department store. During that time, he mainly sold clothing to forced laborers in Poland, particularly in the Warsaw Ghetto.
Two incendiary bombs exploded directly in the building, leaving only a steel skeleton.

Julius Bamberger fell seriously ill and died in Los Angeles in January 1951 while visiting his daughter. Egon Bamberger followed in 1984, four months after his wife Liesel.

After the death of Julius and Egon (John), the last survivor of the refugee family was Anneliese.

Ronit Maswari

Ronit Maswari wurde 1963 in Israel geboren. Ihre Eltern sind aus dem Jemen nach Israel ausgewandert. 1987 emigrierte sie in die USA und bekam 2001 die amerikanische Staatsbürgerschaft.
In den letzten siebeneinhalb Jahren von Anneliese Graysens Leben war Ronit als Altenpflegerin täglich bei ihr. In diesen Jahren entstand eine besondere und beachtenswerte Bindung zwischen den beiden.
Es war Emilys Idee, Ronit in diese Gespräche einzubeziehen. Sie war der Meinung, dass Ronit als Nicht-Familienmitglied und durch ihre tägliche Gemeinsamkeit mit Anne den Gesprächen eine ganz eigene Perspektive hinzufügen könnte. Sie selbst zögerte nicht und stimmte sofort und gerne zu.

*

Erinnerst du dich, als wir Anneliese besucht haben?

Ja, natürlich.

Weißt du noch, worüber sie gesprochen hat? Hat sie uns verstanden?

Ich glaube nicht, dass sie die Situation verstanden hat. *(Ich war 2012 mit einem Kameramann bei Anneliese, um ein Interview zu machen, E.B.)* Sie wusste, dass du aus Deutschland kommst, und sie hat sich darüber gefreut, aber ich glaube nicht, dass sie den Sinn dessen, was du tust, wirklich verstanden hat. Nein, zu dem Zeitpunkt noch nicht.

Es war in jedem Fall eine besondere Situation für sie mit dem Kameramann und ihren drei Töchtern.

Ich war insgesamt siebeneinhalb Jahre mit ihr zusammen. Als ich anfing zu arbeiten, war Anne so wütend und unangenehm. Ich glaube, ihr Verhalten rührte daher, dass sie emotional verwundet war. Es war schwer, eine Verbindung zu ihr aufzubauen. Meiner Meinung nach begann sie in dem Stadium, als du da warst, langsam und allmählich von ihrer Distanziertheit, ihrer Wut und ihrer Unzufriedenheit zur ruhigsten und liebevollsten Person zu werden, besonders gegenüber ihren Töchtern. Die Enkelkinder hat sie immer vergöttert. Jedes Mal, wenn sie kamen, war sie hocherfreut, sie zu sehen.
Wenn es um ihre Töchter ging, war sie leider oft unfreundlich und unglücklich. Auch mich behandelte Anne manchmal nicht gut, obwohl ich sieben Tage in der Woche bei ihr war.
Wenn ich etwas tat, was ihr nicht gefiel, wurde sie wütend auf mich. Meiner Meinung nach war sie extrem wütend auf die Welt, und sie vertraute niemandem. Obwohl sie jeden Tag sah, wie ich mich

Ronit Maswari

Ronit Maswari was born in Israel in 1963. Her parents emigrated to Israel from Yemen. In 1987, Ronit emigrated to the U.S., and in 2001, she became a U.S. citizen. For the last seven and a half years of Anneliese Graysen's life, Ronit was her daily caregiver. During those years, a special and meaningful bond was created between them.
It was Emily's idea to include Ronit in these conservations. She felt that Ronit, as a non-family member and through her daily commonality with Anne, could add a unique perspective to the conversations. She did not hesitate and agreed immediately and gladly.

*

Do you remember when we visited Anneliese?

Of course.

Do you remember what she talked about? Did she understand us?

I don't think she understood the situation. *(In 2012, I was with a cameraman visiting Anneliese to conduct an interview, E.B.)* She knew that you were from Germany and she was happy about it, but I don't think she truly understood the whole purpose of what you were doing. No, not at that point.

But it must have been a special situation for her with the camera and with all three daughters being there.

Oh, you know, I'd been with her a total of seven and a half years. And when I first started with her, she was so angry and I think she was wounded. She was like a wounded person, and it was hard to connect with her. And in my opinion, the stage she was in when you came... she was transitioning from being distant, from being angry, and being unhappy to being the calmest and the most loving person toward her daughters - in particular with the grandkids, she adored them. Each time they came she was extremely happy.
With the daughters, she was kind of unhappy. Even with me, though I was with her seven days a week. If I did something that she didn't like, she would get upset with me, so I think when you came, she was the most loving person, in my opinion...
She was very, very, very... angry is not the word, but, she did not trust anyone. Even though she saw me every day doing catering for her, she would flip on me like, whoa!
One time she punched me in my face, and I'm going to be honest with you, I was ready to punch her back. I'm not lying. I had to run outside the house and cry because I was so hurt, not from the punch, just from, you know, after all these years.
But then I realized, who was I to judge her - the pain that she had been going through?
And when I came, she did apologize and she knew she had done something wrong, but she could not control it. That's the strange part.
She could not control her reactions and as I said, who was I to judge her?
Because when I look at myself, I get angry with nonsense. So God knows what was building inside her heart and inside her mind for all those years that she had gone through.

Did she talk about her past?

Never, never.
Only one time, and I recall it vividly. And I'm not going to go into the details.
I insisted on hygiene. And she said dirt would not hurt. I said, "What do you mean?" She said, "You don't know what dirt is. When I was young..." and I was understanding that she was referring to the

Einmal schlug sie mir ins Gesicht. Um ehrlich zu sein; ich war bereit zurückzuschlagen. Ich musste aus dem Haus rennen und weinen, weil ich so verletzt war, nicht so sehr durch den Schlag. Ich fühlte mich zutiefst verletzt, da es nicht gerechtfertigt war, und ich hatte diese Behandlung nicht verdient. Aber dann wurde mir klar, dass es mir nicht zustand, über sie zu urteilen, über den Schmerz, den sie durchgemacht hatte.
Als ich zurückkam, entschuldigte sie sich, und sie wusste, dass sie etwas falsch gemacht hatte, aber sie konnte es nicht kontrollieren. Das ist das Seltsame daran. Sie konnte ihre Reaktionen nicht kontrollieren, und wie ich schon sagte, wer war ich, sie zu verurteilen? Denn wenn ich mich selbst ansehe, werde ich wütend wegen Kleinigkeiten. Gott weiß also, was sich in all den Jahren in ihrem Herzen und in ihrem Geist aufgestaut hat.

Hat sie über ihre Vergangenheit gesprochen?

Eigentlich nur ein einziges Mal und ich erinnere mich lebhaft daran. Ich werde nicht ins Detail gehen. An einem Morgen bestand ich auf der Hygieneroutine, gegen die sich Anne zu wehren versuchte, indem sie sagte:
„Ein bisschen Schmutz kann nicht schaden."
Ich sagte:
„Wie meinst du das?"
Sie antwortete:
„Du weißt nicht, was Schmutz ist, – als ich jung war."
Und ich verstand, dass sie sich auf die Zeit bezog, als sie gefangen war. Aber sie sprach dieses Thema nie wieder an. Niemals.

Kannst du beschreiben, wie ein normaler Tag mit ihr aussah – wenn es überhaupt normale Tage gab?

Das ist lustig, dass du das sagst. Ich habe gerne für sie gearbeitet, weil jeder Tag einzigartig war.
Sie hatte eine gewisse Struktur mit mir. Nachdem sie aufgewacht war, habe ich ihr beim Duschen geholfen. Ich habe ihr das Frühstück serviert, und nach dem Frühstück bin ich mit ihr in ein Seniorenzentrum gegangen, wo sie andere erwachsene Menschen getroffen hat, und sie hat sich endlos mit ihnen unterhalten.
Es war die schönste Zeit ihres Tages, in dieses Seniorenzentrum zu gehen und mit den Leuten zweieinhalb Stunden am Tag zu plaudern. Dann habe ich sie nach Hause gebracht. Bevor ich Anne gegen 13.00 Uhr verließ, vergewisserte ich mich, dass sie Essen und Wasser hatte, sowie Zigaretten und Feuerzeuge für die Zeit, in der sie rauchte.
Anne liebte es, allein zu sein. Es war nicht so, dass sie traurig war, als ich ging. Sie war glücklich, allein zu sein. Am Nachmittag kam ich dann zurück und servierte ihr das Abendessen und bereitete sie auf die Schlafenszeit vor. So ging das siebeneinhalb Jahre lang.
Sie war wirklich außergewöhnlich. Die Fragen, die sie mir stellte, bezogen sich sogar auf mein Sexualleben mit meinem Mann. Ich meine, Anne sprach frei und ungefiltert über alles, und beim Sex war das nicht anders.
In den ersten Jahren war Anne mir gegenüber nie herzlich oder zärtlich. Einmal habe ich sie umarmt. Sie war wütend und sagte zu mir:
„Umarme mich nicht, ich bin nicht lesbisch."
Sie war ziemlich verärgert, wenn ich mit Männern sprach, die neben ihr saßen. Wenn ich sie in ein Restaurant mitnahm und ein Kellner oder ein anderer Mann mit mir sprach, hatte sie das Gefühl, ich würde ihr die Aufmerksamkeit wegnehmen. Aber es war auf diese süße Art und Weise. Sie mochte es nicht, aber ich habe es nie persönlich genommen.
Sie war erstaunlich. Sie war einzigartig. Sie war stark. Sie war so stark. Ich weiß nicht, wie sie einige dieser Erfahrungen durchgestanden hat. Sie war mehrmals im Krankenhaus, aber jedes Mal kam sie wieder auf die Beine, obwohl alle voraussagten, dass sie es nicht schaffen würde.
Man würde nicht vermuten, dass diese kleine Frau so viel Kraft in sich hatte. Sie war unglaublich.

time that she was captured or so. But she never, never, never touched this area. Never.

Can you describe what a normal day with her was like - if there were normal days?

That's funny that you say that. I enjoyed working for her because every day was unique.
So she had some structure with me where we would wake up, I would take care of showering her, you know, doing the morning routine. I would serve her breakfast, and after breakfast, I would take her to a senior center where she'd meet adult people like her, and she would engage in conversation. It was the happiest time of her day going to the senior center and interacting with the people for about two and a half hours every day. Then I'd take her home, I would make sure she had something to drink.
She used to smoke cigarettes for so many years, but that was over, so I would make sure she had the basic things, and she would stay at home.
She loved being by herself. It was not like she was sad when I would leave. She was happy to be by herself. Then I would come mid-afternoon and serve her dinner and prepare her for bedtime. And that was the routine for seven and a half years.
But she was unique. She was unique. The question that she would ask about, you know, was my sexual life. I mean, she was very sexual. She would talk about sex. I don't know if I'm supposed to say that, that she was talking freely and asking me questions and engaging in, you know, some kind of relationship.
She was kind of even upset when I would talk to a guy. If I would take her to a restaurant and the waiter would talk to me, she would feel like I was taking the attention away from her. But it was in this sweet way. She didn't like it, but I never took it personally.
She was amazing. She was unique. She was strong. She was so strong. I don't know how she went through some of those things.
You know, she fell. She was in the hospital several times, but she bounced back when everyone predicted that she wouldn't.
She was an amazing and strong person. And she was a tiny person. You would not assume that she was incredible with her strength. Incredible. Amazing.

You said that she was happy in the senior center.
What did that mean for her? What made her happy there?

Engaging with other people. Again, she loved the attention of the guys. Seriously, there were several men that we would sit together with, and they would give her the attention. She loved it. She was happy, honestly - ninety percent of the time.
The communication was not great because she was not hearing well. And she would respond to something assuming you'd said something, but she was happy.
I mean, she would talk to herself and converse with herself. She entertained herself. That's how I looked at it. That's why she didn't mind staying by herself for months.
And, you know, before I started with her, she would stay from 12:30 until the following day, without engaging with anyone. So for her, the center was the interaction with people, and that's where she was happy. She would go there every day, and she would not skip it.

Did she read? Did she watch television or anything like that?

You know, her vision was failing her, so the TV would be on, but I'm not so sure that she actually was understanding it. It stemmed from the fact that she could not hear. It's just that she needed the TV all the time, just to have in the background. Yes, exactly. That's what she needed.
And I don't know if I told you, she would call 9-1-1 whenever the TV or things were not working, because for her, that was an emergency, you know. Or if a car was outside, she would call the police. I mean, she was unique. She wanted things her way, and she wanted an immediate solution. And many

Du sagtest, dass sie im Seniorenzentrum glücklich war. Was bedeutete das für sie? Was hat sie dort glücklich gemacht?

Sich mit anderen Menschen zu beschäftigen. Auch hier liebte sie es, unter Männern zu sein. Im Ernst, es gab mehrere Männer, mit denen sie zusammensaß, und sie schenkten ihr immer die Aufmerksamkeit, die sie wollte, sie liebte es. Sie war sehr glücklich – ehrlich gesagt, 90% der Zeit.
Die Kommunikation war nicht wirklich bedeutsam, weil sie nicht gut hörte. Anne kommunizierte auf der Grundlage dessen, was sie zu hören glaubte, und nicht auf der Grundlage dessen, was tatsächlich zu ihr gesagt wurde. Trotzdem war sie sehr glücklich.
Also, sie führte Selbstgespräche, sie unterhielt sich mit sich selbst. Sie amüsierte sich mit sich selbst. Deshalb machte es ihr auch nichts aus, jahrelang allein zu bleiben.
Bevor ich bei ihr anfing, blieb sie tatsächlich von 12.30 Uhr bis zum nächsten Tag zu Hause, ohne sich mit jemandem zu unterhalten. Für sie war das Zentrum der einzige Ort, an dem sie die Möglichkeit hatte, mit anderen Menschen in Kontakt zu treten, und dort war sie glücklich. Sie ging jeden Tag dorthin und wollte es nicht ausfallen lassen.

Hat sie gelesen? Hat sie ferngesehen oder etwas Ähnliches?

Weißt du, ihre Sehkraft ließ sie im Stich. Es lief zwar Fernsehen, aber ich bin mir nicht sicher, ob sie wirklich klar sehen konnte, was sie da sah. Da sie außerdem nicht gut hörte, war es ihr auch nicht möglich, den Inhalt der Sendungen zu verstehen. Sie brauchte den Fernseher einfach die ganze Zeit, nur um ihn im Hintergrund zu haben. Ja, genau das war es, was sie brauchte.
Ich weiß nicht, ob ich dir erzählt habe, dass sie ein paar Mal den Notruf gewählt hat, weil ein Auto vor ihrem Haus geparkt hatte. Für sie war das ein Notfall, der behoben werden musste.
Sie war wirklich außergewöhnlich. Sie wollte die Dinge auf ihre Weise regeln, und sie wollte eine sofortige Lösung. Anne rief ständig ihre Tochter in Santa Barbara an *(anderthalb Autostunden entfernt, E.B.)*, um Probleme mit dem Fernseher, dem Mobiltelefon oder andere kleinere Probleme zu lösen.
Ich meine, kannst du dir vorstellen warum? Weil Lynne eine unglaubliche Tochter war. Egal was oder wann ihre Mutter etwas wollte, Lynne war immer da, um ihrer Mutter zu helfen und sich zu 100% um sie zu kümmern.
Dann kam ich ins Spiel, um Lynne von den alltäglichen Forderungen ihrer Mutter zu befreien. Als ich übernahm, gab das Lynne etwas Freiraum, um ein eigenes Leben zu führen. Trotzdem rief Anne immer wieder bei Lynne an und stellte ihre Ansprüche: „Ich brauche dies. Ich brauche das."
Lynne war immer nett zu ihrer Mutter.
Anne war für mich ein Fels, obwohl sie mich unzählige Male schlecht behandelt hatte. Aber ich habe nie, nie – abgesehen von dem einen Mal, als ich ehrlich gesagt fast durchgedreht wäre – ihre Wut oder ihre kämpferische Art nicht persönlich genommen.

Du sagtest, dass sie gerne allein war. Was hat sie in dieser Zeit getan?

Sie hat kommuniziert. Sie unterhielt sich mit sich selbst und redete und redete und redete, stundenlang. Wusstest du, dass Emily jahrelang mit ihr in dem Haus lebte und Anne es nicht wirklich bemerkte, weil sie sich in dem anderen Teil des Hauses befand und sie weder hören noch sehen konnte?

Hat es sie verändert, wenn sie wusste, dass ihr Enkelkind dort war? Oder war sie so, wie sie immer war?

Weißt du, Anne hat Emily oft gefragt:
„Was machst du hier?"
Sie war sich nicht bewusst, dass Emily seit Jahren in ihrem Haus wohnte.
Aber gelegentlich traf Anne Emily zufällig. Bei den meisten dieser Begegnungen war Anne froh, Emily zu sehen. Ich kann mich nur an einige wenige Male erinnern, wo Anne wütend war, Emily dort zu sehen.

times she would call her daughter from Santa Barbara *(1 1/2 hours away by car, E.B.)* to try to solve a problem with the TV, of all things.
I mean, you know why? Because Lynne was an incredible daughter. Whatever her mom wanted, she would be there.
So I came into the picture to free Lynne from the day-to-day needs of her mom. So I took over and that gave Lynne the freedom, you know, to have some life. But she would call Lynne all the time. "I need this. I need this. I need this." That Lynne was adorable, you know?
Anne was my rock. And honestly, seriously, she would abuse me. She would do this. But I never, never, never, besides that one time that I honestly almost lost it, I never took personally her anger and her combative nature.

You said that she liked to be alone. What did she do in her alone time?

She would communicate. She would converse with herself and she would talk and talk and talk for hours.
Did you know that Emily lived with her in the house for years, and she mostly did not even notice because she was in the other part of the house, and she was not able to hear or see?

Did it change her a bit, knowing that her grandchild was there? Or was she as she always was?

You know, many times she would say, "what are you doing here?" And she was living there. So it depended on the mood. But, as I said, her grandkids were the light. I mean, each time anyone would come, she would have the best personality ever. She never showed them, in my opinion, her angry side or her unhappiness. With her daughter, sometimes she would show it, but not with her grandkids. That was a special treatment from her.

Was there a change during the last years in her daily life? Did anything shift?

Of course. One time she got sick and had to go to the hospital. She stayed there, I think, for two weeks, and the doctors decided that she was ready to go home for hospice. I knew she was not. I knew she was not dying. You know, I'm not a doctor. I... her spirit. I could see her spirit.
And everyone thought this is the end. And guess what? It was almost two years after and she bounced back. However, she was not able to walk as she'd used to with a walker. So we had to transfer her to a wheelchair. And from the wheelchair, I would bring her to the living room, turn on the TV, feed her, and do all the things, you know, while she was sitting. She was not going to the center anymore.
But she was the sweetest at this point. She became a totally different person. And you could ask the daughters- they realized that she changed and that she was loving, she was soft, she was sweet.

Lynne said that in the last half-year, she really became softer and softer.

Yes. Amazing.
It was like day and night from where they used to be with her to that point. Yeah, she was amazing. She was loving and kissing and she would tell me, "Ronit, don't get into an accident! I need you!" Not because she cared about me, but because she needed me. You know, she was so sweet. She showed her appreciation for me without talking. She did not compliment me, but we had an amazing relationship. Amazing. I loved waking up every day to see her because it was never a boring day. Every day was a unique day. Every day.

Let's talk generally about the Holocaust. The focus of this story is mainly on the grandchildren. Do you think that the mindset around the Holocaust is changing over the generations?

Yes, it is changing to some degree. I think everyone is aware of racism and mistreatment and so forth. But I feel, in America - because I came from Israel when I was twenty-four - I've seen a different America

Aber nach ein paar Minuten freute sich Anne wieder, dass ihre Enkelin da war. Anne liebte ihre Enkelkinder. Wenn sie sie besuchten, war sie immer glücklich. Anne zeigte ihnen gegenüber aufrichtig und unbeirrt ihre Zuneigung.
Wenn die Töchter ihre Mutter besuchten, behandelte Anne sie oft unfreundlich.

Gab es in den letzten Jahren eine Veränderung in ihrem täglichen Leben? Hat sich etwas verändert?

Ja, natürlich. Einmal wurde sie krank und musste ins Krankenhaus gehen. Sie blieb dort, glaube ich, zwei Wochen, und die Ärzte entschieden, dass es Zeit wäre für sie, in ein Hospiz zu gehen. Ich wusste, dass sie es nicht wollte. Ich wusste, dass sie nicht im Sterben lag. Ich konnte ihren Geist sehen.
Alle dachten, dies sei das Ende. Und weißt du was? Sie erholte sich danach noch für über zwei Jahre. Allerdings war sie nicht mehr in der Lage zu gehen, sie brauchte eine Gehhilfe. Also musste ich sie in den Rollstuhl reinsetzen und rausholen. Ich brachte sie ins Wohnzimmer, schaltete den Fernseher ein, fütterte sie und erledigte all die anderen Dinge für sie, da sie nicht mobil war. Sie ging auch nicht mehr in das Zentrum.
Aber zu diesem Zeitpunkt war sie die Süßeste. Sie wurde ein völlig anderer Mensch. Du kannst die Töchter fragen – du hast gemerkt, dass sie sich verändert hat und dass sie liebevoll, weich und süß war.

Lynne sagte, dass sie im letzten halben Jahr wirklich weicher und weicher geworden ist.

Ja. Erstaunlich. Es war wie Tag und Nacht, im Vergleich zu dem, was sie vorher mit ihr erlebt haben, bis zu diesem Punkt. Sie war wirklich erstaunlich. Sie herzte und küsste mich, sie sagte zu mir: „Ronit, pass auf, dass du keinen Unfall baust! Ich brauche dich!"
Nicht, weil sie sich um mich sorgte, sondern weil sie mich brauchte. Anne war so süß. Sie zeigte ihre Wertschätzung für mich, ohne zu reden. Sie hat mir keine Komplimente gemacht, aber wir hatten eine erstaunliche Beziehung. Erstaunlich. Ich liebte es, jeden Tag aufzuwachen und sie zu sehen, denn es wurde nie ein langweiliger Tag. Jeder Tag war einzigartig. Jeder Tag.

Lass uns allgemein über den Holocaust sprechen. In dieser Geschichte geht es vor allem um die zweite Generation, um die Enkelkinder. Glaubst du, dass sich die Einstellung zum Holocaust über die Generationen hinweg ändert?

Ja, sie ändert sich drastisch. Ich denke, jeder ist sich der Tatsache bewusst, dass es Rassismus und Misshandlungen gibt. Aber ich habe das Gefühl, dass ich, seit ich im Alter von 24 Jahren aus Israel nach Amerika kam, einen Wandel und sicherlich ein anderes Amerika erlebt habe. In den letzten Jahren, vor allem mit Trump.
Vor Trump habe ich nie verstanden, wie Hitler an die Macht kam und wie eine Person eine Nation zu so viel Hass und Bosheit führen konnte.
Aber was in Amerika seit Donald Trump passiert ist, hat mir gezeigt, dass dies möglich ist. Die Saat des Hasses, die Donald Trump gesät hat, ist so zerstörerisch für unser Land. Trump hat die Idee verbreitet, dass man kein wahrer und guter amerikanischer Bürger ist, wenn man ein Demokrat ist. Tatsächlich geben die Republikaner den Demokraten die Schuld an der Zerstörung Amerikas.
Das ist die Art von Denken, die mir Angst um die Zukunft der jüngeren Generation macht, zu der auch meine Söhne gehören. Ich habe diesen Wandel in Amerika gesehen; wir sind dabei, in dunkle Zeiten zurückzufallen. Ich sehe kein Ende dieses schädlichen Wandels. Was ich sehe, ist, dass die Menschen durch die Verbreitung von so vielen Fehlinformationen aufblühen. Trumps tägliche rassistische Kommentare gaben seinen Anhängern eine Plattform, um ihre Abneigung gegen Minderheiten als normales Verhalten zeigen zu können. Das ist ihre Definition von Amerika.
Ich bin der Meinung, dass jeder Mensch fair und gleich behandelt werden sollte. Für mich macht es keinen Unterschied, ob jemand Mexikaner, Muslim, Jude ist oder einer anderen Ethnie angehört. Aber Trumps extreme und rassistische Anhänger sehen das anders. Ihre verrückte Ideologie besagt,

in the past few years, especially with Trump. Before Trump, I was sure. How could what happened in Germany happen again?
But what has happened in America since Donald Trump? The seeds of hate? We are citizens, we are American. Today we hear, "If you are on this side, you are not American, you are lesser." And that's the kind of thinking that scares me.
Because for my kids, I've seen the change in America and I don't see why we've reversed back to, let's say, the fifties or forties. And I don't see an end to this change because I see people flourishing, and they had the chance with Trump to bring it up again as if it's normal.
This is America. If you're an American, you should follow these guys. If not, you're not American. So for them, my thinking that everyone is equal and we have to be fair to everyone is something that they look at as, „No, Americans are just the white people."
Unfortunately, I see a lot of people that were affected by it now going with Trump. And for me, it's heartbreaking what he's preaching and what he's able to do to people... saying that we are destroying America and that they are the "great" America. That scares me the most because I didn't think it would happen here in less than thirty-four years.
I've experienced something, and I'm already experiencing something else, and it breaks my heart. Yes. So I see a change, even with young people, going to the extreme right and looking at all of this as patriotism.

In Germany, there are a lot of people who are thinking, it's been seventy, eighty years and we have to forget about the Holocaust. Do you think that's the right way?

We know the past is a reflection of the future, and things happen in cycles. So we are not immune. If the past would guarantee us that these kinds of things would not happen, I'd understand.
I think we have to keep on remembering the bad days because if we don't remember the bad days, how will we appreciate the good days?
So I don't want to hear about the Holocaust, but on the other hand, we have other Holocausts all over the world, and we are numb. You would think that after what happened we would be much more sensitive. But, unfortunately, it happens all the time.
I would not want to forget anything, not just because I'm Jewish. I don't want to forget any situation where people are being prosecuted with no justification for their identity because they are Muslim or because they are Jewish or because they are Christian. I mean, it does not matter. If it happens, it's sad for all of us, for humanity. So let's not forget with the hope not to repeat the same thing.

And the change can happen very quickly.

Oh, look at America. Sorry, it started with Obama. In my opinion, the hatred started with Obama because he threatened the white power. You know, black is controlling white. It started with Barack Obama. We were so happy when we had a black president.
They don't want to think that America would be ruled by minorities. And so I feel that it stems from Barack Obama. You know, we were so proud, yet it shows the ugly side of America.

That's interesting! – Another question. Most of the Bamberger family has now received a German passport, and I asked them why that's a good thing for them. They said they like having it for the possibility that if something changes here, they can easily flee. It's good for them to have the possibility to go somewhere else.

Because unfortunately, it's a different reality.

Is it the same for you, having an Israelian passport?

In the past I would tell you, one-hundred percent I would want to stay. If Canada would offer me a

dass Amerika von Weißen regiert werden und nur den Weißen zugute kommen sollte; und dass man, wenn man ein guter Amerikaner ist, dieser Ansicht folgen sollte.
Als Jüdin und Israelin macht es mich traurig zu sehen, dass viele meiner Freunde die kranken Ideen von Trump unterstützen. Für mich ist es herzzerreißend, was er predigt und wie er es schafft, die Menschen zu überzeugen. Er sagt, dass die Demokraten Amerika zerstören, und dass die Republikaner das „große" Amerika sind. Das macht mir am meisten Angst, denn ich hätte nicht gedacht, dass das zu meinen Lebzeiten passieren würde. In weniger als 34 Jahren, seit ich hierher gekommen bin, ist es zu einer düsteren Realität geworden.
Ich habe großartige Erfahrungen im Leben in den USA gemacht, aber jetzt erlebe ich etwas anderes, und das bricht mir das Herz. Ja. Ich beobachte eine Veränderung, auch bei jungen Leuten, die sich der extremen Rechten zuwenden und all das als Patriotismus ansehen.

In Deutschland gibt es viele Menschen, die denken, dass es 70, 80 Jahre her ist und wir den Holocaust vergessen müssen. Glaubst du, dass das der richtige Weg ist?

Wir wissen, dass die Vergangenheit die Zukunft widerspiegelt und die Dinge in Zyklen ablaufen. Wir sind also nicht davor gefeit, dass sich das, was in Deutschland geschah, woanders wiederholt und Juden oder andere Menschen auf der ganzen Welt betrifft.
Wenn die Vergangenheit uns garantieren würde, dass solche Dinge nicht mehr geschehen, würde ich verstehen, warum die Deutschen sie vergessen wollen. Aber ich denke, das können wir nicht, denn wenn wir uns nicht an die Ermordung von Millionen von Menschen und die Unmenschlichkeit erinnern, wie sollen wir dann versuchen, vergangenes Übel zu korrigieren und auf eine bessere Behandlung der menschlichen Rasse zu hoffen?
Als Jüdin bin ich mir der systematischen und grausamen Ermordung von sechs Millionen meines Volkes während des Holocausts sehr wohl bewusst. Zweifellos sollten wir diese Zeit nicht vergessen. Was mich jedoch am meisten frustriert, ist, dass Rassismus und die Verfolgung von Minderheiten immer noch überall auf der Welt vorkommen. Doch die Menschen ziehen es vor, diese verheerenden und gefährlichen Probleme zu ignorieren, so wie sie auch während des Holocausts ignoriert wurden.
Ich möchte nichts vergessen, nicht nur weil ich Jüdin bin. Ich möchte keine Situation vergessen, in der Menschen aufgrund ihrer Identität, sei sie nun muslimisch, jüdisch oder christlich, ohne jede Rechtfertigung verfolgt werden. Wenn das passiert, ist das traurig für uns alle, für die Menschheit. Lass uns also nichts vergessen, in der Hoffnung, dass sich die Geschichte nicht wiederholt.

Der Wandel kann sehr schnell gehen.

Oh, sieh dir Amerika an. Der Hass kam auf, als Obama für das Amt des Präsidenten kandidierte – meiner Meinung nach – weil er die weiße Macht bedrohte. Du weißt schon, Schwarz kontrolliert Weiß. Die Demokraten waren so glücklich und so stolz, als Obama zum ersten schwarzen Präsidenten gewählt wurde.
Und die extreme Rechte will nicht glauben, dass Amerika von Minderheiten regiert werden darf. Viele Amerikaner haben die hässliche Seite Amerikas gezeigt, die sich in einem tief verwurzelten Rassismus niederschlägt.

Das ist interessant! –
Eine andere Frage. Der größte Teil der Familie Bamberger hat jetzt einen deutschen Pass bekommen, und ich habe sie gefragt, warum das gut für sie ist. Sie sagten, dass sie ihn gerne haben, weil sie die Möglichkeit sehen, einfach fliehen zu können, wenn sich hier etwas ändert. Es ist gut für sie, dass sie die Möglichkeit haben, woanders hinzugehen.

Weil es leider eine andere Realität gibt.

passport, I would go. If Australia would offer or New Zealand, I would go, Yeah, yes, yes. Even to Europe, I would love to. Seriously, I would love to.
But America, in my opinion, is at a turning point. I mean, it is not the same as it was, and I'm an immigrant. I could tell you about my feelings and about how my friends treat Mexicans and how they talk about them. Even they talk, you know, it kills me.

What do you think about the influence that the internet and social media have on the subject of hate?

The way I look at it is that to build something, it takes a lot of time and effort. To destroy something, you don't need much. So, to spread something good, you know, it takes effort.

Do we need to control it better? What is there to be done in the future?

I think it has to start from an early age, and it has to do with our leaders. You know, the willingness to win an election or to be in power is so toxic. In order for them to maintain their electability, they're willing to cater to the people and lose their dignity just for the sake of winning.
So in my opinion, if someone said vile things, they have to pay the price.
In my opinion, it's both. It's not accepting someone like Trump, but it's also early education. If you are fair from an early age, the probability that you'll raise people without frustration or resentment is higher. So it's a combination.

Okay, thank you very much. Wonderful.

Thank you.

Früher hätte ich dir gesagt, dass ich zu 100 % hier bleiben möchte. Aber wenn mir jetzt Kanada, Australien, Neuseeland oder sogar Europa einen Pass anbieten würden, würde ich gehen. Im Ernst, das würde ich gerne tun.
Meiner Meinung nach befindet sich Amerika an einem Wendepunkt. Es ist nicht mehr das, was es einmal war, und ich spreche als Einwanderin, die hier negative Veränderungen miterlebt hat.
Israel wird immer mein Heimatland sein, aber leider ist das Leben in Israel in vielerlei Hinsicht nicht einfach, aber wenn es nötig wäre, würde ich auf jeden Fall zurückkehren.

Was denkst du über den Einfluss, den das Internet und die sozialen Medien auf das Thema Hass haben?

Ich sehe das so: Um etwas aufzubauen, braucht es viel Zeit und Mühe. Um etwas zu zerstören, braucht man nicht viel. Um also etwas Gutes zu verbreiten, braucht es Anstrengung.

Müssen wir das besser kontrollieren? Was ist in Zukunft zu tun?

Ich denke, die Erziehung muss von klein auf beginnen, und das hat auch mit unseren Führungskräften zu tun. Der Wille, eine Wahl zu gewinnen oder an der Macht zu bleiben, ist so giftig. Um ihre Wählbarkeit zu erhalten, sind die Politiker bereit, die Giftigkeit des Volkes zu bedienen und ihre Würde zu verlieren, nur um zu gewinnen.
Wenn also jemand abscheuliche Dinge sagt, muss er meiner Meinung nach den Preis dafür zahlen. Jemand wie Trump hätte nie gewählt werden dürfen. Frühzeitige Erziehung ist ein Muss. Wenn Fairness von klein auf gelehrt wird, ist die Wahrscheinlichkeit höher, dass man Menschen ohne Frustration oder Ressentiments erzieht. Es ist also eine Kombination.

Okay, ich danke dir vielmals.

Ich danke dir.

Kapitel 9

Los Angeles – Bremen und das Bamberger

Im Jahr 2011 ist es tatsächlich noch möglich, für die Recherche zu dem Film „Aufgeben? – Niemals!" ein Gespräch mit Anneliese Graysen, geb. Bamberger zu führen. Ihre Töchter haben Bedenken, weil ihre Mutter nicht mehr ausschließlich in der Realität lebt.

Die Erinnerung verschwimmt und das Trauma der Flucht und der Lageraufenthalte in Frankreich haben ihr so zugesetzt, dass sie sich für Jahrzehnte in psychiatrische Behandlung begeben muss.
Die Diagnose lautet: Posttraumatische Belastungsstörung. Am Ende stimmen die Töchter einem Interview zu und sind bei dem Gespräch mit ihrer 91-jährigen Mutter dabei.

Sie lebt inzwischen alleine in einem Haus am Rande von Los Angeles. Ein klassisches Interview ist nicht möglich, aber aus dem Mitschnitt des Gespräches bleiben ein paar Zitate:
Bürgerpark, ja, da erinnere ich mich. Und gewohnt haben wir in der Parkallee 44. Ich bin mit meinem Hund im Bürgerpark spazieren gegangen, einem deutscher Schäferhund, und ich bin dort mit dem Fahrrad gefahren, im Bürgerpark. Und ich habe Klavier gespielt, ziemlich gut! Die Deutschen haben hervorragende Klaviere gebaut.

Das Gespräch in einem abgedunkelten Raum dauert eine Stunde, Helligkeit irritiert sie. Es ist genauso, wie die Töchter es vorhergesagt haben: Manchmal erscheint sie ganz klar und erkennt Situationen oder Orte in der Erinnerung wieder, manchmal fließt sie in ihre eigene Welt und erzählt Dinge aus ihrer Fantasie. Dann hat sie mit zwölf Jahren Autofahren gelernt, ist mit dem Auto auch viel in München gewesen, weil sie doch eine Prinzessin aus Berlin war.

Ihre zentrale Aussage aber ist:
Ich will nicht wieder nach Deutschland kommen, da kenne ich niemanden mehr, meine Freunde und Verwandten sind alles Flüchtlinge geworden, sind geflohen. Ich möchte nie nach Deutschland zurückkehren.

Chapter 9

Los Angeles – Bremen and the Bamberger

During the research process for the film „Give up? - Never!" in 2011, it was actually still possible to have a conversation with Anneliese Bamberger. Her daughters had reservations because their mother was not really living in reality. Her memories were blurred, and the trauma of fleeing Europe and of staying in the camp in France had affected her so much that she received psychiatric treatment for decades. Diagnosis: post-traumatic stress disorder. In the end, the daughters agreed and were present for the interview with their 91-year-old mother.

A classic interview was not possible, but a few quotes from Anneliese remain from the recording of the conversation:
Bürgerpark, yes, I remember that. And we lived at Parkallee 44. I took my dog for walks in the Bürgerpark, a German shepherd, and I rode my bike there, in the Bürgerpark. And I played the piano, pretty well! The Germans made excellent pianos.

The conversation lasted an hour. It took place in a darkened room, as brightness irritated her. It was just as the daughters predicted - sometimes she appeared quite lucid and recognized situations or places in her memory, but sometimes she slipped into her own world and told things from her imagination. In her imagination, she had learned to drive a car at 12 years old and frequently went to Munich by car because, after all, she was a princess from Berlin.

But her main statement was:
I don't want to go back to Germany. I don't know anyone there anymore. My friends and relatives all became refugees and have fled. I never want to return to Germany.

During the conversation, however, her interest in Germany sparked up from time to time. Her daughter Lynne described her as „very clever" and she was really „a challenge".

During the conversation, the question popped into Anneliese's mind:
Tell me about Germany! Who is the president in Germany today?

Her question about the president was really about the head of government. In 2011, this was the first female chancellor, and the answer was:
It's a woman! It's Mrs. Merkel, it's a woman.

That left her stunned. She couldn't understand that. A woman as head of government in Germany? She didn't believe it.

Six months later, I wrote to the daughters about the progress of the film, and the oldest, Lynne, replied that there would be a birthday party for their mother. I asked her to send well wishes from Bremen in case she remembered our visit.

Two months later, the following message arrived:

Während des Gespräches blitzt aber bisweilen wieder ihr Interesse an Deutschland auf. Als „very clever" hat ihre Tochter Lynne sie beschrieben, und sie sei wirklich „a challenge" – eine Herausforderung!

In dem Gespräch kommt Anneliese die Frage in den Sinn:
Tell me about Germany! Who is the president in Germany today?

Ihre Frage nach dem Präsidenten ist in Deutschland die Frage nach dem Regierungschef. 2011 ist das die erste Kanzlerin, und die korrekte Antwort lautet:
It's a woman! It's Mrs. Merkel, it's a woman.

Das macht sie fassungslos. Das kann sie nicht verstehen. Eine Frau als Regierungschefin in Deutschland? Sie glaubt es nicht.

Ein halbes Jahr später berichte ich den Töchtern über den Fortschritt der Filmarbeiten und die älteste, Lynne, antwortet, dass es eine Geburtstagsparty für die Mutter geben wird. Ich bitte darum, Glückwünsche auszurichten, falls sie sich noch an den Besuch aus Bremen erinnern sollte.

Zwei Monate später trifft folgende Nachricht ein:

Von: Lynne Sprecher
An: Eike Besuden
Betreff: Re: To the three Anneliese daughters

Hello Eike,
So sorry to be silent the past months. ...
Just to catch you up, we had a family
birthday party for my mother
and she was delighted.
We sent her your warm regards.
...
Good luck on the project and all your
travels and look forward to hearing
more on your progress.
My mother still thinks
that you are president of Germany!

Bitte entschuldige das lange Schweigen. ...
Um dich auf dem Laufenden zu halten:
Wir hatten mit der Familie eine
Geburtstagsfeier für meine Mutter und sie
hat sich sehr gefreut. Wir haben ihr deine
herzlichen Grüße ausgerichtet. ...
Viel Glück für dein Projekt und all deine
Reisen und wir freuen uns, mehr davon
zu hören, wie es weitergeht.
Meine Mutter denkt immer noch,
du seist der Präsident von Deutschland!

Best,
Lynne

In der Generation der Enkel und Urenkel von Julius Bamberger lebt der deutsche Teil der Familiengeschichte bis heute weiter.

Zu Beginn der 1950er Jahre wird das Kaufhausgebäude in Bremen wieder aufgebaut, ohne BAMBERGER-Schriftzug auf dem Dach und so behelfsmäßig, dass sich schon 50 Jahre später die Frage stellt: Abreißen oder renovieren? Eigentümerin ist inzwischen die Stadt Bremen.

Öffentlich wird einen Wettbewerb ausgeschrieben, den der politisch engagierte Bauherr Klaus Hübotter gewinnt. Der Bremer hat sofort eine Idee und plant, dem Gebäude eine historische Dimension zu geben:
Für uns kam nur eine Möglichkeit in Frage: Kein Abriss, aber auch nicht so lassen, wie es ist, sondern es so wieder aufzubauen, wie es war, nämlich mit dem berühmten Bamberger Turm.

From: Lynne Sprecher
To: Eike Besuden
Subject: Re: To the three Anneliese daughters

Hello Eike,
So sorry to be silent the past months ...
Just to catch you up, we had a family birthday party for my mother and she was delighted.
We sent her your warm regards.
...
Good luck on the project and all your travels and look forward to hearing more on your progress.
My mother still thinks that you are president of Germany!

Best,
Lynne

Through the generation of Julius Bamberger's grandchildren and great-grandchildren, the German part of the family history lives on to this day.

At the start of the 1950s, the department store building in Bremen was rebuilt without the BAMBERGER lettering on the roof and in such a makeshift fashion that just 50 years later, the question arose: demolish or renovate? The building is now owned by the city of Bremen.

A public competition was held, which the politically engaged Bremen developer, Klaus Hübotter, won. He immediately had an idea to give the building a political memorial:
For us, only one option came into question: no demolition, but also not to leave it as it is, but to rebuild it as it was, specifically with the famous Bamberger Tower.
The tower was built practically three times: The first time by Julius Bamberger, then it was destroyed in the war and rebuilt after the war but so badly that it had to be torn down again, and then we rebuilt it for the third time. I hope that it won't collapse again so soon, and especially not due to another war.

Der Turm ist praktisch dreimal gebaut worden: Zum ersten Mal von Julius Bamberger, dann wurde er im Krieg zerstört und nach dem Krieg wieder aufgebaut, aber so schlecht, dass er wieder abgerissen werden musste, und wir haben ihn dann zum dritten Mal wieder aufgebaut. Ich hoffe, dass er jetzt nicht so schnell wieder zusammenfällt, insbesondere nicht etwa durch einen neuen Krieg.

Fast auf den Tag genau 100 Jahre nach der Gründung des Kaufhauses in Bremen, zieht als neue Nutzerin die Bremer Volkshochschule in das Bamberger Haus. Integration, Weiterbildung oder auch Inklusion, das sind Themen, die zu der Geschichte des Hauses passen und sie so weiterleben lässt. Klaus Hübotter hat mit seinem Engagement für die Geschichte des Hauses auch die Herzen der heutigen Bamberger-Familie in den USA erreicht.

Klaus Hübotter:
Die Kombination Bamberger und Volkshochschule passte wunderbar zusammen. Das Wichtigste ist, dass es funktioniert, dass es lebt, richtig lebt und dass etwas Vernünftiges in diesem Haus geschieht. Ich weiß nicht, wie viele Sprachen man in der Volkshochschule lernen kann, ich glaube an die 50 oder 60 Sprachen werden dort gesprochen.

Eine Enkelin von Julius Bamberger, Jenifer Dahlstrom, sagt am Tag der Eröffnung der Volkshochschule in diesem neuen Haus:
Ich bin hier, um an meinen Großvater zu erinnern.
Und obwohl wir mit dem Leid leben und die Angst kennen gelernt haben, sind wir hierher gekommen im Geist offener Herzen und guten Willens.
Es ist unsere Hoffnung, dass dies ein Neuanfang ist, damit unsere Kinder und unsere Enkel ohne Probleme empfinden können, dass dies ihre Heimat ist.
Es ist gut Julius Bamberger umarmt zu sehen und wiedergewonnen als einen Bremer.

Karin und Uwe Hollweg

Der neue Eigentümer des Hauses, Uwe Hollweg, ist ein bekannter Bremer Unternehmer und geschätzter Mäzen, der diesen würdevollen Weg inzwischen mit herzlicher Begeisterung fortführt.

Es gibt keine Verbitterung – und ebenso kein Entrinnen.

Almost exactly 100 years after the founding of the department store in Bremen, the Bremen Adult Education Center moved into the Bamberger Haus. Integration, continuing education, and inclusion are all themes that align with the history of the house and allow it to live on.

Klaus Hübotter:
The combination of Bamberger and Adult Education Center was a wonderful fit. The most important thing is that it works, that it thrives, and that something sensible takes place in this house. I don't know how many languages you can learn at the Adult Education Center, I think around 50 or 60 languages are spoken there.

Klaus Hübotter's commitment to the history of the house has also touched the hearts of the Bamberger family in the United States.

One of Julius Bamberger's granddaughters, Jenifer Dahlstrom, spoke on the opening day of the Adult Education Center in the new house:
I'm here in my grandfather's memory.
And although we lived with their pain and learned their fears, we come here with a spirit of openheartedness and goodwill. It is our hope that this is a new beginning so that our children and our grandchildren will feel free of complications and limitations that this is their homeland.
*It is good to see Julius Bamberger embraced and proudly reclaimed as a Breme*r.

The new owner of the house, Uwe Hollweg, is an entrepreneur and patron of the arts who is very well known in Bremen. He continues this dignified path with heartfelt enthusiasm.

There is no bitterness - but also no escape from history.

- Julius ∞ Friedel Bamberger
  - Anneliese Bamberger ∞ Leonard Graysen
    - Lynne Sprecher
    - Janet Graysen
    - Karen Uriarte
  - Egon Bamberger ∞ Liesel Stern
    - Jenifer Dahlstrom ∞ Patricia Roxanne Tong
    - Jules ∞ Janine Bamberger

Joyce Kanyuk und Paul Kanyuk sind Tochter bzw. Enkel von Karl Stern, einem Bruder von Liesel Stern.
Michael Costello ist seit 15 Jahren der Partner von Karen Uriarte.

- Thea Sprecher ∞ Matteo Carapallese — Julius Sprecher Carapallese
- David Sprecher

- Emily Karlsson

- Erik Uriarte ∞ Jenna Peskin
- Kevin Uriarte

- Jason ∞ Breanna Dahlstrom
  - Garvin Dahlstrom
  - Sierra Dahlstrom

- Jerzy Bamberger ∞ Sonya Garzouzi — Chloé Calliope Bamberger
- Jalena ∞ Cory Mays — Simon Rigel Mays

Joyce Kanyuk and Paul Kanyuk are daughters or grandsons of Karl Stern, a brother of Liesel Stern.
Michael Costello is Karen Uriarte's Partner for 15 years.

Danke!

Der erste Dank geht an das Team mit André Krüger und Juliane Gunkel, die bei den Aufnahmen in den USA behutsam und einfühlsam eine Umgebung schufen, die es den Familienmitgliedern möglich machte, sich auch auf schwierige, sensible und belastende Inhalte einzulassen.

Zu den Ideengebern gehört auch Michael Huick, der mit mir das Layout des Buches gestaltet und umgesetzt hat. Danke für die tägliche Geduld, immer wieder Neues einzuarbeiten, es wieder zu verwerfen und nochmal neu zu gestalten.

Diese Geschichte der Familie Bamberger nimmt ihren verhängnisvollen Anfang vor fast 100 Jahren in Bremen. Was deutsche Nationalsozialisten damals in ihrer grenzenlosen Menschenverachtung angezettelt und betrieben haben, ist bis heute lebendiger Teil der Stadtgeschichte. Das Bremer Rathaus mit Andreas Bovenschulte an der Spitze hat die Veröffentlichungen engagiert begleitet und immer wieder auch mit eigenen Ideen unterstützt.

Helmut Hafner ist geradezu prädestiniert dafür, in das Thema Holocaust einzuführen und es einzuordnen. Dafür danke ich ihm sehr. Erinnerungskultur ist über Jahrzehnte eines seiner großen Themen, das er unter anderem mit der jährlichen ‚Nacht der Jugend' im Bremer Rathaus mit Inhalt gefüllt, durchgesetzt und ins Bewusstsein gerufen hat.

Der Volkshochschule und allen anderen Unterstützern sei gedankt, dass sie sich an den Druckkosten beteiligt und damit diese erste Ausgabe gesichert haben.

Ganz besondere Dankbarkeit und Anerkennung gilt Karin und Uwe Hollweg mit ihrer Stiftung, die die Kosten für Reisen, Recherchen und alles andere übernommen haben, was notwendig war. Auch ihnen liegt das Thema so sehr am Herzen, dass sie nicht ruhen, sich immer wieder dafür stark zu machen.

Begonnen hat die gemeinsame Arbeit an der Dokumentation zur Geschichte der Familie Bamberger vor mehr als zehn Jahren auf Initiative von Klaus Hübotter, den wir alle sehr vermissen.

Inzwischen ist klar, dass es eine filmische Fortsetzung von „Aufgeben? – Niemals!" geben wird.

Eike Besuden

Thank you!

The first thank you goes to the team of André Krüger and Juliane Gunkel, who were so gentle and sensitive during the filming in the U.S., ensuring that the family members had an environment in which they felt comfortable getting into difficult, sensitive, and stressful content.

Michael Huick, who designed and implemented the layout of the book, is also an idea generator. Thank you for your daily patience in always incorporating something new, discarding it, and redesigning it once more.

This story of the Bamberger family had its fateful beginning almost 100 years ago in Bremen. What the German National Socialists instigated and carried out with their boundless contempt for humanity is still a living part of the city's history today. Bremen's city hall, with Andreas Bovenschulte at its head, has accompanied the publications with great commitment and has repeatedly supported them with his own ideas.

Helmut Hafner is virtually predestined to introduce and classify the subject of the Holocaust. I thank him very much for this. For decades, the culture of remembrance has been one of his major themes, which he has filled with content, enforced, and enriched, among other things, with the annual ‚Night of the Youth' in Bremen's City Hall.

We would like to thank the Volkshochschule and all other supporters for contributing to the printing costs and thus securing this first edition.

A very special gratitude and recognition goes to Karin and Uwe Hollweg with their foundation, who covered the costs of travel and research among other necessities. The subject is so close to their hearts, too, that they never hesitate in their efforts to support it again and again.

This collaboration on the history of the Bamberger family began more than ten years ago on the initiative of Klaus Hübotter, whom we all miss very much.

The second part of the film „Give up? - Never!" will be released in the spring of 2023.

Eike Besuden

Neben der Karin und Uwe Hollweg Stiftung unterstützten folgende
Institutionen, Stiftungen und Firmen den Druck dieses Buches

In addition to the Karin and Uwe Hollweg Foundation the following
institutions, foundations and companies supportet the printing of this book

Bremer Volkshochschule

Die Sparkasse Bremen

Erinnern für die Zukunft e.V.

GEWOBA

POPO Sitzmöbel und Stehschränke

Stiftung die schwelle

SV Werder Bremen Stiftung

Waldemar Koch Stiftung

WFB Wirtschaftsförderung Bremen

vhs Bremer Volkshochschule

POPO®

Waldemar Koch Stiftung

Wir stärken Bremer
Miteinander.
Weil's um mehr
als Geld geht.
Ehrenamt und Bürgersinn für eine starke
Gesellschaft – wir fördern ein breites Spektrum
sozialer Initiativen in Ihrer Nachbarschaft.
www.sparkasse-bremen.de
Stark. Fair. Hanseatisch.
Die Sparkasse
Bremen

Stiftung *die schwelle*
Beiträge zum Frieden

ERINNERN
FÜR DIE ZUKUNFT e.V.

WERDER
TUT GUT

SV WERDER BREMEN
STIFTUNG